# 大唐雄风之凌烟阁

一部大唐史 二十四战神

孔欣/著

山西出版传媒集团
北岳文艺出版社
·太原

**图书在版编目（CIP）数据**

大唐雄风之凌烟阁 / 孔欣著. — 太原：北岳文艺出版社，2023.3
ISBN 978-7-5378-6647-7

Ⅰ. ①大… Ⅱ. ①孔… Ⅲ. ①中国历史 - 唐代 - 通俗读物 Ⅳ. ①K242.09

中国国家版本馆CIP数据核字（2023）第053658号

# 大唐雄风之凌烟阁

孔欣 / 著

//

**出品人**
郭文礼

**选题策划**
金国安

**责任编辑**
王国柱

**助理编辑**
金国安

**书籍设计**
张永文

**印装监制**
郭勇

出版发行：山西出版传媒集团 · 北岳文艺出版社
地址：山西省太原市并州南路57号　邮编：030012
电话：0351-5628696（发行部）　0351-5628688（总编室）
传真：0351-5628680
经销商：新华书店
印刷装订：山西人民印刷有限责任公司

开本：787mm × 1092mm　1/16
字数：320千字
印张：24.5
版次：2023年3月第1版
印次：2023年3月山西第1次印刷
书号：ISBN　978-7-5378-6647-7
定价：58.00元

# 目录

## 第四篇　平定南北



## 第五篇　廓清天下



## 第六篇　翻越突厥



## 第七篇　平靖漠北



## 第八篇　略定青海

## 第九篇　复土西域



## 第十篇　威服东北



## 第十一篇　置府安东



## 第十二篇　高原争雄



## 第十三篇　剑指中亚

# 第一篇
# 定鼎长安

隋朝大业末年，好大喜功的隋炀帝杨广连续三年三次亲征高句丽，但三次都是耗费糜多，损兵折将，无功而返。由于长期对外征战导致的穷兵黩武和横征暴敛，杨广终于将他的强盛隋朝折腾得千疮百孔，民怨鼎沸。为了躲避苛捐杂税，为了活命，老百姓纷纷揭竿而起反抗暴政。

在第二次亲征高句丽的时候，杨广委派大臣杨玄感在黎阳督粮，结果杨玄感趁着杨广身处辽东，无暇顾及后方，在河南发动兵变，围攻东都洛阳。虽然杨玄感最后兵败身死，但是这次事件导致杨广更加猜忌身边的大臣将领，展开了大规模地清洗和杀戮，使得隋朝的民变转化为更加汹涌的手握重兵的将领兵变，这严重动摇了杨广的统治根基，敲响了隋王朝覆灭的丧钟。

在杨广猜忌的名单当中，唐国公李渊是名列其冲先。于是，大业十三年（公元617年），李渊趁着杨广南巡江都扬州的时候，和他三个儿子李建成、李世民、李元吉在晋阳，也就是现在的山西太原起兵反隋，之后目标直指关中，拉开了大唐创立的序幕。

# 第一章　李氏当为天子

隋朝末年民间流传一句谶语“李氏当为天子”，这句谶语让当时的隋炀帝杨广如坐针毡、如芒在背。李渊以及他的李氏家族就是在这样的谶语背景下应机而动、应势而出。

## 一　我就是豪门

提起大唐，大家首先想到的一定是“千古一帝”，开创贞观之治的唐太宗李世民，但是说起大唐的创建，那就一定绕不开李世民的父亲唐高祖李渊。虽然，由于后世史料的诸多不实记载，李渊的历史光芒完全被李世民所掩盖，但不可否认，盛世大唐开创的主要功绩必须归功于唐高祖李渊。

李渊，用今天流行的话来讲，就是含着金汤匙出生的贵胄二代，七岁即袭爵唐国公。其父李昞，官至北周的安州总管，祖父李虎是西魏八柱国之一，官至太尉，因战功卓越，死后被北周追封为唐国公。

说到这里大家可能会有点疑惑，为什么西魏的八柱国之一会被北周追封为唐国公呢？我们稍微理一下魏晋南北朝时期北朝发生的一些主要事情。公元386年，鲜卑族首领拓跋珪建立北魏。公元494年，北魏孝文帝拓跋宏迁都洛阳并进行汉化改革，自己也改汉姓元，故又名元宏。公元534年，北魏孝武帝元脩为摆脱权臣高欢的控制，从洛阳投奔长安的宇文泰，而高欢则另立元善见当皇帝，并将首都从洛阳迁到邺城（今河北临漳）。至此，北魏帝国分裂为东西两部分，位于长安的由宇文泰实际控制的西部，历史上称为西魏。

后来宇文泰之侄宇文护逼迫西魏恭帝让位于宇文觉建立北周，追封已故的八柱国之一李虎为唐国公，再往后就是隋文帝杨坚取代北周，建立隋朝。

从西魏到北周再到隋朝，不管朝代如何变迁，李渊及其父祖辈都是官居高位，可谓是世袭军事贵胄。其祖父李虎更是西魏八柱国之一，是处在当时权力金字塔最顶尖的八人之一。

八柱国分别是宇文泰、元欣、李虎、李弼、赵贵、于谨、独孤信、侯莫陈崇。除了李虎，这里面要重点说说宇文泰、李弼和独孤信。

宇文泰，八柱国之首，西魏政局的实际掌控者，后其侄宇文护迫使西魏恭帝禅位于宇文觉（宇文泰之子），建立北周政权，并追尊宇文泰为北周文帝；李弼，西魏时期官至太保、太傅、大司徒，北周时期晋升太师，死后追封魏国公，是李密的曾祖父。这个李密就是隋末义军纷起时围攻东都洛阳的天下盟主、瓦岗军首领李密。

独孤信，这个人要特别说一说。我们都知道隋文帝杨坚的皇后叫独孤伽罗，是独孤信的七女儿，而独孤信的四女儿则嫁给了唐国公李昞，生的儿子就是后来的唐高祖李渊。杨坚是隋朝的开国皇帝，李渊建立唐朝后也追封他的父亲李昞为皇帝，如果再往前算，独孤信的长女也是北周明帝的皇后，所以说，独孤信三个女婿都是皇帝，还是三个不同朝代的皇帝，真可以称为当时的最强老丈人。

这么一看，李渊和杨广的母亲是亲姐妹，他们俩是姨表兄弟，唐太宗李世民则是杨广的表侄子。这样一捋大家是不是都会觉得，隋唐交替简直称不上王朝更迭，更像是在“大家庭”内部换了一个人当“家长”。

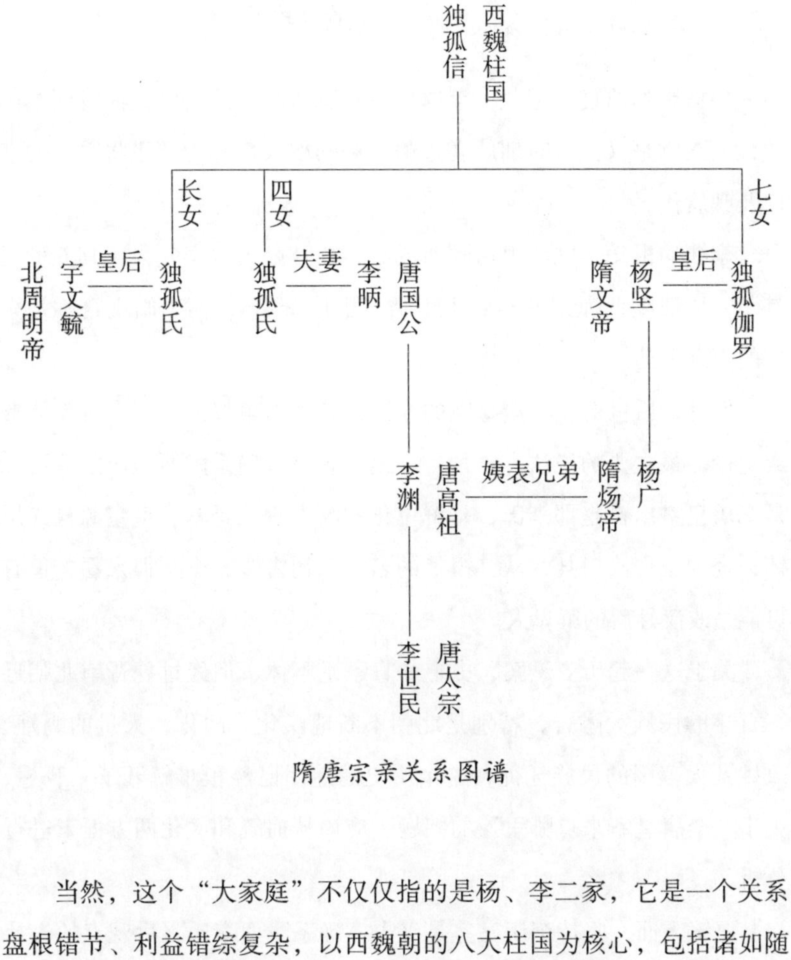


隋唐宗亲关系图谱

当然，这个“大家庭”不仅仅指的是杨、李二家，它是一个关系盘根错节、利益错综复杂，以西魏朝的八大柱国为核心，包括诸如随国公杨忠（隋文帝杨坚的父亲）等北朝其他勋贵成员的“大家族”，历史上将这个“大家族”称为关陇集团。

正当南朝宋、齐、梁、陈朝代更迭之际，王、谢等南方高门大族不断衰微，旧时王谢堂前燕，飞入寻常百姓家之时，北朝的关陇集团迅速崛起，以军功著称，建立并控制了西魏、北周、隋、唐等数个朝代，深刻地影响了中国的历史进程。

## 二　李唐皇室来自哪里？

根据唐朝的官方记载，李唐皇室是陇西李氏的后裔，而陇西李氏的代表人物是汉武帝时期威震边疆，被匈奴人尊称为“飞将军”的李广及其后代。

李渊的祖父李虎，祖籍陇西成纪，今甘肃天水秦安县，其五世祖是十六国时期西凉国开国君主李皓（也称李暠），而李皓则自称是李广的十六世孙。

但是，后世对于李唐皇室的起源是有很大争议的，至今也没能形成定论。最主要的说法有三种：一是李唐皇室确系陇西李氏之后；二是李唐皇室出自赵郡李氏，是鲜卑化的汉人；三是李唐皇室源自武川镇，今内蒙古武川县，从其祖上的名字李初古拔、李买得来看，很有可能是改汉姓后的鲜卑人。

关于这一起历史悬案，史上一直争论不休，但经过魏晋南北朝近三百年的民族大融合，特别是北朝不断地汉化、胡化，大量的赐姓、改姓及大范围的民族迁徙，这个历史的迷团已经很难解开了。我想，关于“李唐皇室来自哪里”的问题，应该从血统和文化两方面来进行分析。

血统方面。坚持李唐皇室是汉人，确系陇西李氏之后观点的人认为，西魏距离西凉，时间跨度上并不大，而且从李皓到李虎不过历经五代，代际间隔也不算大，在古代中国这种非常注重父系世表的环境下，出错或者随意篡改的可能性并不大。至于李初古拔、李买得这种汉姓鲜卑名的情况，在鲜卑政权下为官，改名也是再正常不过的事情。这一观点被新旧《唐书》《资治通鉴》等众多官方史料所采纳。坚持李唐皇室是胡人观点的理由，则来自唐朝一些人物传记和私人笔记的记载，比如释彦悰的《唐护法沙门法琳别传》、刘餗的《隋唐嘉话》等。可以看出李唐皇室是官方身份明确，而民间记载有争议的汉人。

既然父系血统有争论，我们再来看看母系出身。李渊的母亲独孤氏毫无疑问是鲜卑人。李渊的妻子，太穆皇后窦氏是北周定州总管窦毅的女儿，祖上姓纥豆陵，这也是个鲜卑姓氏。但据史料记载，纥豆陵姓源自于东汉大鸿胪窦章，窦章的后代因“窦武之难”北逃匈奴才改姓纥豆陵，可是这个观点历史上是有争议的，所以我们姑且认为窦氏是已经鲜卑化的汉人。李世民的妻子，文德皇后长孙氏，隋朝右骁卫将军长孙晟的女儿，北魏皇室宗亲，毫无疑问也是鲜卑人。

通过对李唐皇室父系、母系出身的分析，可以看出，李唐皇室是混有胡人血统。

文化习俗方面。在文化认同方面，李唐皇室是毫无疑义的汉人。李唐皇室一直坚称自己是汉人，他们穿汉服，讲汉话，施行汉族礼仪，采用汉族制度，在这方面他们就是汉人，至少是文化上的汉人。在习俗方面，他们又延续胡人传统，也就是我们所说的“大有胡风”。

所以总体上我们可以得出结论，李唐皇室是以汉文化为根，兼具胡风，混有胡人血统的汉人。

其实，经过千年的变迁，已经很难穿透历史的迷雾，一窥历史的真相了。同时，经过不断地民族融合，汉民族的民族认同也更多地体现在对文化的认同上，而不仅仅只是血缘上的亲同，我们也不必过于纠结于其中，应该跳出这个历史的窠臼。

当代，有很多人以李唐王朝“大有胡风”，比如唐太宗李世民经常在宴请群臣的时候大跳胡舞，他的太子李承乾更是着突厥衫、说突厥语、住突厥帐篷，而唐高宗李治将自己的庶母、唐太宗的才人武媚娘纳入后宫——更是胡人才有的异俗，就认为李唐皇室是异族，非我族类。

这样的观点其实不值一驳，它站不住脚。秦汉时期，我们不是经常看到在欢宴的时候，人们仗剑起舞、和酒而歌吗?！赵武灵王的胡服骑射岂不是比李承乾的胡化更彻底？至于唐高宗李治的做法，在中国历朝历代的宫廷里，这样的事难道发生的还少吗?

应该讲，这种胡风更说明在中国历史上，我们有过洒脱不拘，具备包容外放，只是随着历史的发展，越往后我们越是遗失了这些宝贵的传统，而变得越来越内敛，越来越蹒跚了。

## 三　杨花落，李花开

隋大业末年，天下纷乱，民变和兵变此起彼伏，这使得杨广的猜忌之心越来越重。而在此时，民间开始流传“杨花落，李花开”的谶语，有人就劝杨广杀光天下李姓之人。

那是不是真要杀尽天下姓李的人呢？显然这是不现实的，也是做不到的。那怎么办呢？那就重点排查，找最有可能、最位高权重、社会势力最强大的李姓人员下手。大家第一个想到的可能就是李渊，他可是关陇集团最顶层的人物，西魏八柱国之一李虎的孙子啊!

但此时杨广对准的目标不是李渊，而是隋朝开国第一功臣申国公李穆的侄孙、隋文帝杨坚的外孙女婿、杨广的外甥女婿李敏。因为李敏不但家世显赫、位高权重，更要命的是他还有一个小名叫洪儿——隋文帝杨坚曾经做过一个梦，梦见洪水把都城大兴（即长安城）给冲垮了，这可不得了，不但应了语谶还应了梦谶。

李敏知道后害怕了，就去找他的堂叔李浑商量，但坏事就坏在这里，李浑曾经得罪过杨广的宠臣、隋朝“五贵”之首的宇文述。

事情是这么回事，李浑是李穆的第十个儿子，李穆死后，按照古时候的传统，李穆的世袭爵位和食邑要传给嫡长子，但很不幸，他的嫡长子早早就死掉了，那就只有传给嫡长子的嫡长子，也就是李穆的嫡长孙、李浑的大侄子。

看到老爸留下来的偌大家业要便宜了大侄子，李浑动起了歪心思，他唆使其他侄子把这个大侄子给杀掉了。但杀死大侄子，也不一定能轮到李浑啊！这个时候李浑想到一个办法，巴结太子宫左卫率宇文述（当时的杨广还没有继位称帝，还做着东宫太子）。

李浑知道宇文述贪财，就许诺说一旦他继承了老爹的爵位和财产，就拿出一半来答谢宇文述。见钱眼开的宇文述就去向太子杨广求情，替李浑说好话，什么“有长则立长，无长则立贤”“李浑是李穆儿子中最贤德的一个”。杨广将此事转奏给他的老爹杨坚，杨坚就下旨让李浑继承了李穆的爵位和食邑。达到目的后的李浑却只字不提之前的承诺了。

就因为这件事，李浑可是将宇文述给开罪了，宇文述也一直在等待机会整死李浑。

当李敏频繁地找李浑时，宇文述觉得机会来了——这还了得，不但应了谶语，还经常联络家族势力，这不就是要谋反嘛！隐忍多时的宇文述终于逮到机会在杨广面前狠狠参了李浑一本。杨广于是让御史审理此案。虽然找不到李浑、李敏任何谋反的证据，但这个时候，作为应符谶语的李氏，他们已经被杨广在心中判了死刑。

杨广将案件交给宇文述亲自审理，并让宇文述竭力追究李浑之罪。得到皇帝的授意，宇文述就不客气了，他威逼引诱李敏的妻子，也是杨广的外甥女宇文娥英写了一封告密信，杨广看到这封信后下令将李浑、李敏等李氏族人三十二人全部刑杀。

李浑、李敏等李氏族人被杀事件使得朝堂震动，特别是其他李姓大臣更是惊慌一片。此时的李渊正担任河东抚慰使，他的副使夏侯端就劝他说：杨广性情猜忌，现在因为“杨花落，李花开”的传言杀了李浑，那下一步就将对您动手了，要早做准备啊！李渊当时听了这番话的反应是“感其言”，也就是说，李渊深以为然。

虽然此时李渊还没有反隋的打算，但至少心中已另作他想了。那么杨广对李渊这朵“李花”现在又是什么态度呢？

应该来说也是非常不好，早在大业九年（公元613年）杨玄感兵变刚刚平定的时候，杨广派遣李渊抓捕弘化太守元宏嗣（杨玄感起兵后声称元宏嗣一同谋反），并接任弘化郡守，统领潼关以西十三郡的全部兵马，但很快杨广便开始猜忌李渊，剥夺了他的兵权。

《新唐书》里面记载有这么一件事：尝以事召高祖，高祖遇疾，不时谒。高祖有甥王氏在后宫，炀帝问之，王氏对以疾，炀帝曰："可得死否？"看到这儿大家是不是有种后背发凉，汗毛都要立起来的感觉？李渊生病了，不能去拜见杨广，杨广就问李渊的外甥女王氏，“能不能死了呢？”这是催人死的节奏啊！死了没有？要没死是不是应该早点死？要知道君无戏言，杨广再多加半句，这把血淋淋的屠刀也就落下了。

自此以后，李渊害怕了，开始放飞自我，寄情于酒色之中，说白了就是装疯卖傻，自我掩饰，以期逃过此劫。

《新唐书》里还记载有一件事，过程更惊险，情节更曲折。此事发生在大业十三年（公元617年），此时天下已大乱，杨广南巡江都，李渊作为太原留守率兵抵抗犯边的突厥。

因为李渊戍边无力，兵败突厥，杨广派出使者赴太原捉拿李渊到江都问罪。李世民听闻后催促他老爸赶紧起兵，但不知什么原因，杨广又另派出使者赦免了李渊。这次李渊真的是千钧一发、命悬一线，因为此时不管是被擒还是起兵下场都是一死。

被杨广捉到江都，必死；起兵，仍然必死。因为事起仓促，李渊未做任何准备，而且杨广安排了两名亲信爱将王威、高君雅在李渊身边做副使——名义上是协助，实际上是监控。

说起来这事也真的挺蹊跷，当时天下大乱，杨广派往各地的使者几乎没有能够顺利抵达的，但偏偏就是这个传递赦免命令的使者顺利抵达了太原，真是冥冥中有天意。《大唐创业起居注》记载有李渊这么一段话：“吾闻惟神也不行而至，不疾而速。此使之行，可谓神也。天其以此使促吾，当见机而作。”经过这些猜忌和惊险后，李渊真的要应天承命见机而作了。

# 第二章　万事俱备，晋阳起兵

应天承命的李渊准备见机而作，他现在最需要的就是良好的内外部环境。当然有些环境可以创造，有些环境需要耐心等待，有些就需要些许运气了。

## 一　唐公入唐地

大业十二年（公元616年），杨广巡幸楼烦，今山西忻州一带。李渊奉使安抚太原，“因私喜此行，以为天授”。

大业十三年（公元617年），杨广下诏任命李渊为太原留守，李渊“遂私窃喜甚”，并且对李世民说：“我是唐国公，而太原就是我的封地，今天我被派到这里来，真是老天赐予啊！”

李渊两次因为被外放到山西太原而偷偷地乐，甚至认为这是老天赐予的。可是此时的太原并不是什么好地方，而是隋朝抵御突厥的边疆重地。杨广虽然将李渊外放，但对他并不放心，专门派遣心腹爱将王威、高君雅到太原监视李渊。

那李渊为什么会“私窃喜甚”呢？

其实，对于此刻的李渊来讲，太原确实是个大福之地。一是离得远，特别是离杨广最后巡幸之地江都更加的远，这使得李渊远离了猜忌和杀戮；二是靠得近，李渊是关陇贵族出身，关中是他的大本营，而山西离关中就隔了条黄河；三是好兆头，就像李渊自己讲的，唐国公被派到唐地，相当于回归故土，有利于已经有起兵打算的李渊积蓄力量。

说到这儿，一起来看看李渊是如何下定起兵反隋的决心的。有三点因素：

一是天下的大势。此时天下的总体形势就是“乱”，而且是“大乱”。隋王朝大厦将倾，已经对整个局面失去了控制，特别是对中原和关中的掌控已形同虚设。杨广巡幸江都，虽然在这里仍然用“巡幸”二字，但实际上用“退避”二字更加贴切，几乎整个北方地区就像是烫手的山芋一样，被他甩手给扔掉了。

面对这种天下情势，但凡有点实力、有点资本的人无外乎两种选择：一是放手一搏，成王败寇，富贵险中求；另一则是择木而栖，选择一个明主托身侍奉。像李渊这种关陇集团的代表人物该做出何种选择是再明白不过的了。

二是杨广的猜忌。随着天下大乱，各地的反叛也越来越频繁，杨广对身边的臣子也越来越不信任。有时候越是亲近的大臣，越是受到猜忌，哪怕你是皇亲国戚。况且是面对那些应天改命的谶语，李渊简直是怀璧其罪，百口莫辩，因为这触动了帝王最敏感的神经，这是对帝王利益最大的威胁和挑战。

如果被猜忌之人不早做准备，早下决心，那这种猜忌随时会转变成血淋淋的屠刀。

三是个人的野心。这个也是最大的原因，因为内因还是起决定作用的。从“奉使安抚”到“敕帝为太原留守”李渊两次“私喜”就可以看出，其时他已经有了代隋自立的野心，而且是在唐尧故地太原，以唐国公的身份代隋自立的勃勃野心。

## 二　晋阳初起

据史书记载，李渊起兵是在他的二儿子李世民极力撺掇和设计诱骗下不得不为的。

大致经过是这样的，李渊被封为太原留守后，整日饮酒作乐，不思进取，而杨广对李渊的猜忌却在一天天加深。内心焦虑不安的李世民看到天下大乱，隋室欲坠，可李渊仍然犹豫不决、当断不断，就开始偷偷进行各项准备工作，瞒着李渊私底下拉拢地方大员，结识掌兵武将，收买民心。

但此时的李世民只是个十七八岁的小年青，没有任何决断权，最终拍板定案还得靠李渊，李世民就和晋阳宫监裴寂商量如何刺激李渊尽快起兵。

李世民和裴寂商量趁李渊酒醉后，偷偷从晋阳宫里找来两名杨广的妃子侍寝李渊。酒醒后的李渊感到非常害怕，和皇帝的妃子上床，这事要是传出去，几个脑袋都不够砍。李世民就以此事劝李渊，让他趁早起兵。但就算是在这种情况下，李渊还是踌躇难决，甚至想抓李世民去见官，最后还是因为他是自己亲生儿子才作罢。

后来李渊兵败突厥，杨广要捉拿他赴江都问罪，李世民再次进谏。看到大难临头，李渊勉勉强强答应了，并说出了现代唐宫剧中经常会出现的一句话："今日破家亡躯由汝，化家为国亦由汝矣！"生死全凭李世民做主了，自己一点主张都没有。

事情真是这样吗？完全不是。

举一个例子，史书上记载李世民结识晋阳宫监裴寂，是通过赌钱并故意输给他几百万钱，以这种金钱输送的方式刻意结识的。但那个时候李世民还只是个小年轻，虽然古时候的男子成年得早，但要没有父亲李渊的私下授意，李世民哪来的几百万私房钱收买人心？

根据《大唐创业起居注》的记载："仍命皇太子于河东潜结英俊，秦王于晋阳密招豪友。"也就是说不光是李世民，还包括大儿子李建成和四儿子李元吉，所有的准备工作都是在李渊的授意下进行的。因为这个时候时机敏感，李渊作为唐国公、太原留守亲自出马做这些事，目标太大，容易暴露，要知道王威和高君雅还紧盯着他呢！

后来史书都将李渊描绘成宽仁的，甚至庸碌无为、优柔寡断的皇帝。这应该是李世民继位后，为了抬高自己而篡改了相应的史料。这个结论已经被众多史学专家认可，有众多文献资料可对此论点进行充分论证。

李树桐教授的《论唐高祖之才略》《唐太宗的模仿高祖及其对唐帝国的影响》两文就指出："世皆称唐高祖庸愚无能，处处受太宗的指导，其实，这是太宗即位后，史官为溢太宗之美而造出来的。高祖颇具才能，而太宗行事常模仿高祖。"

历史上真实的李渊是个相当成熟冷静的领导者、政治家，能够在繁杂局面下综合各方意见，迅速做出正确的判断和选择，并一步步坚定地去实现。

从前文的论述中可以看出，李渊在一步步有条不紊地实现心中目标。但面对起兵这个问题，李渊确实是犹豫的，倒不是犹豫该不该反隋，而是犹豫该以什么样的方式反隋自立，从而取得最好的效果。

犹豫归犹豫，李渊的各项准备工作可没耽搁。起兵是个大工程，谋臣、武将、兵马、军费、民心等缺一不可，李渊是如何做准备的呢？

一是结纳地方实力派。最主要的两个人是刘文静和裴寂。刘文静曾经担任晋阳令，也就是太原的父母官，掌管着晋阳行政、人事等大权，熟悉晋阳的政府运作方式。结交刘文静可以很方便地通过发布行政命令的方式，进行各项工作部署。

裴寂就更不简单了，出身于河东裴氏——盛名久著的一大世家。隋唐时期的裴仁基、裴行俭父子，裴政、裴矩、裴炎等都出自河东裴氏。此时的裴寂担任晋阳宫监，也就是皇家宫殿的大管家。一般来讲，只有皇帝非常信任的人，才能够担任如此重要、如此亲近皇家的职务。晋阳宫是杨广经常巡幸的地方，宫内财货堆积如山。结纳裴寂不但相当于在杨广身边安排了一个耳目，便于掌握朝廷动态，起兵时更是能够获得大量的钱货军资。

事实上，李渊和裴寂一直私交甚厚，两人关系亦主亦友，非同一般。唐朝建立后，李渊对裴寂尊崇无比，授予他铸钱的特权。后来裴寂请求致仕，告老还乡，李渊伤心得涕泪横流，要和裴寂一起逍遥晚岁，真是有点执子之手，与子偕老的感觉。

二是结交将领。起兵就要打仗，打仗就需要指挥作战的将领，这个时候刚好有三名隋朝武官因逃避东征高句丽之役，躲到了晋阳。他们分别是右勋卫长孙顺德、右勋侍刘弘基以及左亲卫窦琮。李渊派李世民去结交这几名将领，很快将他们引为心腹死党。

三是招兵买马。在当时，私募士兵可是死罪，况且要避开王威、高君雅两条眼线也不容易。正巧此时马邑人刘武周举兵起义，并很快进占汾阳宫，李渊敏锐地抓住这个时机，以讨伐刘武周的名义四处募兵，很快就招募到一万多人的部队。

四是扰乱民心。李渊指使刘文静伪造杨广诏书，并公开发布于太原及其周边地区，诏书的内容大意是：征太原、西河、雁门、马邑等地方男子，统统集中到涿郡（今北京市），年底再去攻打高句丽。这道伪诏一发布可不得了，太原及周边地区群情激愤，老百姓纷纷揭竿而起，严重动摇了隋朝在太原地区的统治根基。

看到准备工作已经就绪，时机也已成熟，大业十三年（公元617年）五月，李渊以勾结突厥的罪名，捉拿并杀死王威和高君雅，拔掉杨广安插在他身边的眼线。同时，为获取突厥的支持，李渊派遣刘文静出使突厥，手书突厥始毕可汗，告诉他："我欲举义兵保国安民，只要您肯帮我，今后打仗所得的金银财宝、漂亮女人全归您。"始毕可汗也复书一封，大意是：你也甭保隋室了，自己当皇帝得了，我一定帮你。

裴寂等人也纷纷劝李渊自立，但他没有同意。作为一名成熟的政治家，李渊头脑还是清醒的，只是让属下们“诸贤宜更三思，以谋其次”，就是要大家三思而后行，别冲动。

六月，李建成和李元吉从河东抵达晋阳，这次裴寂等人恳请李渊效仿伊尹、霍光的故事，废杨广而立代王杨侑。

这回李渊终于首肯了，“如此所作，可谓掩耳盗钟。事机相迫，不得不尔”。不过这句话真是句大实话，连李渊自己都承认这是掩耳盗钟之举。

七月，李渊让李元吉留守太原，一切后方事务都委托他处理。同时，遥尊身在江都的杨广为太上皇，立代王杨侑为皇帝，并传檄天下，打着“忠于隋室”的旗号于晋阳起兵。

李渊没有反隋自立，应该说是经过慎重考虑后做出的正确选择。如果这个时候反隋自立，甚至称帝的话，很容易成为隋室还有其他割据势力攻击的靶子。在起兵之初就成为各方攻击中心的话，结局只有一个，那就是出师未捷身先死。

# 第三章　目标关中

大业十三年（公元617年）七月，李渊晋阳起兵。这一年天下崩乱，义军四起，有的割据一地，自立称王，像梁师都、薛举、李轨等人；有的四处劫掠，为祸成盗，像孟让、卢明月、左才相等人。

胸有大格局的李渊绝对不会像这些人一样，割据一隅，满足于占据晋阳，更不会漫无目标，成为盗匪。他从起兵之初就有清晰的全局规划和明确的战略目标。

李渊下一步战略目标是什么呢？他要将拥护他的文臣武将和数万兵马带向何方呢？他要如何更好地发展、壮大自己呢？从李渊的出身及李渊立代王杨侑为皇帝的行为不难看出，他的下一个目标就是关中大地。

## 一　废杨广，立杨侑

公元617年，风雨飘摇的隋王朝被分成了三块。一是杨广避难的江都扬州，二是越王杨侗留守的东都洛阳，三是代王杨侑留守的京城长安。

李渊为什么会选择立杨侑呢？

代王杨侑，"性聪敏，有气度"，是杨广之孙，元德太子杨昭的第三子。这么一看李渊选择杨侑太对了！杨侑多好啊！聪明又气度不凡，还是太子的儿子，隋朝皇室的直系血亲。

那再来看看杨侗。越王杨侗，“美姿容，性宽厚”，元德太子杨昭的第二子。两相一比较，是不是觉得杨侗更适合呢！他是太子杨昭的次子，年纪也长于杨侑，按照皇位继承“嫡长制”的原则他应该排在杨侑之前，而且性格宽厚还是个美男子。

所以说李渊选择杨侑，不是因为他是最合适的人选，而是因为他所占据的地方——没错，就是长安。李渊选择的是长安，是关中，一个可以让他开创宏图霸业的最合适的地方。

关中为什么适合李渊，有三点：

一是天时，秦汉以降包括隋朝，大一统的王朝都定都在长安，天下人也都认为皇气集于关中。

二是地利，太原太靠近突厥，面临的外部威胁比较大，作为唐公的起兵之基很合适，但作为建国之地则不适宜。以洛阳为中心的中原地区则是各大割据势力角逐的焦点，以李渊当时的资本和实力没法在洛阳立足，基于这一点李渊也不会选择杨侗。而长安所在的关中平原，四周有山川之固、雄关之险，且土地肥沃、物产丰饶，进可争夺天下，退可割据自立，静观时局。

三是人和，李渊出身关陇军事贵族，李氏家族在关中地区有很高的威望，容易凝聚民心，取得当地势力的支持。李渊在太原起兵的时候，他的堂弟李神通与关中英豪史万宝等就在长安周边起兵响应，后他们与李渊的三女儿平阳公主合兵一处攻克鄠（今陕西西安鄠邑区）。

## 二　李密的一封“家书”

李渊已经明确了“抢占长安，夺取关中”的前期战略目标，接下来就是执行了。七月，李渊兵发太原。

查看地图可知，李渊大军要从太原出发进入关中平原，必须沿着

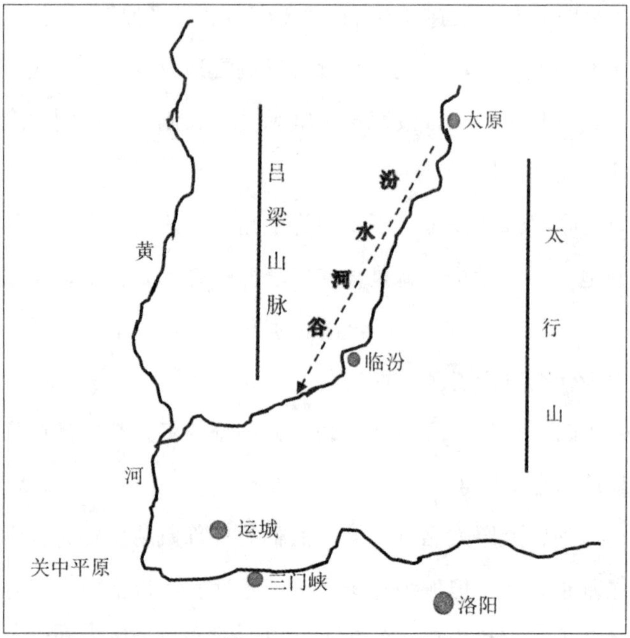


李渊大军行进示意图

汾水河谷南下，直取霍邑（今山西霍州），再下临汾破河东郡（今山西运城），然后直扑黄河，西渡黄河后便进入陕西，进入李渊梦寐以求的关中大地。

此时，得知李渊起兵太原并打算进军长安的消息后，代王杨侑派遣虎牙郎将宋老生率领精兵两万人驻防霍邑，左武候大将军屈突通驻防河东，两军互为犄角阻止李渊南下。

李渊率军经过雀鼠谷，在距霍邑五十里的贾胡堡（今山西灵石县西南）驻军，与宋老生对峙。

就在这个时候，正在围攻洛阳与越王杨侗鏖战的李密，派人给李渊捎了一封信，信上是这么写的："与兄派流虽异，根系本同。自唯虚薄，为四海英雄共推盟主。所望左提右挈，戮力同心，执子婴于咸阳，殪商辛于牧野，岂不盛哉！"

什么意思呢？李渊兄长，虽然你和我没有血缘关系，但一笔写不出两个“李”字，说不定五百年前是一家呢！李密这句话说得一点不假，他们虽然不是同宗，但李密的曾祖李弼和李渊的祖父李虎，都是西魏八柱国之一，都属于关陇集团的核心骨干成员，关系肯定很密切。

此时的李密已经贵为瓦岗军领袖，天下反隋义军的盟主，率领大军围攻东都洛阳，兵势强盛，威震海内。而李渊刚刚举兵，军力明显弱于李密，所以这封信中李密的口气还是非常大的。从两人的家世关系来看，李渊应该和李密的父亲同辈分，照理李密应该尊称李渊为叔，称兄就有点差辈了。

李密也是不客气，倚恃兵强势盛，不但称李渊为兄还自称盟主，并提出想和李渊一起共同克定长安，信中甚至让李渊亲自到河阳（今河南焦作），共同商议结盟进兵关中的事情。

很明显，李密写这封信的意图就是想拖住李渊，不让他抢先占据关中。李渊也一眼看穿了李密的心思，他不仅不会上这个当，而且正好可以借这封信和李密虚与委蛇一番，忽悠他好好拖住隋朝东都之兵，而自己就可以一门心思夺取关中了。

于是李渊让温大雅给李密回了一封言辞谦卑的信，大致三个意思：一是尊李密为李氏宗盟之长；二是推李密为天下盟主，到时候取得天下后，将我封为唐公就心满意足了；三是称自己忠于隋室，什么伐商辛、执子婴的话就不要再说了，也不会去河阳会盟。

李渊这封言辞谦卑的信效果如何呢？应该说效果不是一般的好。收到李渊的回信后，李密高兴坏了，对他的属下们说：“唐公推举我为盟主，那天下就很容易平定了。”之后他就和杨侗在洛阳互掐得更厉害了，再也没有干涉李渊进取长安。

这封“家书”，可以说是李渊进军关中的神来之笔，因为它不但稳住了李密，也牵制住了东都洛阳赴援关中的兵力，为李渊接下来的行军作战创造了极为有利的外部条件。

### 三　举义之首战——霍邑之战

稳住了李密之后，李渊将直面他举义以来的第一战——霍邑之战，从军事意义上来说，首战成功的重要性是不言而喻的。正所谓"一鼓作气，再而衰，三而竭"，首战如果出师不利，会严重影响军心士气，甚至给整个战局带来不可逆转的势态。

李渊起兵后首战面临的是什么样的局势呢？两个字，被动；四个字，十分被动。

霍邑，今山西省霍州市，位于雀鼠谷的南端，是从太原南下的必经之地，战略地位十分重要，历来都是兵家必争之所。它就像是挡在李渊南下路上的第一道大门，此门要是无法叩开，李渊接下来的所有战略设想都将变为空想。

此时驻守在霍邑的是隋虎牙郎将宋老生——一名身经百战的大将，率领两万精兵，依托坚城挡在了李渊前进的道路上。就兵力情况来看，李渊虽然占据优势，但其兵大部分都是新近招募的，而宋老生的两万人马虽然数量较少，但都是隋朝的正规作战部队。

再来看看天气情况，此时正值七月，一连多日暴雨如注。部队既无法展开行军作战，也无法外出募粮，随着粮食一天天地耗尽，部队的士气也在一点点磨灭。

就在这个时候，太原方面又传来消息，说是刘武周准备联合突厥攻打太原。如果此事属实，李渊将面临腹背受敌、进退维谷的危险境地。

面对这样一种极端不利的情况，李渊最亲信的大臣裴寂就建议退兵太原，还救根本，再图后举。

裴寂说的对吗？其实他说得很客观。连日暴雨，部队无法开展任何行动，天时不利；雄关阻路，精卒猛将驻守，地利不具；军中缺粮，后方不稳，士气不振，手下诸将没有任何求战欲望，人和不占。

"天时、地利、人和"一样都不具备，这个仗还怎么打？所以绝大多数将领都赞成裴寂的意见。

在一片回救太原的声浪中，终于有了反对声音——李世民提出不同意见，并力陈事由："今禾菽被野，何忧乏粮！老生轻躁，一战可擒……武周与突厥外虽相附，内实相猜。武周虽远利太原，岂可近忘马邑！本兴大义，奋不顾身以救苍生，当先入咸阳，号令天下。"

不得不佩服李世民，他的远见卓识确实不是一般人可以比拟的。从他的这段话可以看出来，不管是粮草不继、猛将阻路，还是刘武周相附、突厥相侵，这些于他而言都是细枝末节，都不能动摇他心中最根本的战略目标，就是"当先入咸阳，号令天下"。而且在李世民看来，只要坚持自己的战略目标，并坚定他予以实施，那么这些细枝末节根本就不会成为阻碍。

李渊是怎么表态的呢？毕竟他的意见才是最终的决定。作为最高统率和最终拍板人的李渊，估计还是纠结于各种细枝末节，他仍然决定回救太原，并下达了退兵的命令。如果李渊果真就此退兵的话，那中国历史就要被彻底改写了。

生死攸关的时候，还是李世民再一次站了出来。

是夜，他准备进入李渊营帐劝说李渊打消回军的念头，守营的卫兵因为李渊已入睡就没让李世民进帐。没有办法，李世民就在营帐外面大哭，把李渊给吵醒了。李渊无奈之下只有把李世民召进营帐，要不这三更半夜的儿子在父亲门外号哭，不知道的还以为老爹死了呢！

李世民进帐后再次进言：前进意味着成功，退兵则军心涣散。军心涣散在前，宋老生再出精兵尾随追击在后，别说退保太原了，能不能生存都是个未知数。

听完李世民的陈述，在经过一番认真思索后，李渊终于首肯了李世民。但是这个时候退兵的命令已经下达，左军也已经出发了。李世民就赶紧问李渊，是不是让他去把出发的左军给追回来。李渊笑着对李世民说："我的身家性命都靠你了，知道了还说什么，去做就行了。"这时的李渊终于彻底打消了退军的念头。

八月，连绵的阴雨天终于放晴，返回太原征粮的部队也回来了，同时带回来太原方面的消息，刘武周并没有来侵犯。笼罩在头顶的所有阴霾都已消散，唐兴路上的第一战霍邑之战也正式打响。

李渊和李建成在霍邑城东列阵，让士兵高声辱骂，挑衅宋老生，同时安排李世民埋伏在城南，相机而动。

受不了侮辱的宋老生亲率大军出城与李渊、李建成交战，李渊假装不敌佯装退却。不知是计的宋老生仗着兵强马壮，带领全军一路追了出去。埋伏在城南的李世民一看时机成熟，率领精骑从南原疾驰而下，猛攻宋老生的侧翼，李渊和李建成也回马突击，与李世民前后夹攻大败宋老生。

宋老生单骑跑回霍邑城下，但守城的士兵害怕李渊军乘势攻入城内，就把城门给关闭了。宋老生无奈之下只有下马跳入壕沟，想让城墙上的守卫放条绳子将他吊上去，但被随后赶到的刘弘基一刀结果了性命。唐军乘势登城，顺利夺取了霍邑。

霍邑首战的胜利，叩开了南下的大门，也鼓舞了李渊的军心士气。这里不妨做个假设，如果当时李渊选择了返回太原，那么出师不利、狼狈退兵、士气低落的李渊会面临什么样的局面呢？也许真的就像李世民所说的："还守太原一城之地为贼耳，何以自全！"从唐公变成名副其实的反贼，最终难逃身死名裂的结局。

李渊的从善如流、李世民的远见卓识和坚定决心让他们顺利迈过了起兵以来的第一道坎。

## 四　弃河东，奔关中

李渊继续南进，攻取临汾袭破绛郡（今山西新绛县），一切都还比较顺利。

九月，李渊率军来到河东郡，情况就不一样了。此时驻守在河东的是隋朝鼎鼎大名的左武候大将军屈突通，一名正三品（武将最高官衔）的大将。由于治军严整、英勇善战，时人流传一句话："宁服三斗葱，不逢屈突通。"这足以看出屈突通是个厉害的狠角色。

屈突通吸取了宋老生轻敌冒进、兵败身死的教训，选择了高挂免战牌。因为他知道虽然此时的李渊斩了宋老生，克临汾、下绛郡，兵锋正锐，但有两个战略先决条件，李渊必须牢牢掌控。

一是时间必须快。李渊必须赶在关中的隋军做好充分准备前，其他各路诸侯还没反应过来的时候，快速拿下长安城；

二是后方必须稳。从太原到长安，漫长的战线，李渊不但要攻城克地，更重要的是要守住。否则，一旦前进不利，后方又起火，从战场态势来讲那就十分被动了。

而要牢牢掌控这两个战略先决条件，李渊必须乘着当下高涨的士气，快速解决掉与屈突通的战斗，肃清河东郡隋军，稳固战线，同时为抢渡黄河挺进关中争取宝贵的时间。所以，屈突通选择坚守不出。

坚守不出的屈突通让李渊一筹莫展：是全力以赴，稳稳拿下河东，稳固战线后再西渡黄河呢，还是放弃河东，抢渡黄河，争取宝贵时间直取长安呢？在这样一个生死抉择的时刻，李渊手下的将领们又分成了两派，一派是以裴寂为首的战河东派，一派是以李世民为首的弃河东派。一起来看看两派的理由各自是什么，以及李渊最终的选择。

战河东派认为，屈突通兵多将广、骁勇善战，此时若放弃河东，一旦进攻长安不利，屈突通又从背后追击，则我军会面临腹背受敌的极端不利局面，所以上策就是攻取河东再挥师西向。

对此，李世民是极力反对，他先从战略上藐视对手，认为屈突通、河东郡这些都是细枝末节，不足为虑；他坚信兵贵神速，趁着此时兵锋正盛，在敌人还不及谋划、未做决断的情况下直取长安，一战定鼎。如果将时间耽误在河东坚城之下，一旦隋室做好准备，四面赴援的话，则大事去矣。

李渊经过深思熟虑，综合各方意见，又一次做出了正确的选择。他留下一部分兵力继续围攻河东，牵制屈突通，自己则带着主力部队，绕过河东，西渡黄河，冲着关中，冲着他的快乐老家直奔而去。

其实，从战争的眼光来看，这两派的意见没有对错之分。只是李世民决心更坚定，也更具远见，更具进取精神；而裴寂只是更为保守，事实上，他提到的不利局面在战场上是完全有可能发生的。

# 第四章　定鼎长安

长相思，在长安。

络纬秋啼金井阑，微霜凄凄簟色寒。

孤灯不明思欲绝，卷帷望月空长叹。

美人如花隔云端。

上有青冥之长天，下有渌水之波澜。

天长路远魂飞苦，梦魂不到关山难。

长相思，摧心肝。

——李白《长相思》

在确定了“放弃河东，抢渡黄河”的作战思想后，李渊任命任瑰为招慰大使与刘弘基一起率领先锋部队从梁山（位于今山西龙门）抢渡黄河。

虽然屈突通率军前来阻挡，但只是在五十里外扎营，不敢前来挑战。任瑰、刘弘基顺利渡过黄河，并一路下韩城，破饮马泉，驻屯永丰仓（今陕西华阴市），在黄河以西撕开了一个缺口。随后，李渊率领大军渡过黄河，直接踏足关中平原，而魂牵梦绕，朝思暮想的长安就在咫尺之遥。

进入关中后，李渊立马派遣李建成、刘文静增援永丰仓，看守潼关，并击退了屈突通的追击之兵，使他无法赴援长安。

## 一　长安定鼎之战

解决了潼关方面赴援长安之敌后，李渊剩下的唯一目标就是拿下长安城。李渊命令李世民、刘弘基率兵沿着渭水北岸，急扑长安城。大军所到之处降者如云、从者如流，房玄龄、丘师利、丘行恭等人纷纷来到李世民军前投效。李世民率军一路势如破竹，很快占领了渭水北岸的泾阳，平阳公主也领军与李世民在渭北会合，兵临长安城下。

面对闪电般而至的李世民，未做准备的长安城内一片混乱。辅佐代王杨侑留守长安的老将卫文升看到大势已去，就自称有病，不再参与政事。主将如此，其他的文臣武将就更是无心恋战，只剩下左翊卫将军阴世师、京兆郡丞骨仪尊奉代王杨侑据城固守，顽抗到底。

十月，李渊率大军抵达长安，驻屯在春明门的西北；李世民向南渡过渭水，驻屯长安故城；李建成则抽调永丰仓精兵，从新丰直抵长乐宫驻屯。李氏父子拥兵二十万，完成了对长安城最后的合围。

看着眼前心心念念的长安，李渊想最大限度地减低战争带来的损害，他多次派出使者到城下宣称自己尊奉隋室奉立杨侑，但阴世师等人未加理会，拒不开城。

十一月，李渊命令各军攻城。孤立无援、无心恋战的隋军守将无力抵敌，很快长安城破。李渊顺利进入长安城，抓捕并处死了负隅顽抗的阴世师、骨仪等人。

李渊迎立代王杨侑继位，史称隋恭帝，同时遥尊杨广为太上皇。杨侑将所有军政事务交由李渊处理，说白了，此时的杨侑就是个象征和摆设，所有权力都掌握在李渊手中。

从大业十三年（公元617年）七月晋阳起兵到十一月攻占长安城，短短四个月李渊就实现了“定鼎长安”的战略目标。在这个过程中，能够看到清晰的战略决策及实施脉络。

首先是战略目标清晰，从起兵之初就确立了“定鼎长安”的战略目标；然后是战略思路清晰，立足太原，积蓄力量，外联突厥，树立“忠于隋室、保国安民”的大旗，都是为实现战略目标而做的全方位战略准备；最后是战略抉择准确，下霍邑、弃河东、抢渡黄河、“家书”奉承李密，每一次都能做出准确的战略选择。

## 二　稳定长安——潼关之战

丈人视要处，窄狭容单车。
艰难奋长戟，万古用一夫。

这是唐代大诗人杜甫在《潼关吏》中描写潼关的诗句，诗中形容潼关狭窄处仅容一辆单车通过，纵使是千军万马，来到潼关城下，那也像过独木桥一样艰难。

潼关位于今陕西省渭南市潼关县，地处陕西省关中平原东端，为陕西、山西、河南三省要冲。东接河南省灵宝市，南依秦岭，北濒黄

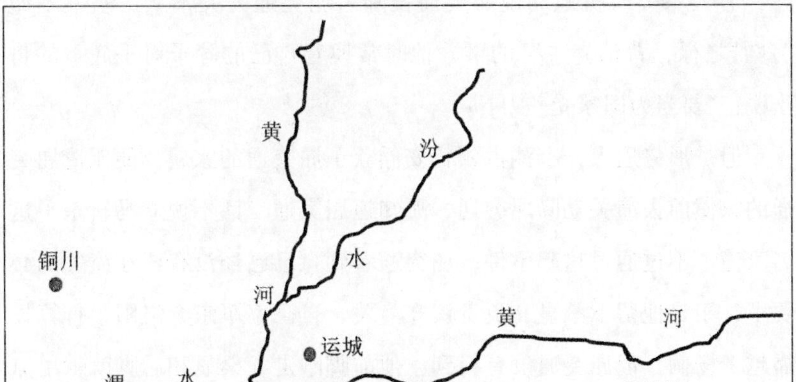


潼关战略位置示意图

河、渭河。自古以来，潼关都是关中平原的东大门，是中原地区进出关中的咽喉要道，战略地位十分重要。

而且由于山川的走势，潼关的地理环境十分险要。南有秦岭倚关，北有渭水、洛水汇合黄河，抱关而下，西边又背靠“险绝天下”的华山，使得潼关的周围山连山、水绕水，四处都是高山绝壁、深沟大河，仅仅中间有一条狭窄的羊肠小道穿关而过。过去人们常以“细路险与猿猴争”“人间路止潼关险”来形容潼关的地势极险。

李渊占领长安后，潼关仍然掌握在隋朝大将屈突通的手里，也就是说，东都洛阳的隋军可以随时经由崤函通道，入潼关赴援长安，这对李渊来讲是个巨大的风险，不拿下潼关根本谈不上关中的稳固。

鉴于潼关的险峻、易守难攻，如果强行攻打，必将付出极大的代价，李渊最希望的是能够不战而克；但是屈突通凭险固守，顽抗到底。

屈突通不肯投降，可是他底下的将领不一定跟他一条心。李渊占领长安，尊奉杨侑后，屈突通面临的情形日益窘迫，他的阵营开始瓦解，有人不失时机地劝说屈突通投降。屈突通大哭不从，坚决不做“食君之禄，背信弃主”的事。他时常摸着自己的脖子对手底下的将士说：“要当为国家受一刀！”

但是形势逼人，李渊占领长安俘获了屈突通的家属，便派遣屈突通的家僮前去潼关劝降屈突通，哪知道屈突通二话不说立马斩杀了这名家僮。不过通过这起事件，屈突通看到自己已经没有留在潼关的必要了，于是他留下桑显和负责镇守潼关，自己率军东奔洛阳，打算投靠越王杨侗。但屈突通没有料到，他前脚刚走，桑显和后脚就献出潼关投降了李渊。

对于同属关陇集团成员、忠诚勇毅的隋朝名将屈突通，李渊仍然致力于招降。他派遣窦琮、桑显和以及屈突通的儿子屈突寿一起出潼关，前去劝降屈突通。屈突通一看自己的儿子前来劝说自己投降，就大骂屈突寿，断绝父子关系，并命令士兵放箭射屈突寿。

屈突通仍然想率军拼杀，但他手底下的将士已经没有了斗志，这些关中士兵不想跟随屈突通前往洛阳，于是纷纷放下手中的武器投降。屈突通一看大势已去，就下马面朝东南的江都方向拜了三拜，痛哭道：“臣力屈至此，非敢负国，天地神祇实知之！”之后无奈束手就缚。

屈突通被押赴长安后，李渊不但没有杀他，反而任命他为兵部尚书，赐蒋国公，兼任李世民元帅府长史。李渊肯定是不舍得杀掉屈突通的，而作为关陇集团一员，曾与李渊同朝为官的屈突通，弃杨投李也不会是太难以接受的事，因为不管投靠谁，服务的都是自身所在的利益集团。

至此，李渊完成了“定鼎长安”这第一阶段战略目标，下一阶段战略目标就是“稳固关中，以图天下”了。

# 第二篇
# 稳固关中

面对年仅十三岁的新皇帝杨侑，大权独揽的李渊此时要行废黜之事自立称帝，可以说是水到渠成、易如反掌，但他没有这样做。是他不想吗？前面我们说过，李渊的个人野心可不仅仅是位极人臣，做另一个伊尹、霍光。

此时的李渊除了占据有长安城和部分关中地区，以及李元吉留守的太原外，再无别地，而且此时的关中情势也是很不稳定的。

我们一起来看看长安周边以及关中的情况。长安的西边有隋室的河池太守（今陕西宝鸡市）萧瑀和扶风太守窦琎，再往西则是“西秦霸王”薛举占据的陇右和“河西大凉王”李轨占据的河西走廊；东边出潼关后是越王杨侗控制的东都洛阳以及广大的中原地区。

此时的李渊要是在长安废黜代王杨侑自立，则将会面临忠于隋室的武装力量以及其他割据群雄的联合打击，能不能顺利保全自己、保全长安都是个问题，更别说稳固关中了，所以李渊只能等待，等待一个最佳时机。

除了耐心等待之外，李渊现在最该做的是打着隋室的名义传檄四方，快速巩固长安周边地区，扩充实力，而他也是这么执行的。十二月，河池太守萧瑀、扶风太守窦琎等纷纷请降，长安周边的形势慢慢稳定下来，奉命抚慰四川的李孝恭则基本上控制了整个巴蜀。我们都知道，四川号称天府之国，物产丰饶、山川险峻，据有四川则为关中提供了一个广阔稳定的战略大后方。

随后，李渊等待的机会出现了。武德元年（公元618年）三月，杨广在江都被宇文化及所弑，隋朝灭亡；五月，杨侑禅位，李渊在长安即皇帝位，改元武德，史称唐高祖，并封李建成为皇太子、李世民为秦王、李元吉为齐王。

# 第五章　关中后背的警报

李渊定鼎长安建立大唐后，最直接的威胁来自关中地区的后背，——陇右（也称陇西），来自薛举和薛仁杲父子。

此时薛氏父子已经占据陇右，隔着陇山直接窥视关中大地，离长安也是咫尺之遥。现在想来，如果李渊不是在起兵之时做出正确的战略选择迅速占领长安，那后来谁成为长安的主人也未可知呢。

薛举，大业末年任金城府（今甘肃兰州）校尉，掌管一地兵马。因为薛举本人是个武人，长得孔武有力，性格豪爽，加上家里又不差钱，所以身边积聚了一帮地方豪强。

大业十三年（公元617年），天下大乱，盗贼蜂起，陇右地区也是民变频仍。四月，金城县令郝瑗招兵买马，将数千人的队伍交给薛举统领，准备让他出城剿匪。在出征仪式上，薛举和他的儿子薛仁杲劫持郝瑗（郝瑗后来投降了薛举，并成为薛举身边最重要的谋士）起兵反隋，并自称西秦霸王。

不知道薛举取这个称号时是怎么考虑的，估计是想在秦兴之地效仿秦始皇横扫六合，不过这个称号怎么看怎么让人想起刚愎自用、乌江自刎的西楚霸王项羽。

薛举、薛仁杲起兵后，兵锋强盛，所向披靡，收降了宗罗睺等民变首领，很快便攻占了枹罕（今甘肃临夏县），岷山（今甘肃临洮县），秦州（今甘肃天水），鄯州（今青海西宁市），廓州（今青海海

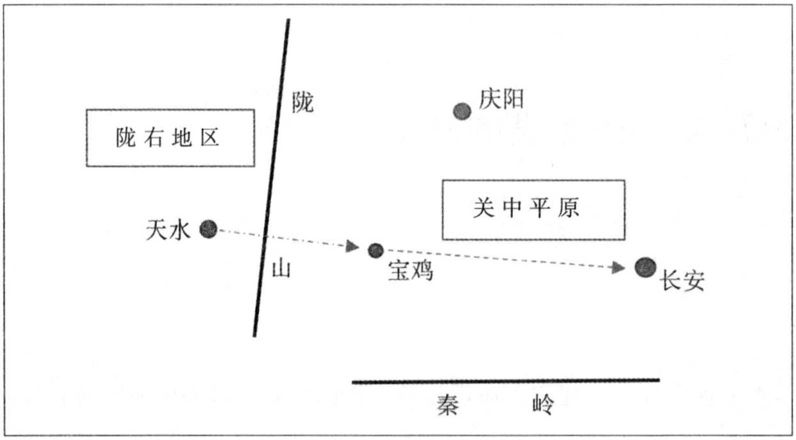


天水、宝鸡及长安三区位置示意图

南藏族自治州)，据有了整个陇右地区。七月，薛举在金城自立为帝后将都城从金城迁至秦州。

从地图上来看，秦州的东边就是陕西宝鸡，薛举可以说一只脚已经踏进了关中。而此时的李渊才刚刚晋阳起兵，并被隋将宋老生阻挡在霍邑。真不知道如果此时薛举全力进攻关中、进攻长安的话，历史将会发生什么。

好在薛举在进攻宝鸡被河池郡守萧瑀阻截后，将注意力转向了西边，转向了盘踞在凉州的“河西大凉王”李轨身上。薛举派兵西渡黄河攻击李轨，结果却招致全军覆没。

## 一　觊觎长安的薛氏父子

薛举虽然被李轨拖住了后腿，贻误了地利之便，没能抢在李渊之前跨入关中大地，但他时刻不忘关中、不忘长安。

大业十三年（公元617年）十二月，也就是在李渊攻占长安仅仅一个月之后，薛举派遣薛仁杲率兵三十万，围攻扶风（今陕西省凤翔县)，剑指长安城。李渊派出李世民率军抵御，双方在扶风展开了一场大战，李世民大破薛仁杲并乘胜追击，一直追到陇山脚下才返回。

扶风之战的溃败虽然延阻了薛举进攻长安的脚步，但并没有打消他觊觎长安的野心。

武德元年（公元618年）四月，距离隋炀帝杨广被弑身死已过去一个月，天下情形更加混乱不堪。五原（今内蒙古五原县）通守张长逊举城投降了突厥，这勾起了突厥人南侵的欲望。郝瑗这个时候就劝说薛举，让他和突厥联合，共同谋取长安。薛举接受了这个建议，派人出使突厥，商议共同进攻关中。

李渊收到消息后立即对突厥展开外交攻势。当时突厥始毕可汗的弟弟阿史那咄苾在五原以北设立大营，意欲南侵。李渊遣使携带大批财宝贿赂阿史那咄苾并向他陈述利害，劝他不要兴兵南下，同时进一步游说阿史那咄苾让他把张长逊送回长安，并将五原地区归还隋朝（此时李渊还未称帝，名义上仍是隋恭帝杨侑的大臣）。

贪图贿赂的阿史那咄苾全盘接受并放还了张长逊，张长逊返回长安后，李渊仍旧任命他为五原郡守。

回到五原后，张长逊伪造了一份杨侑的诏书送给阿史那咄苾，书中写明隋朝已经完全掌握了薛举和突厥联军南侵的阴谋，劝阿史那咄苾不要轻举妄动。看到长安已有准备，阿史那咄苾遂打消了南侵的念头，并拒绝薛举的使者入境突厥。失去强力外援的薛举也就放弃了此次进攻长安的计划。

## 二　浅水原之战——天佑大唐

武德元年（公元618年）五月，李渊接受杨侑禅让，唐朝建立。仅仅两个月后，薛举兵分两路大举进攻长安，一路由他亲自率领主力大军进逼高墌（今陕西咸阳市长武县），另外派出策应部队进犯扶风、岐山等地，有些小股部队已经进犯至咸阳市彬县（即豳县），差不多可以看见长安城的城门楼了。看来薛举这次是倾巢而出，想以最快的速度、最短的时间奇袭长安，也来个一战定鼎。

仍然是李世民，率领军队前往高墌进行抵抗。鉴于薛军势锐，李世民采取守势，深挖壕沟，高筑营垒，避而不战，与薛军展开了对峙。

不曾想，在对峙的紧要关头李世民突然染上疟疾，无法指挥作战，于是，李世民将军队指挥权交给刘文静和殷开山，并再三地嘱咐他们："对于薛举来讲，最有利的就是一鼓作气，快速解决高墌的战斗，然后直插长安。如果时间拖长了，对于倾巢而出、孤军深入的薛举来讲，粮草将难以为继，到时士卒疲惫、锐气渐消，我军可一战歼之。所以这段时间你们切不可出战，等我的病痊瘉后，我们再共同破敌。"

但是，刘文静和殷开山没能遵守李世民的命令，他们认为李世民顾虑太多，形势是敌弱我强，这个时候应该全力出击，给予薛举迎头痛击。

刘文静和殷开山开城迎战，在高墌城西南排兵布阵。由于唐军兵力超过了薛举部队，刘文静和殷开山托大竟然不加戒备。薛举侦知情况后，偷偷调动军队朝唐军的侧后方发动突然袭击，双方在浅水原展开大战。结果唐军八路总管同时溃败，大将军慕容罗睺、李安远、刘弘基等都做了俘虏，士卒也伤亡过半，薛举顺利进占高墌。

浅水原之战是唐朝建立后的第一次大战，结果以惨败告终。此役可以说给新兴的唐王朝敲响了警钟。虽然此时的薛举倾巢而出，深入唐境，看似孤军深入，但如果他乘着浅水原大胜的威势，南北两路分进，合击长安，真不知道这主将染疾、士气低迷、信心受挫的唐军能否抵挡住薛举的兵锋。

情况也确实十分危急。郝瑗在浅水原大获全胜后，立马建议薛举放弃休整，趁着唐军新败、关中人心骚乱之机直取长安。薛举采纳了郝瑗的意见，准备直下长安。

就在这万分紧急的时刻，运气却站在了唐王朝这边。八月，薛举病死，进攻长安的计划也随之中止。

薛举这个时候病死，真是老天帮了李渊一个大忙，为他赢得了宝贵的时间重新收拢兵力部署防线。有时候想如果薛举不在这个时间点死的话，历史会不会重写？但是，历史没有假设，新兴的唐王朝躲过了这一劫。

## 三　二次浅水原之战——解除关中的威胁

薛举死后薛仁杲继位，随之而来的是薛军内部的巨大变动，主要有两点：

一是将帅离心。薛仁杲这个人虽然有把子力气，弓马精熟，号称“万人敌”，但他生性残暴，喜欢杀人和虐待俘虏，也不体恤部下，将士们平时都远远躲着他。薛仁杲继位后，无法处理好与众臣属的关系，导致大家离心离德，相互猜忌。

二是郝瑗身死。薛举死后，郝瑗悲痛万分，由于悲伤过度，竟然也一病而亡，而随着郝瑗这个重要谋士的身死，直取长安的计划就缺少了主要的策划者、支持者和坚定的落实者、执行者。

内部重要谋士身死，将帅离心；外部又因为深入唐境，受到重新调整部署后唐军的四面围剿，特别是紧邻高墌的泾州（今甘肃泾川县）和陇州（今陕西陇县）等地的唐军将士，对驻扎在高墌的薛仁杲产生巨大的威胁，因此也牵扯住薛仁杲的兵力，使得他无法挥军南下进取长安。

为了彻底消灭薛仁杲，解除他对长安的直接威胁，双方很快暴发了第二次浅水原之战。

唐王朝这次领军的仍然是李世民，仍然采取的是避敌锋芒、坚壁清野、以待战机的方法。双方再次在高墌展开对峙。

薛仁杲也意识到李世民的作战意图，为了避免陷入长时间孤军奋战的险境，薛仁杲派出大将宗罗睺，不断来到唐军营门前挑战以图速胜。唐军将领纷纷请求应战，但李世民就是不答应，只是紧闭营门不出，并传出号令，再有胆敢请求出战者斩。

就这样，双方对峙旬月有余，薛仁杲粮食耗尽，手下将领纷纷率部投降唐军。李世民看到薛军将帅离心、士气低落，开始准备大举进攻。

李世民派行军总管梁实驻军浅水原引诱敌军，憋屈了数月的宗罗睺出动所有精锐猛烈攻击梁实。梁实不为所动，只是占据险要之地坚守，绝不主动出击。数日之后，宗罗睺疲惫不堪，李世民等待的决战时机到来了。

李世民命令大将庞玉在浅水原列阵，宗罗睺集中全军进行攻击，庞玉几乎不能支撑。这个时候李世民率领大军突然在浅水原北出现，并亲率骁勇骑兵首先突入敌阵当中，宗罗睺军很快崩溃，仓皇回撤。

李世民率领仅仅二千名轻骑展开追击，窦轨拉住李世民战马的缰绳苦苦劝谏，让李世民放弃追击，切莫身犯险境。李世民坚决地予以拒绝："我考虑很久了，现在的情形势如破竹，只要继续追击，一切皆可迎刃而解；如果放弃追击，则会错失这大好的时机。"

李世民率军直追到高墌城下，薛仁杲出城列阵准备迎击，但他手下的将领却阵前倒戈投降了李世民，大惊之下的薛仁杲只能率军返城坚守。随后唐军大队人马赶到，将高墌城团团围困，守城将士纷纷弃守出城投降，无计可施的薛仁杲也只得开城投降。随后，薛仁杲被李世民送至长安斩于闹市之中。

薛仁杲出城投降后，众将领纷纷向李世民道贺，包括之前谏止李世民追击的窦轨。他问李世民道："浅水原一役，宗罗睺溃逃，您仅仅率领轻骑兵就展开追击并直抵高墌城下，大家都认为不可能攻克，没想到您却做到了，这是什么缘故呢？"

李世民答道："宗罗睺的部队都是陇右人，异常剽悍，如果我们不追击，留给他们喘息时间，宗罗睺的兵马就会撤退到高墌城内，在薛仁杲的安抚重用下，我们就很难再制服他们了。如果我们穷追猛打，他们就没时间撤退到高墌城，只能溃散逃奔陇右，而薛仁杲听闻后肯定手足无措，所以我们就很容易攻克高墌。"众将领听闻后纷纷赞叹不已。

武德元年（公元618年）十一月，随着薛仁杲的战败身死，盘踞在陇右地区的薛举父子退出了历史舞台，整个陇右尽归李渊所有。

# 第六章　赚到的河西走廊

李渊占据了陇右，而紧邻陇右的黄河西岸，也就是著名的河西走廊，此时正被河西大凉王李轨占据。

此刻的李渊其实并没打算征讨李轨，夺取河西走廊。原因一是李轨目前还不是他最主要的威胁，此时最主要的威胁来自山西马邑的刘武周，他勾连突厥夺取太原，并南下黄河，准备进犯关中；二是李渊和李轨曾经联合攻打薛举父子，算是盟友关系。

李渊不想大动干戈劳师远征，但没想到，由于李轨集团内部出现分裂，使得李渊获益，轻松赚取了河西。

## 一　这个李氏也称天子

李轨是凉州姑臧人，也就是今天甘肃武威市人。古时候的凉州那可是大名鼎鼎，前凉、后凉、南凉、北凉，只要与凉有关的国家基本都建都于此，包括李渊七世祖李皓建立的西凉国；隋唐时期，凉州更是全国三大经济中心之一（另外两个是东都洛阳和江都扬州）。

李轨的家族是凉州豪门望族，或许也来源于陇西李氏。李渊称帝后在招慰李轨的时候就称他为“从弟”，也就是堂弟，几乎将他当宗亲看待，虽然这很可能只是在招降的时候，用来表示结纳亲近之意。

隋朝大业年间，李轨担任武威郡鹰扬府司马，虽然说他是个武人，但平时还蛮喜欢读书，为人也是机智多谋、能言善辩，与一般五大三粗、动不动就喊打喊杀的军人还不太一样，而且他仗义疏财，时常赈济乡邻，在当地人气和威望都很高。

大业十三年（公元617年）四月，由于薛举在兰州起事后经常派兵到河西烧杀抢掠，李轨就和同郡人关谨、梁硕、安修仁等商议应对之策。

李轨慷慨激昂地说道："举暴悍，今其兵必来。吏孱怯，无足与计者，欲相戮力，据河右，以观天下变，庸能束手以妻子饵人哉？"大家都认为李轨说得对，既然当地官员无能，为了老婆孩子，为了身家性命我们就起兵自保，拼了！但临到头又没有一个人敢起来挑头，大家互相推让，结果就以谶语"李氏当王"这句话，推举李轨为盟主，共同起兵抵抗薛举。

八月，李轨命令安修仁负责集结所有胡人酋长，他自已则负责集结所有汉人民间豪杰，他带领众人冲入府衙，逮捕了隋武威郡丞韦士政和虎贲郎将谢统师，自称"河西大凉王"，正式起兵。

没过多久，李轨击溃薛举的进攻，很快便占领了张掖、酒泉、敦煌等河西州郡，将整个河西走廊据为已有，成为割据一方的霸主。武德元年（公元618年）十一月，差不多在薛仁杲兵败的时候，李轨在凉州自立称帝。

应该说，李轨在起兵初期还是蛮有作为、蛮宽容的，能够搞好内部的团结，协调好各方势力，因而他成为西北地区实力强劲的一方诸侯。

他的主要干将，关谨、梁硕是他同郡的好友，安修仁是世居凉州的胡人，他没有采纳关谨等人的建议"尽杀隋官，分其产"，而是委获谢统师、韦士政等人以重任，这种宽容的做法引得西突厥曷娑那可汗的弟弟阿史那达度都前来归附。

但也正是集团内部人员构成混杂、派系众多，为后期李轨的失败埋下了伏笔。

## 二　安兴贵智赚河西

武德二年（公元619年）二月，李渊遣使赴凉国招降李轨，准备任命李轨为凉州总管，并册封其为大凉王。李轨一开始是想应诏称臣接受册封的，但由于部属的强烈反对，自己也舍不得皇帝这个称号而作罢。

李轨放弃了称臣侍唐的打算，派使者赴长安觐见李渊呈递国书，书中李轨自称“皇堂弟北大凉皇帝李轨”，意思就是我和你一样都是皇帝。接到国书后李渊大怒，开始商议征讨李轨。但是没过多久，刘武周勾连突厥南下侵犯太原，王世充也在东都洛阳废黜杨侗自行称帝，并不断地向西进攻，做挺进关中的打算。李渊忙于应付河东和中原战事，对于李轨也只能无可奈何了。

但是，说来也巧，李轨的起事旧臣安修仁有一个哥哥叫安兴贵，正好在李渊手下为官。安兴贵看到李渊为李轨之事犯愁，就自告奋勇去凉州劝降李轨。

李渊初始还不大相信，他认为李轨雄踞河西，兵强马壮，又南连吐谷浑，北通突厥，哪怕派出大军进行征剿都不一定能够降服，仅仅凭着安兴贵一个人怎么能够让李轨归附呢？

但是作为累世居于凉州，在当地拥有巨大名望的安氏家族的一员，安兴贵自觉成竹在胸。看到安兴贵如此笃定，李渊虽然将信将疑，但还是抱着试一试的心理，派他前往凉州。

五月，安兴贵来到凉州。李轨看到自己亲信大臣安修仁的哥哥由唐朝来投，非常高兴，委以安兴贵重要职务。

在渐渐取得李轨信任之后，安兴贵开始游说李轨归附李渊，但没想到，本来认为可以很容易达到目的的安兴贵得到的却是李轨大声地质问："我据有河西险要之地，唐朝虽然强大，但又能拿我怎么样呢！你从唐朝那里来，莫不是要给李渊当说客？"看到李轨真生气了，安兴贵赶紧道歉，不敢再造次了。

看来李轨是铁了心不投降，那继续游说也就没有任何意义了，反而会引起李轨的警惕，安兴贵于是决定联合他的弟弟安修仁一同智取河西。

安兴贵、安修仁两兄弟首先利用自己凉州望族以及胡人的身份，秘密联合当地胡人，并离间李轨与将领们的关系。等到时机成熟，安氏兄弟突然起兵攻打李轨。慌乱中准备不足的李轨出城迎战却大败而归，只能退回城内坚守。

安兴贵绕着城墙疾呼："唐朝派我来诛杀李轨，不相干的人请暂避。如若为李轨提供帮助，诛灭三族。"城中军民听闻后士气动摇，纷纷出城投降。已成孤家寡人的李轨最终被安兴贵擒获，随后被送至长安斩首。

李轨从起兵到最后被杀不过短短三年时间，真是"其兴也勃，其亡也忽"。

应该说李轨的死还是比较可惜的，从史书记载来看，李轨还是很有容人之量的。他胸襟比较开阔，不杀俘、不杀降，抓获的士卒愿意投降的他收留，不愿投降的他一律放归。那他为什么会失败呢？

首先是没有大局意识，战略目标不明确。在李世民和薛举展开第一次浅水原之战的时候，李渊曾经招降李轨，共同应对薛氏父子，并任命李轨为凉州总管，封凉王，李轨欣然接受了。薛氏父子被平定后，李轨自行称帝，李渊再次派人招附，他又舍不得皇帝这个称号，梦想和李渊分庭抗礼，互相称帝。

但当皇帝得有大局观念和清晰的战略目标，而且还得坚决地予以贯彻执行啊！要知道皇帝只有一个，你要么面北称臣做个藩属，要么横下一条心，提兵东进与李渊争锋，除此之外没有第三选择。

再后来安兴贵劝说他效仿“窦融归汉”臣服唐朝，李轨却说当年吴王刘濞拥有江东的时候还自称东帝，我现在拥有河西了，怎么不能称西帝，唐朝是很强大，那又能把我怎么样呢？这口气怎么听怎么像一个小混混当着一个大佬的面要横摆酷，还自我感觉良好，“你能把我怎么样，有本事咬我啊”！结果当然只能是找死。

其次是众叛亲离，内部分裂。他的吏部尚书梁硕，也是起兵集团主要成员之一，看到境内的胡人越来越多，就提醒他多加注意、小心提防。其实这也没什么错，防范之心不可无嘛！谁知说者无意，听者有心，这番话把兵部尚书安修仁给得罪了——安修仁就是世居凉州的胡人。于是安修仁就和李仲琰（李轨之子）一起诬陷梁硕谋反，李轨在未查明实情的情况下，毒杀了梁硕一家，造成众将领，特别是起兵集团主要成员之间的离心离德。

最后是听信谗言，日渐昏聩。当时，有一个胡巫说会天降玉女，听起来真是祥瑞之兆，李轨就花费很多钱财修建高楼，准备迎接玉女降临，最后当然是什么事也没发生，还花了不少银钱闹了个天大的笑话。

而这个时候河西正好闹饥荒，老百姓都没饭吃，甚至有人吃人现象。碰到这种情况，只要是个明白君主，都会开仓赈粮、安定民心，很多的故旧大臣也都建议要尽快开仓放粮。但是谢统师、韦士政等投降的前隋官员，出于排挤故旧大臣的私人目的不同意开仓放粮，理由也是相当可笑：“饿死的都是弱小的，留着也没用，强壮的都饿不死，国家仓储的粮食是留给不时之需的，怎么能留给这些弱小又无用的人呢？”

好吧！只能送你们这些人一个大写的“服”字。当然还有更让人

“服”的，李轨尽然采纳了谢统师等人的意见，紧闭了仓门，当然也紧闭了老百姓的心门。

李渊不费一兵一卒就得到了河西走廊，可以说是意外之喜。河西走廊位于关中、陇右以西，是夹在青藏高原和蒙古高原之间的一条狭长通道，南抵甘肃兰州，北接新疆哈密，自古就是连通中原和西域的通道，河西走廊的获取不但打开了唐王朝向西拓展的大门，也使得关中地区再无后顾之忧。

# 第七章　晋阳“再起兵”

看到这章的标题大家也许会觉得纳闷，难道唐高祖李渊要追忆往昔峥嵘岁月，重走起兵之路了？当然不是，这次的起兵之人不是李渊而是刘武周。

刘武周不是割据马邑吗，怎么又跑到晋阳去了，还上演了一出晋阳“再起兵”呢？历史有时候真的能够“重演”，但结果就不一定一样了。

## 一　定杨可汗刘武周

刘武周，祖籍河北，后来举家迁居到山西马邑，刘武周也是出生于豪富之家，看来闹革命还是要有点本钱的。

刘武周年轻的时候就骁勇善战、强悍异常，喜欢到处交朋友，他的哥哥刘山伯就常责骂他交朋友从来不择人，什么狐朋狗友都交往，总有一天会害了全家的。估计那个时候的刘武周就是个浪荡公子哥，只知道吃喝玩乐、滥交朋友，后来应该是受到规劝，自己也想明白了，不能再这样花天酒地、一事无成下去，白白浪费了一个大好青年。

刘武周选择投身军旅，跟随隋炀帝出征高句丽，后来返回家乡马邑担任鹰扬府校尉。

因为刘武周在当地朋友多，为人也豪阔，马邑太守王仁恭非常器重刘武周，让他担任自己的心腹，统率亲兵驻防在太守官署。但刘武周却和自己顶头上司的侍女私通，这真是胆大包天、恣意妄为。刘武周也怕事情暴露之后自己吃不了兜着走，就暗暗起了反叛之心。

大业十三年（公元617年）二月，趁着天下大乱、民不聊生的时候，刘武周散播谣言说，现在闹饥荒，老百姓饿死了不知多少，而我们的太守却不开仓放粮，哪里管老百姓的死活啊！看到民心为之动摇，刘武周称病躺在家里。当地的朋友纷纷来看望他，刘武周便杀牛宰羊，大摆宴席，席间刘武周鼓动大家与他共同举义。

刘武周在当地的号召力还是很强大的，在座的众人一齐响应。于是刘武周率众闯入太守府，杀了太守王仁恭，并自命为马邑太守，正式起兵反隋。

因为马邑在山西北部，紧邻突厥，刘武周起兵后的第一件事就是遣使向突厥表示归附。

三月，刘武周与突厥军合兵袭破楼烦郡（今山西忻州市），占据汾阳宫。为了结纳突厥，他将汾阳宫的宫女和财宝都送给了始毕可汗。始毕可汗非常高兴，赠送刘武周战马，并派兵协助他进兵。在突厥的支援下，刘武周实力大增，兵锋大振。

不久后，刘武周自立称帝，任命他的妹夫苑君璋为内史令。突厥派人册封刘武周为“定杨可汗”，并赠其“狼头纛”，就是有狼头标志的军旗，因为突厥人认为自己是“狼的传人”。

随后，刘武周攻占了整个山西北部，包括大同、朔州、忻州等地，再往南就是李渊驻守的晋阳了。

这个时候的李渊仍然没有下定起兵的决心，不过他巧妙地利用刘武周占据汾阳宫这一机会，“名正言顺”地以讨伐刘武周为名招兵买马，偷偷地进行晋阳起兵的各项准备。

## 二　李元吉失晋阳

占领了山西北部，又有突厥人的大力支持，我们的“定杨可汗”刘武周的野心就不仅仅满足于割据一地了。没过多久，李渊晋阳起兵，并且很快攻入关中，抢占长安，只留下李元吉作为晋阳留守看守大后方。

刘武周于是想趁着李渊忙于关中战事，晋阳防守力量薄弱的时候攻打晋阳。正当刘武周对是否进攻晋阳疑而未决的时候，易州盗贼首领宋金刚率领本部人马前来投降，实力大增的刘武周坚定了南下晋阳的决心。

宋金刚是何许人也?

宋金刚，河北上谷人（现河北张家口），最初与魏刀儿相联结在河北起兵叛隋，后来窦建德消灭了魏刀儿，并吞了魏刀儿的兵马，宋金刚就跑到马邑投奔了刘武周。宋金刚来投，刘武周非常高兴，因为宋金刚作战勇猛善于用兵。刘武周对宋金刚非常信任，委以军事大权，并分一半的家产给他。宋金刚也是投桃报李，休掉原配夫人，改娶刘武周的妹妹为妻，成为刘武周的一个妹夫。

看到刘武周有谋取晋阳的打算，野心勃勃的宋金刚就劝说刘武周不光要攻打晋阳，更要趁李渊关中新定立足未稳的时候南向争夺天下。

但是刘武周的另一个妹夫，也就是苑君璋却表示反对。他劝刘武周不要深入险境，轻易兴兵伐唐，这个时候北面联合突厥，南面与唐结交，称霸一地，以观天下才是长远之策。

在两个妹夫当中，刘武周最终选择了宋金刚。武德二年（公元619年）六月，刘武周留下苑君璋留守马邑，自己带领宋金刚率大军直取晋阳。

刘武周首先进攻晋阳的周边，先后攻破了榆次、平遥、介州等郡县。唐行军总管李仲文和右武卫大将军姜宝谊兵败被俘，后侥幸逃脱。

九月，在肃清晋阳四周之后，刘武周对晋阳发起了总攻。留守晋阳的李元吉一看情势不对，就欺骗他的司马刘德威说："你带着老弱残兵守城，我亲自带领精兵强将出城交战。"谁知道李元吉半夜出兵不是和刘武周交战去了，而是携带妻子小妾放弃了晋阳逃回长安去了。李元吉一走，晋阳群龙无首，唐朝的兴兵之地就这样未做任何抵抗失陷了。

## 三　晋阳再"起兵"

刘武周兵略晋阳，声势浩大。为了夺回自己的起兵之基，李渊任命裴寂为晋州道行军总管统领军队讨伐刘武周。

裴寂率领大军来到介州，此时的介州城已被宋金刚占领，裴寂于是在度索原扎下大营。宋金刚派出部队切断了唐军的水源，饥渴难耐的唐军只能拔营去寻找新的水源地。就在唐军拔营出发阵型稍乱的时候，宋金刚乘势率军掩杀过来，唐军被打得大败，几乎全军覆没。

慌乱中裴寂领着残军一路向南逃奔，一直跑到临汾才停了下来。刘武周克浩州，攻西河，击杀姜宝谊，随后也上演了一出立足晋阳，直取关中的"晋阳起兵"大戏。

刘武周派遣宋金刚为先锋官，率领大军出雀鼠谷，进占霍邑，攻克临汾，俘获了唐右骁卫大将军刘弘基，后来刘弘基侥幸逃脱。

宋金刚继续南侵，进逼绛州（今山西省新绛县），攻占龙门，克定浍州（今山西省翼城县），兵锋直抵黄河东岸。是不是同样的配方，同样的味道啊？和李渊"晋阳起兵"的行军路线一模一样，而且兵锋更锐。李渊当时无法攻克屈突通的河东郡，只能冒着后路被截断的危险，绕过河东抢渡黄河。

宋金刚面临的情况则有利得多。首先，唐朝主将裴寂性格怯懦，没有将帅之才，不但不能有效抵御刘武周的进攻，反而因为害怕资敌，大肆破坏当地居民的财产，使得百姓们损失惨重，这激起夏县人吕崇茂聚众起义，响应刘武周；其次，此时河东郡仍由隋将王行本把守，他长期死守，拒不投降李渊，此刻更是与宋金刚合军一处，使得唐军处境更加被动。

当时，黄河以东绝大部分地区已被刘武周、宋金刚控制，面对这种颓势，长安为之震动，关中为之震动，李渊甚至颁下了放弃整个黄河以东地区，退保关中的敕书。

如果现今做一个历史假设，李渊当初放弃了整个河东，退保关中，唐朝必将面对一个极端被动的战略颓势局面。面对刘武周的疯狂进攻，李渊能否守住黄河防线是要打上一个大大的问号的。再加上洛阳王世充对关中地区的虎视眈眈，初生的大唐王朝可谓生死存于一线。

危急时刻，又是李世民站了出来。他上表李渊道："太原是我们成就王业的基础，河东地区物阜民丰，是关中地区的屏障和后勤基地，是不能够随随便便放弃的。"表章的最后，李世民请求李渊让他统率三万精兵东渡黄河，征讨刘武周，收复太原。

李渊看了李世民的表章后非常高兴，他收回了之前下达的弃河东，保关中的敕书，并征发关中所有兵力归李世民调遣，全力支持李世民东渡黄河。

## 四　柏壁之战——秦王收复河东

武德二年（公元619年）十一月，秦王李世民趁着黄河封冻，率领大军从龙门东渡黄河进入山西，并驻屯柏壁（今山西新绛西南）与宋金刚展开对峙。

柏壁之战是李世民的经典一役，也是他一生征战生涯的真实写照，他在此战所采用的战略、实施的战法在其后很多战役中都得到体现。具体概括起来有以下三条：一是身先士卒，提振军心；二是避其锋芒，等待时机；三是主动出击，断其支援。

身先士卒，提振军心。来到柏壁后，为了掌握宋金刚部队的虚实，李世民亲率轻骑到敌营附近进行侦察。在完成侦察任务后，李世民带了一名甲士登上山丘休息，也许是太疲劳了，不知不觉二人竟然睡着了。这个时候宋金刚的巡逻兵发现了他们，并从四面包围了过来。幸亏一条蛇追食老鼠的动静惊醒了甲士，甲士赶忙唤醒李世民，二人飞身上马快速撤离。

敌军哪肯轻易放过李世民，在二人后面穷追不舍，眼看就要追上，李世民弯弓搭箭，一箭射死了领军将领，其他的追兵一看将领被射杀吓得不敢再追。李世民就这样毫发无损地返回了大营。将士们看到李世民如此，无所畏惧都是信心大振。

避其锋芒，等待时机。当时整个山西的战场环境对李世民是十分不利的。宋金刚兵多将广，气势正盛，又有吕崇茂和王行本作为响应；而李世民则在兵力上和气势上都要弱于宋金刚，更加不利的还是粮草问题。

当时黄河以东地区遭受战火劫掠，老百姓纷纷躲了起来，唐军在当地根本征集不到任何粮草物资。李世民于是发布告示，安抚四周。当地的老百姓听说李世民带兵前来征讨，都从藏身之处跑出来归附，消息一传十，十传百，前来归顺的人越来越多，军粮物资也越来越充足。

看到形势逐渐转好，众位将领纷纷请战，但李世民没有同意，仍然坚壁不战，以待时机，只是偶尔派出小股骑兵进行突击袭扰。

主动出击，断其支援。李世民坚壁清野，固守以待时机的策略有效地拖住了宋金刚。对于与宋金刚遥相呼应的吕崇茂和王行本，唐军选择了主动出击。永安王李孝基率军攻击吕崇茂，宋金刚派遣尉迟恭和寻相赴援。虽然这一仗唐军大败，李孝基做了尉迟恭的俘虏，但随后的作战唐军迅速扭转了战局。

在尉迟恭、寻相返回浍州的时候，李世民派遣殷开山、秦叔宝等人在美良川截击，大败尉迟恭和寻相。不久后，尉迟恭和寻相又秘密带兵救援王行本。截获消息后，李世民亲率三千劲卒从小路连夜进行阻截，这一仗宋军全部被俘，只有尉迟恭和寻相两人逃脱。大获全胜后的李世民没有乘胜追击，而是重新返回柏壁坚守，继续将宋金刚的主力部队牢牢拖住。

武德三年（公元620年）一月，唐将秦武通对王行本展开总攻，王行本献城投降，之后，桑显和又击败吕崇茂。宋金刚顿时失去所有外援陷入窘境。与此同时，身处晋阳的刘武周那边的情势也好不到哪里去。

刘武周多次率军攻打浩州都被李仲文击败，因而无力发兵增援逐渐陷入窘迫的宋金刚；而张难堡的唐军又袭击了刘武周的运粮道，切断了宋金刚的粮草供应。

四月，粮草耗尽的宋金刚再也无法支持，只能从柏壁狼狈撤军，率领部队顺着绛州、临汾、霍邑一路北窜，怎么来的又怎么原路退了回去，李世民等待的机会终于出现了。

李世民果断率领精骑北追，在霍邑追上了负责断后的寻相。击败寻相后，李世民继续乘胜追击，连续作战十余次，一天之内就向北突进了二百多里。刘弘基看到李世民孤军深入，后援大军未能跟上，就拉住李世民战马的缰绳劝他穷寇莫追，况且此刻将士们也饥饿疲惫，应当安营扎寨，休整兵马，等到后援大军及粮草都齐备之后再进行追击。

李世民予以否决，他认为这是彻底消灭宋金刚的最好机会：“宋金刚已经穷途末路、军心涣散，现在是彻底消灭他的最好机会，如果放弃追赶让他获得喘息的机会来加强防备，那肯定会贻误这次千载难逢的机会。”于是不再耽搁纵马追击。

将士们看到李世民如此奋勇向前，也忘记了饥饿疲惫，追随着李世民一路北进。

终于，唐军在雀鼠谷追上了宋金刚，一天之内双方交战八次，宋金刚的部队被杀死、俘虏了上万人。直到这天夜晚，唐军才在雀鼠谷西原扎营，稍作休整。此时的李世民已经两天没吃东西，三天没脱战袍，全军上下也只剩下一只羊。李世民命人将羊宰杀后与众将士们分而食之。

宋金刚逃至介休城，李世民紧随而至，双方在城下展开正面对决。宋金刚此时仍有两万人马，孤注一掷的他率领全军出西门，背对城墙排兵布阵。

李世民同样是一鼓作气，派遣李勣出面挑战。战事之初，唐军稍显不利，李勣率军稍稍退却，急于反扑的宋金刚催阵进击，李世民抓住宋军远离城墙的有利时机，率领精骑绕到宋金刚的背后实施突袭。宋军大败，宋金刚扔下部队逃走了。

宋金刚北逃，尉迟恭在介休收整残部准备继续坚守。李世民派遣任城王李道宗、宇文士及前去劝降，尉迟恭于是献出介休投降了李世民。

看到尉迟恭这员猛将来投，李世民非常高兴，不顾与宋金刚的战斗仍未结束，以及屈突通等人担心尉迟恭会反复，任命尉迟恭为右一府统军，仍旧让他统领八千旧部和各营杂处一块。不得不说，在作战的紧要关头，宋金刚和刘武周仍在抵抗，这样对一员降将坦诚相待需要很大的自信。

刘武周听闻宋金刚兵败、尉迟恭投降，大为恐慌，于是放弃太原北逃突厥。宋金刚仍想继续抵抗，但无奈此时已经没人愿意再跟着他干了，于是他也逃往突厥。李世民顺利收复太原，之后河东地区的其他州县也先后回归了大唐。

没过多久，刘武周、宋金刚谋划逃离突厥没有成功，被突厥可汗杀死。

刘武周“晋阳起兵”选择了和李渊同样的进军路线，但一个定鼎长安，开创伟业，一个仓皇北窜，最后身死名裂，真是此一时彼一时。

李渊起兵的时候打着“忠于隋室”的旗号，而刘武周打着突厥人的狼头旗，所以说举什么旗非常重要，要不然师出无名，很难获得天下人的认可。

而且刘武周碰到的对手是秦王李世民，李世民可不是李元吉，也不是宋老生，李元吉弃城逃跑，宋老生有勇无谋。李世民是在极端被动——李渊想放弃整个河东地区，退保关中的情况下，率军强渡黄河，给刘武周、宋金刚当头棒击的。最后，刘武周、宋金刚只能逃附突厥，寄人篱下，最终被杀身死。

## 第三篇

# 经略中原

剿灭薛举父子，擒杀李轨，击溃刘武周，关中地区面临的直接威胁基本上解除了。而且，随着陇右、河西地区的平定，河东地区的稳固以及巴蜀地区的归附，李渊更是获得了广阔的战略纵深和后方基地，长安及关中的形势已完全稳定。

李渊下一个战略目标直指中原大地。

此时的中原大地上盘踞着李密的瓦岗军、王世充的郑国以及窦建德的夏国三大势力，也是隋末群雄并起时三股实力最为强大的割据势力。要完成经略中原的战略目标，这三股势力成为李渊前进道路上最大的拦路虎。

中原，地处中国大地的正中，是历代王朝的核心腹地。隋唐时期，以东都洛阳为中心的中原地区更是政治、经济和行政中心，漕运和交通中心以及三大粮仓（洛口仓、回洛仓、黎阳仓）的所在地，可以毫不夸张地讲，谁最终能够占据中原地区，谁就能够四方用兵，进而荡平天下，实现一统。也正是基于这个原因，乱世中的中原地区成为四战之地，各路诸侯虎视眈眈，欲夺之而后快。

李渊自然也不例外，在占领长安不久，关中地区还未完全稳定的时候，李渊就命令李世民出潼关抚慰中原，说是抚慰，其实就是进攻。后来由于薛举父子兵犯关中，为了确保后方的稳固，李世民选择放缓进攻中原，回师征剿薛氏父子。但是暂时的放缓不等于完全的放弃，高瞻远瞩的李世民在东都洛阳的眼皮底下扎下了两根深深的钉子。

在率军回师关中之前，李世民曾对将领们说："洛阳的隋军（此时的洛阳还控制在越王杨侗手中）见到我们撤军，一定会尾随追击我们，如果这个时候我们完全弃守，不但之前进攻中原的战果化为乌有，而且很可能被隋兵咬住，造成大溃退，直接威胁到潼关甚至关中的安危。"

李世民于是在撤军时设下三道埋伏等待追兵。

果然，隋将段达率领一万多人马从后追击，在经过三王陵（位于洛阳市西南十里）的时候，李世民指挥伏军大败段达，并乘势杀了个回马枪，直追至洛阳城下。这一仗对洛阳隋军产生很大的震慑作用，之后隋军再也不敢出城交战，只能固城自守，更谈不上西向威胁关中地区，这使得李渊、李世民可以腾出手来剿灭薛氏父子。

李世民退军后在洛阳西部设置熊州和穀州（今洛阳市洛宁县和新安县），并留下任瑰、盛彦师、史万宝等戍守此地。

# 第八章　天下盟主李密

“心中恼恨西魏王，玉玺换来萧美娘，瓦岗山上散众将，一统江山归大唐。”这是《隋唐演义》里面，瓦岗寨军师徐茂公投唐的时候在聚义厅所题的一首反诗。说的是瓦岗军首领、西魏王李密不爱江山爱美人，用传国玉玺换来隋炀帝的萧妃，之后整天沉迷在美色当中，不事朝政，导致瓦岗军土崩瓦解、分崩离析。

小时候特别喜欢听评书《隋唐演义》，留下深刻印象的是西府赵王李元霸的擂鼓瓮金锤，是天保大将宇文成都的凤翅镏金镋，是一猛一绝会一杰，是群雄聚义瓦岗寨，当然印象最深刻的还是这个西魏王李密。

长大以后才知道这些故事都是杜撰出来的，小说里面的徐茂公是个牛鼻子老道，谁知道历史上的他竟是大唐赫赫有名的战神李勣；“半路杀出来”的程咬金是个只会三板斧的私盐贩子、混世魔王，谁知道历史上的他就是历经四朝的大唐开国元勋程知节。李元霸是虚构出来的历史人物，宇文化及也并没有一个儿子叫宇文成都，而西魏王（历史上的李密没做过魏王，只称过魏公）李密，这位隋唐英雄更是被描绘成一名酒色之徒。

历史上的李密真像小说中所写得那么不堪吗？让我们一起来探究历史上真实的李密。

李密在隋唐交替时期是个影响力非常大的人物，应该可以算作是隋王朝第一个掘墓人，因为李密辅佐杨玄感在黎阳起兵，使得全国的叛乱由民变转化为兵变，并导致天下情势一发而不可收，隋朝各地的将领大臣纷纷效仿起事，这其中就包括后来代隋建唐的李渊。

李密领导的瓦岗军对后继的唐朝影响力也非常大，不说别的，看看瓦岗军为大唐提供了多少良臣猛将？魏徵、李勣、秦叔宝、程知节、罗士信、郭孝恪等，前面四位均位列凌烟阁二十四功臣，罗士信也是勇冠三军，跟随李世民平王世充、灭窦建德，战功卓著，可惜后来在征讨刘黑闼的时候战死在洺水县城，年仅二十岁。郭孝恪同样英勇非凡，后来担任唐朝安西都护，威震西域。这些能臣猛将难道会如小说描写那样不堪吗？

从整个大唐发展的历程，特别是统一天下的历程来看，李密也是这个历程中时间和空间上的战略关键点。李密后来的失败投唐，相当于为李渊打通了“任督二脉”，至此唐王朝在中原腹地获得了关键立足点以及大片领地。特别是李勣携黎阳归降唐朝后，与淮安王李神通合兵一处，成功分割了王世充、窦建德两大势力，为李世民逐鹿中原打下了坚实的基础。

## 一　含着金汤匙出生的李密

金风荡初节，玉露凋晚林。
此夕穷涂士，郁陶伤寸心。
野平葭苇合，村荒藜藿深。
眺听良多感，徙倚独沾襟。
沾襟何所为，怅然怀古意。
秦俗犹未平，汉道将何冀？
樊哙市井徒，萧何刀笔吏。

一朝时运会，千古传名谥。

寄言世上雄，虚生真可愧。

李密，文武全才，这首《淮阳感怀》虽然有着沉郁、肃杀和惆怅之意，但最后的“一朝运济，千古传名”则表露了李密希望乘乱而起，大展宏图的个人抱负。写这首诗的时候，李密因为协助杨玄感起兵失败，四处逃难，随时面临被诛杀的危险。从累世勋贵变成叛臣贼子，李密的人生经历真的很特别！

李密的曾祖父李弼，是西魏八柱国之一。前面说到过，这八柱国是关陇集团宝塔顶尖的人物。后来西魏灭亡，李弼入北周被封太师、魏国公。隋文帝杨坚代北周建立隋朝后，李密的父亲李宽被封为上柱国、蒲山郡公，隋文帝开皇年间，李密承袭父亲李宽的爵位被封蒲山公。小小年纪即袭公爵，李密真可谓含着金汤匙出生。

生于这样优渥的家庭环境中，李密自小也表现得卓尔不凡、志向远大，以治世济民为己任；但估计也是这种卓尔不凡、光彩照人，让李密招致了人生中第一次尴尬。

大业初年，李密担任东宫千牛备身。大家可别小看了这个侍卫，虽然官职不大，但对身份要求很高，不是贵族勋爵的子弟是不能担当此任的。

有一次李密当班，正好碰上杨广，杨广在众多仪卫中一眼就看到“额锐角方，瞳子黑白明澈”的李密，就问宇文述这个小孩是谁啊。宇文述答道：是蒲山郡公李宽的儿子。结果杨广甩下一句话，“此儿顾盼不常，无入卫”。意思就是这小子看起来异于常人，别让他当我的侍卫。第一次见领导面就给领导留下这种印象，这以后还怎么混啊？不过这事情也确实很奇怪，难道杨广一眼就看出来李密将来会成为隋朝的掘墓人？当然这肯定是不可能的。

魏徵所做的《唐故邢国公李密墓志铭》里有一段话，“起家左亲卫府东宫千牛备身，趋驰武帐，晕映廊庑，出入龙楼，光生道路”。也许是李密骨子里与生俱来的“光生道路”、光彩照人，让杨广看起来很不舒服吧。

既然领导不待见，那也就没办法了，领导的贴身侍卫肯定是当不了了。郁郁不得志的李密自此以后隐姓埋名，刻苦读书，后来结识了杨玄感，二人引为至交。

大业九年（公元613年），杨广第二次亲征高句丽，派杨玄感在黎阳督粮。杨玄感看到此时天下已乱，就在黎阳起兵反隋，并派人到长安把李密接到自己军中委以重任。

李密给杨玄感定了三条计策：一是乘着此时杨广远在辽东万里之外，挥军北上直取幽州（今北京市），占据山海关，切断杨广的退路，接着联合高句丽南北夹攻，擒拿杨广，然后传檄定天下，这是上策；二是绕过东都洛阳，绕过隋室的兵马粮草集结地和四战之地——中原地区，挥师西向，迅速抢占长安，稳定关中，并扼守潼关，与隋室分庭抗礼，再慢慢以图天下，这是中策；下策是就近攻打洛阳，但洛阳城高墙固，兵马粮草又十分充足，且位于天下之中，隋军可以四面赴援，到时候胜负就未知了。

杨玄感偏偏采纳了李密的下策，率兵攻打东都洛阳，结果围攻了很长时间都不能攻克，此时杨广派出的救援部队赶到洛阳，隋将卫玄和屈突通展开东西两面夹攻，杨玄感不能支撑，只能放弃洛阳向西奔赴关中。

但此时形势已经对杨玄感极端不利了，前有潼关阻道，后有屈突通的虎狼追兵，在这种极端不利的情况下，杨玄感再次犯下一个致命的错误，他花了三天时间围攻弘农宫（位于今河南三门峡），而对近在眼前的潼关视而不见。李密屡次劝他，追兵已迫在眉睫，务必放弃弘农宫迅速攻下潼关，然后据险坚守，否则情势危矣！但杨玄感没有听，继续围攻弘农宫，最后被隋朝的追兵追上，无奈自杀身死。

杨玄感兵败身死后，李密侥幸逃脱，想偷偷跑回长安，但被巡逻的士兵抓住。在押往洛阳的路上，李密花钱收买押解人员逃跑了，之后的三年就是到处躲避藏匿，上面的那首《淮阳感怀》就是躲藏在淮阳做教书先生时所作。

可以看出，光生道路的李密，他的出身一点也不比后来建立大唐、统一天下的李渊低，而且在反隋大业上更是开拓性、标志性的旗帜人物。

## 二　辉煌、跌宕的瓦岗岁月

大业十二年（公元616年），翟让占据瓦岗寨起兵反隋，建立了后来赫赫有名的瓦岗军。李密在颠沛流离、四处躲藏了近三年后，经过王伯当介绍投奔了翟让，加入了瓦岗军，开启了他人生中最辉煌：跌宕的一段瓦岗岁月。

提起瓦岗军，就不能不说说翟让、李勣和单雄信三人。翟让是东郡（今河南滑县）人，单雄信和李勣是曹州（今山东菏泽市）人。滑县和菏泽虽然分属河南和山东两省，但其实两地隔得非常近，翟让、李勣和单雄信也是很早就熟识了。

翟让时任东郡的司法法曹，因犯罪被收监候斩，当时的监狱长念及翟让是个骁勇过人的义士，就把他给释放了。翟让趁着天下大乱、群雄并起，带着同郡人单雄信、李勣落草为寇。后来队伍逐渐发展壮大，野心也逐渐膨胀，不再满足于打家劫舍，而是树起了反隋的义旗，因所占之地在瓦岗寨（位于滑县东南），故号称瓦岗军。

李密一生的精华都集中在瓦岗岁月中，虽然只有短短不到三年时间，却可大致分为三个阶段。

第一阶段是大业十二年（公元616年）十月至大业十三年（公元617年）二月。李密初入瓦岗，通过制造社会舆论、三次谏议翟让以及一系列的征战，逐步树立个人威望，最终取得瓦岗军的领导权。

第二阶段是大业十三年（公元617年）二月至唐高祖武德元年（公元618年）一月。李密与隋室在洛阳展开拉锯战，兵围洛阳，建城金墉，名动天下，并逐渐成为各路义军的盟主。这段时期李密也达到了个人生涯的顶峰。

第三阶段是武德元年（公元618年）一月至九月。这段时期，天下形势巨变，隋炀帝江都被弑，李渊长安称帝，越王杨侗东都继位为皇泰主。李密接受皇泰主的册封率军东征，击败弑杀隋炀帝杨广的宇文化及，但这个时候，无论是瓦岗军的整体实力还是李密的个人作为都在逐渐走下坡路。瓦岗军最终覆灭，李密也兵败投唐。

### 掌控瓦岗军

李密刚投到翟让麾下效力的时候，很不受重用，还因为是朝廷钦犯的原因，差点被翟让手下给杀掉。后来李密凭着自己过人的才华和谋略，通过制造社会舆论，三次谏议翟让，一步步取得翟让的信任，逐步树立起个人威望，也一步步掌握了瓦岗军的领导权。

制造社会舆论。用现在比较时髦的话来讲就是成为“网红”，成为一个自带流量的超级“网红”。

而要成为古时候的“网红”，就要创造谶语，让老百姓相信你就是天命所归，都来追随你。这个时候社会上早就流传开“李氏当为天子”的谶语，但对于李密来讲，这个社会舆论还远远不够，因为李氏作为一个姓氏，指代面太宽泛了，光瓦岗军内部就有众多李姓将领，所以这句话并不一定指代李密啊！李密需要一个有明确指代性的谶语。

想什么就来什么，这个时候刚好有个叫李玄英的人从东都洛阳跑出来到处寻访李密，并逢人就说：“取代隋朝的人一定是李密。”大家就都问他，为什么一定是李密啊？李玄英说：“近来民间流传一首叫《桃李章》的歌谣，歌词是这么说的：桃李子，皇后绕扬州，宛转花园里。勿浪语，谁道许。”

李玄英还怕大家听不懂，就跟大家解释：“桃李子”，桃通逃，指的就是一个逃跑的李氏之子；“皇后绕扬州，宛转花园里”，皇和后被缠绕在扬州城的花园里了，再也回不来了，很明显指的是杨广气数已尽，最后会死在扬州城里；而“勿浪语，谁道许”，不允许随便乱说话，要保密啊。整句话合起来不就指的是李密将取代隋朝夺得天下嘛。王伯当也不失时机地在一旁敲边鼓说：“现在大家都说杨氏当灭，李氏当兴。我还听说能成大业者是不会死的，李密几次三番渡过劫难，这个李氏不就指的李密吗，难道还会有别人吗？”

很明显，李玄英和王伯当的所作所为都是李密安排的，而李密也通过这样的安排网罗了不少人才、收服了众多义军，壮大了瓦岗军的声威，翟让也逐渐对李密产生了敬重之情。

一谏翟让，确立起兵的宗旨。在收附了民心，取得了翟让的敬佩之后，李密首先献计翟让：“今主昏于上，民怨于下，锐兵尽于辽东，和亲绝于突厥，方乃巡游扬、越，委弃东都，此亦刘、项奋起之会也。以足下雄才大略，士马精锐，席卷二京，诛灭暴虐，隋氏不足亡也！”意思很明确，就是要让翟让明确起兵的宗旨：趁着老百姓怨声载道，杨广昏庸无道，放弃整个关中和中原地区退避江都的时候，振臂一挥，推翻隋室，成就一番大业。

不过这个时候的翟让不太可能像李密一样具有如此宏图大志，他对李密说：“我们只是一伙强盗，每天就是在绿林中偷生，你所说的不是我能够想到的。”

话虽这么说，翟让还是让李密和房彦藻（李密的心腹旧部，曾一同辅佐杨玄感起兵）去汉、沔之地游说豪杰之士、招附其他义军。李密也是不负所托，跟随他前来投奔瓦岗军的人数众多。翟让看到这么多人前来投靠，就很想听从李密的建议举起反隋的义旗，但因为能力和威望不足，翟让仍然犹豫不决。

二谏翟让，明确瓦岗军的发展方向。看到翟让没有反隋的大志，李密没有气馁，因为他知道，如果瓦岗军囿于瓦岗一隅，是没有什么发展希望的，翟让虽然没有起兵反隋之志，但还是有发展壮大瓦岗之心的。

没过多久，李密献计翟让："今四海糜沸，不得耕耘，公士众虽多，食无仓廪，唯资野掠，常苦不给。若旷日持久，加以大敌临之，必涣然离散。未若先取荥阳，休兵馆谷，待士马肥充，然后与之争利。"就是让翟让西取荥阳（今河南省荥阳市），以获得更大的发展空间，并厉兵秣马，休养生息，待时而动。翟让这次听从了李密的建议，带着部队沿黄河一路西进，围困荥阳。

荥阳的战略地位十分重要，虎牢关以及三大粮仓中的洛口仓都位于此地，是东都洛阳东面最重要战略屏障。荥阳一旦失守，特别是跨过虎牢关后，面对的是一马平川的洛阳盆地，骑兵旦夕之间可直抵洛阳城下。

看到瓦岗军势力发展到如此地步，杨广出大招了，他派遣张须陀讨伐瓦岗军。

张须陀是何许人也？隋朝大将，手下两员猛将秦叔宝、罗士信也是骁勇善战。大业末年，天下大乱，张须陀带兵四处平叛，败王薄，击溃卢明月，后率兵抵御瓦岗军，前后三十余战，每战必胜。杨广因为张须陀平贼有功，下令重重褒奖，并让画师画下张须陀、罗士信等人战斗的画像在朝廷内各处传阅。

看到大将张须陀带兵前来，翟让害怕了，想撤围退军。但是李密坚决反对，他认为张须陀以前经常取胜肯定容易骄傲，而骄傲必然导致轻敌，一旦他轻敌则有机会战而胜之。

果然战斗打响后，张须陀轻敌冒进，中了李密的埋伏，张须陀力战得以突围，但见部下仍然被围，便再次冲进包围圈营救，如此往复四次，但于事无补。张须陀仰天长叹："兵败如此，哪还有脸面见天子啊！"于是下马步战，力竭身死。张须陀战死后，他手下的官兵昼夜号哭，数日不止，秦叔宝、罗士信则在突围后投奔了虎牢关守将裴仁基。

此战过后，翟让对李密言听计从，并分兵给李密，让他自设牙帐。有了军事指挥权后，李密也真正展现了他的军事才华。他治军严谨、体恤将士，打仗所得的金银都分给属下，因此人人乐意效劳。翟让曾经率所部兵马东归瓦岗，但没多久又率军回到荥阳，重新和李密合军一处。

三谏翟让，树起反隋大旗。大业十三年（公元617年）二月，李密三谏翟让树起反隋义旗，并攻占洛口仓（位于今河南省郑州市河洛镇），开仓放粮，招兵买马，彻底推翻隋朝统治，成就皇图霸业。这个时候的翟让回答的口气就和之前不一样了，翟让对李密说："这是英雄的韬略，不是我可以承担得了的，你带兵先行我殿后，等攻克了洛口仓我们再说吧。"

从这句话可以看出，翟让虽然仍然有所疑虑，但也没有完全拒绝李密的请求。于是李密率领精兵七千从阳城（河南登封）出发，越方山，过罗口，很快就攻下了洛口仓，并开仓放粮，周围跑过来归附的人有几十万。

洛口仓被占意味着东都洛阳面临粮食断绝的危险，越王杨侗连忙派遣刘长恭讨伐李密，又派遣裴仁基东出虎牢，想两军东西夹击剿灭李密于洛水河畔。李密先是率领单雄信、李勣击败了刘长恭，之后又迫使裴仁基畏缩不敢西进，最后撤兵返回虎牢。消息传回洛阳，整个东都为之震动。

洛口仓之战过后，翟让推举李密为瓦岗首领，李密也如愿以偿掌握了整个瓦岗军的领导大权。李密能够执掌瓦岗虽然与其个人魅力和卓越的军事才能分不开，但从一个侧面也可以看出翟让的宽宏大度。翟让并不是一个嫉贤妒能、心胸狭窄之人，他自知能力、名望都不如李密，但他没有心生怨念，没有排挤李密，更没有背后捅刀子，而是欣然将瓦岗首领之位让给了李密。

在李密的带领下，瓦岗军军威大振，名动天下，巩县长史柴孝和献出县城投降李密。李密又派遣房彦藻率兵向东攻击，夺取了河南东部以及山东西部的大多数郡县。四月，裴仁基带着儿子裴行俨献出虎牢关归降李密，一同归降的还有秦叔宝、程咬金和罗士信。

此时的瓦岗军占据洛口仓，控制河南大部，兵精粮足，猛将如云，东都洛阳似乎唾手可得。

**感觉人生已经达到巅峰**

李密掌握瓦岗军、占据洛口之后，和隋室在洛阳及周边展开了拉锯战，主要的战场集中在洛阳、偃师、洛口、荥阳这四个直线距离百余公里的城市之间，从大业十三年（公元617年）二月一直持续到武德元年（公元618年）一月，近一年的时间。

两占回洛仓。回洛仓在洛阳市的北部，是东都洛阳的屯粮之所。大业十三年（公元617年）四月，李密封裴仁基为上柱国，与孟让一起率兵二万袭击回洛仓，很快便占领了仓城，并派兵抢掠东都洛阳，火烧天津桥。由于孟让的部队是山贼出身，纪律很差，一心只顾着争夺抢劫，造成大面积骚乱，裴仁基也无法有效进行约束，结果洛阳城的隋军乘乱掩杀出来，裴仁基大败，只好放弃回洛仓退守巩义。李密闻知裴仁基兵败，亲率三万大军赴援，并再次攻克回洛仓。

此时洛口、回洛、黎阳三大粮仓都被瓦岗军占据，周法明也举黄河、淮河之间大片土地来降，李密于是发布讨隋檄文，列举杨广的十宗罪状，引起了天下震动。“罄南山之竹，书罪未穷；决东海之波，流恶难尽。”这句千古名句就出自此檄文。

两战洛口。这年的七月，杨广派遣王世充率领江淮精兵赴援东都洛阳。之后的洛阳拉锯战就成了李密和王世充的捉对厮杀，双方在洛口展开了两次大对决。

第一次洛口之战发生在大业十三年（公元617年）九月，王世充领兵十万征讨李密。

王世充在洛口西扎下大营，战斗也首先在洛口西打响，王世充初战失利，分兵驻扎洛口北并登山远眺洛口城。李密发现后秘密带领部队渡过洛水，准备擒拿王世充。但李密的军队以骑兵为主，使用的又是长槊，而王世充以步兵为主，使用的是短兵器，结果在地形狭促的山地，李密的部队无法展开攻击，遂退还洛口南。随后，李密趁着王世充此时身处洛口北，后方空虚，率军突击王世充在洛口西的大营。由于事起仓促，王世充只能回师洛口西守卫大营。之后，双方隔着洛水对峙，大大小小的战斗进行了六十多次。

此次的洛口之战一直持续到年底，最终以王世充大败，西逃洛阳结束。

第二次洛口之战发生在武德元年初。不甘心失败的王世充卷土重来，再次进驻洛口北，并在洛水上架设浮桥渡河，大举进攻李密。正巧当晚下大雪，李密派出精锐士兵趁王世充刚刚渡河立足未稳，突然展开攻击，杀了王世充一个措手不及。王世充军大败，士兵争着抢渡浮桥，造成拥塞，掉到洛水里淹死、冻死的不计其数，刘长恭等六员大将阵亡，唯独王世充孤身一人逃回了东都洛阳。

李密乘势追击西进，攻占偃师，并在此修建金墉城驻扎，此时李密的兵力达到三十万之众。随后李密率军进攻洛阳，在上春门击拿隋东都留守韦津，隋朝的将作大匠宇文恺、河阳都尉独孤武都等纷纷前来投降，窦建德、孟海公等割据群豪也纷纷共推李密为天下盟主，李密的属下也劝李密自立称帝，但李密以东都未定拒绝了。

第二次洛口之战及随后的兵临洛阳是李密军事生涯、政治生涯的顶峰。

**形势剧变**

李密建城金墉，围攻洛阳，名动天下，已经成为当世共主，甚至奉天承命，开创帝业都是可能的，但是处于鼎盛时期的瓦岗军却遭遇了内外部形势的剧烈变化。

翟让被诛。在洛口之战期间，发生了李密诛杀翟让及翟让的哥哥、侄子事件，单雄信、邴元真和李勣等瓦岗旧将都因为此事受到了牵连，李勣还差点在事件当中被乱卒砍死。

李密为什么要杀翟让呢？历史上的评论众说纷纭，有说翟让嫉贤妒能的，有说李密心狠手辣的，这里我们就不予置评了，只将当时发生的情况列明出来，是非曲直大家心中自有评说吧。

下洛口，围东都，各地义军纷纷过来投效，瓦岗军此时兵精粮足，瓦岗军的首领已成为天下共主，很有可能在不远的将来成为皇帝，这时翟让的一些亲友和下属开始不甘心了。

首先是翟让的部将王儒信劝翟让自己当大冢宰，把让给李密的权力夺回来，翟让知道自己的才干比不上李密，就没有听从王儒信的话。部将的话可以不听，那亲哥哥的话呢？翟让的哥哥翟弘也跑过来劝翟让："兄弟，皇上可得自己当啊，怎么能让给别人呢，要让也得让给我啊！”翟让听后也是哈哈一笑，没当一回事儿。虽然翟让没把这事放心上，但听者必然会起意，李密后来听闻了这件事，心里很是窝火。

翟让虽然没有听从部属和亲友的话，但他有一个缺点，比较贪财。有一次他跟房彦藻说：“你上次攻破汝南，得到不少金银财宝全部交给了魏公，一点都没分给我。你可知道魏公是我一手推立的，将来会怎么样还不知道呢？”我一直认为这句话不应该是翟让说的，想贪财有很多方法和途径，没必要贪到现任瓦岗首领身上，更没必要对李密的心腹房彦藻说。房彦藻将此事报告了李密，并对李密进言道：“翟让刚愎贪婪，有无君之心，应该早点处理掉他，免得将来酿成大祸。”

经过这一系列的事情后，李密终于动了杀心。

大业十三年（公元617年）十一月，李密邀请翟让及其兄长翟弘、侄子翟摩侯一起喝酒。在开席之前，李密拿出一张宝弓给翟让看，翟让刚把弓拉满，李密的心腹将领就从身后一刀将翟让砍死，翟让其他的随从也是措手不及，翟弘、翟摩侯、王儒信都被杀死。李勣想跑，结果被守门的士兵砍伤脖子，幸亏被王伯当及时制止才保住一条性命。单雄信跪地磕头求饶也逃过了此劫。后来李密派李勣、单雄信、王伯当去安抚翟让的旧部，才稍稍平息了此次事变。

接受招安，征剿宇文化及。武德元年（公元618年）三月，隋炀帝杨广在江都被宇文化及所弑；五月，王世充、段达、元文都、卢楚等在洛阳拥立越王杨侗为帝，史称皇泰主；六月，宇文化及由江都率领十万大军北上，想返回关中。

面对外部情势的剧变，身处中原，身处漩涡中心的李密放弃围攻洛阳，接受皇泰主杨侗的招安，率军攻打宇文化及。这真是一件让所有人匪夷所思的事情，之前还和杨侗掐得你死我活，现在突然就和好了！

来看看到底发生了什么。宇文化及率领江都兵北上，皇泰主杨侗和元文都、卢楚等人商议出一条借刀杀人、两败俱伤的妙计，就是赦免李密的罪过，并征招他去攻打宇文化及。

杨侗的设想是，如果宇文化及被李密打败，他的祖父隋炀帝杨广的大仇也就得报了，到时候再用高官厚禄离间李密将士，则可生擒李密，消灭瓦岗军。而且杨侗他们除了想借刀杀人，坐观鹬蚌相争之外，还想通过招降李密来平衡王世充的势力，因为王世充掌握着东都兵马，而且开始有擅权作乱的苗头。

杨侗命人携带诏书赴李密大营进行招降。接到杨侗的诏书，李密是什么表现呢？“大喜，遂上表乞降，请讨灭化及以赎罪。”李密不但愉快地接受了杨侗的招安，而且主动要求进攻宇文化及。

看到几乎将自己逼上绝路的李密投降了，杨侗自然十分开心，他派出使者册封李密为太尉、魏国公，让他带兵征讨宇文化及，剿灭宇文化及后入朝东都辅理国政。应诏的李密率领他全部精锐士兵东向，血战宇文化及。

李密征剿宇文化及的战况是否顺利呢？答案是否定的。

李密和宇文化及在童山脚下展开大战，战况惨烈，李密不但损兵折将，左右奔散，而且自己也被流矢射中，摔下马昏死过去。这个时候宇文化及的追兵也赶来了，而李密的身边只剩下秦叔宝一个人在保护他。多亏了秦叔宝勇武过人杀退了追兵，李密才逃过一劫。而李密和宇文化及相斗的最后结果也是以李密惨胜，损兵折将，元气大伤收场。

惨胜宇文化及的李密有没有可能进入东都入朝辅政呢？答案同样是否定的。

职掌东都兵权，与李密激战无数、矛盾不可调和的王世充肯定不会给李密这个机会，从而给自己带来不可预估的威胁。王世充鼓惑军中众将诛杀了主张招降李密的元文都、卢楚等人，掌控了皇泰主杨侗，大权独揽。李密入辅东都的梦想也就彻底破灭，只好率领疲卒退保金墉城。

大家可能会十分疑惑，面对皇泰主这么明显的坐山观虎斗的伎俩，以及入辅东都这样难以企及，近乎虚无的承诺，一向精明强干的李密怎么会这么痛快地接受招安呢？按照常理来讲，宇文化及是弑杀杨广的元凶，和隋室有血海深仇，而且宇文化及所带的兵士大部分都是关中人，他们的目标是返回关中，而要返回关中就一定会经过洛阳，李密完全可以让出一条路，让隋室和宇文化及两个仇敌火拼，自己再坐收渔人之利。

可怜的李密，本来应该是跷腿坐观再坐享其成的那位，现在自己变成了笼中肉搏的老虎。怎么会这样呢？促使李密做出接受招安决定的是一件事和一个人。

一件事是宇文化及率军攻打黎阳。本来是打算西返关中的宇文化及由于李密占据了巩义，阻挡了他西归的道路，于是更改行军路线，率军北上攻打东郡，而瓦岗军的“龙兴之地”瓦岗寨以及李密粮草物资的大后方黎阳都位于东郡。此时驻守在黎阳的是李勣，他怕难以抵御宇文化及，就放弃黎阳，率军西向退保黎阳仓城。

宇文化及渡过黄河占据黎阳并将黎阳仓城团团围住。李密不得不从洛阳分兵，亲率两万步骑兵东进救援李勣，虽然与李勣内外夹攻大败宇文化及，解了黎阳之围，但此后就不得不面对东西两线作战的窘境。为了避免腹背受敌，两害相权之后，李密决定接受皇泰主的招降，集中精力对付宇文化及。

一个人是皇泰主的国子祭酒徐文远。徐文远是个博学多才、满腹经纶的大儒，曾经做过李密的老师，一次外出打柴的时候被李密捉住

（可以看出李密当时的兵势之盛，东都洛阳的处境有多么严峻，连国子祭酒这样的朝中重臣都需要亲自出城打柴谋生），师徒二人之间有这么一段对话。

> 文远曰："老夫既荷厚礼，敢不尽言！未审将军之志欲为伊、霍以继绝扶倾乎？则老夫虽迟暮，犹愿尽力；若为莽、卓，乘危邀利，则无所用老夫矣！"密顿首曰："昨奉朝命，备位上公，冀竭庸虚，匡济国难，此密之本志也。"文远曰："将军名臣之子，失涂至此，若能不远而复，犹不失为忠义之臣。"

什么意思呢？徐文远劝李密效仿伊尹、霍光拯救朝廷于危难之中，不要像王莽、董卓做个乱臣贼子。作为名臣之后，迷途知返，浪子回头，就仍然不失为忠义之臣。李密听闻后坚定了投诚的决心，并向老师保证说："竭尽全力，匡扶国难，才是我李密的本志。"

后来，王世充诛杀元文都、卢楚等人，把持东都朝政，李密仍然向徐文远请教对策，徐文远说："世充亦门人也，其为人残忍褊隘，即乘此势，必有异图，将军前计为不谐矣。非破世充，不可入朝也。"意思是王世充也是我的弟子，为人残忍狭隘，必生异心，李密你不能再入东都了，只有击败了王世充才可以入朝辅政。但关键问题是，王世充不可能再给兵困马乏、元气大伤的李密击败自己的机会了。

**兵败投唐**

武德元年（公元618年）九月，王世充汇齐全部兵马，趁着李密大战宇文化及，兵困马乏的时候，全力出击，想一举击溃李密，双方在偃师附近的邙山展开决战。

从洛口之战我们可以看出，王世充本不是李密的对手，不管是主帅的个人能力，还是谋臣武将的策略及作战水平，李密都是占据着优势的。王世充之所以敢倾巢而出，就是抓住李密新近大战，元气大伤这个良机。

面对这样一次决定生死命运的关键战役，面对来势汹汹，全军出击，不给自己任何喘息机会的王世充，李密将如何应对呢？很不幸，之前连战连捷，打得王世充狼狈不堪的李密却一连犯下四次致命的错误，不但导致邙山之战的惨败，也最终导致自己的彻底失败。

第一，抉择之误。面对倾巢而出的王世充，此时兵困马乏、士气不振的李密有三种战略选择：一是“奇攻”，不与王世充正面交战，出其不意进攻东都，迫使王世充回军救援；二是“坚守”，同样是不与王世充正面交战，避其锋芒，以邙山为屏障，依托偃师坚城固守，争取时间休整军队，并消磨王世充的锐气，等待战机；三是“决战”，与王世充正面硬怼，决一胜负。

面对这三种战略选择，李密会做出何种决断呢？我们先来看看这三种战略思想的提供者及其作战部署。

“奇攻”的代表人物是裴仁基。裴仁基认为王世充举全部兵马前来，东都洛阳必定空虚，我们可以分兵固守要冲，阻滞王世充，再挑选精兵突袭洛阳。王世充回军救援，我们就按兵不动；王世充要是再次带兵来攻，我们就再次突袭洛阳，这样，疲于奔命的王世充必定为我们所破。

“坚守”的代表人物是魏徵和李密自己。魏徵认为我军现在有两难，一是兵马损失大，二是军队士气低，此时不宜出战，应该固守，等待王世充粮尽自退再追而击之。李密自己也说过：“蓄力固守，以待时机才是斩阵破敌之道。”

“决战”的代表人物是单雄信、陈智略等。他们认为敌弱我强，而且我方兵力超过王世充不止一倍，新附的江淮之兵也盼着一展身手，趁着这股锐气可以一战而胜。

很明显，根据当前的情形判断，王世充兵精卒健、士气方盛，但因洛阳周边的粮仓都被李密占据，所以粮草供给是个大问题。李密则是兵将疲惫、士气低落，但是占据着回洛、洛口、黎阳这三大粮仓，粮秣充足。以疲惫之兵对精锐之师，硬怼肯定是下下策，而仰仗粮草充沛，坚壁清野等待王世充粮草耗尽，在他自行退兵的时候再趁势掩杀才是上策。当然，最好的选择应该是裴仁基的“奇攻”，因为不是被动地固守，而且寓守于攻，主动出击，攻敌之必救。

但可惜的是，李密选择了“硬怼”这个下下策，决定与王世充展开决战。

其实，李密这个选择与其说是军事上的决定，倒不如说是政治上的站队。裴仁基是归降的隋朝将领代表，这部分人还包括秦叔宝、程知节等，这些人不管是军事素养，还是个人修为都比较高，但人数太少，话语权不够。魏徵是文臣谋士的代表，这部分人不掌握军队，话语权较弱。单雄信、陈智略等则代表了瓦岗旧将以及新归附的江淮将领，陈智略是跟随宇文化及由江都北上，后被李密击败而归降的江淮新附之士的代表；这两部分人人数最多，瓦岗旧将根基最牢固，江淮新附之士则最活跃，渴望快速建立新功，故此这两部分人在瓦岗军中的话语权也最大。

面对瓦岗军内部各派势力，李密最终妥协了，违背自己的本心，选择了瓦岗旧部和新归附之士。裴仁基在李密做出与王世充决战的选择后，曾经长叹道：“公后必悔之。”不过世上已经没有后悔药给李密吃了。

第二，作战之误。既然决定打，那就要认真地准备，李密是如何准备这场事关生死的战斗的呢？“密新破宇文化及，有轻世充之心，不设壁垒。”李密根本就没有认真准备这场关键战役，而且因为刚刚打败了宇文化及，还很轻视王世充，在自己的大营外面连防御的围墙和栅栏都不设置。真不知李密当时是怎么想的。

我们再来看看王世充是如何准备的。王世充做了充分的战前准备：

一是鼓动士气。王世充对将士们说："今日之战，非直争胜负；死生之分，在此一举。若其捷也，富贵固所不论；若其不捷，必无一人获免。所争者死，非独为国，各宜勉之！"简直将此战当作自己人生中的最后一战来看待；

二是设置伏兵。王世充派遣精骑乘夜埋伏在北邙山的山谷中，以待时机；

三是略施小计。也不知王世充从哪找了一个和李密长得差不多的人，让他完全按照李密的衣着打扮进行穿着，并偷偷地藏身于军前阵营中。

李密一方兵疲马乏、毫无防备，王世充一方却士气高昂、充分准备，这样胜败也就毫无悬念了。

当双方在战场展开激烈厮杀的时候，王世充将那个和李密长得很像的人捆到阵前，并大声高叫"已抓获李密了"。不明就里的瓦岗军一看主帅都被抓住了，军心大乱，迅速溃败。王世充预先埋伏在山谷里的奇兵也迅猛突击李密大营，而没有任何防御工事的大营根本就难以抵抗冲击，李密只好带着残兵败退洛口。

王世充乘夜包围并攻克偃师城，俘获裴仁基、秦叔宝、程知节等将领。邙山之战以王世充大获全胜，李密惨败而告终。

第三，用人之误。最主要的失误是错用了邴元真和单雄信这些瓦岗军的"元老"、翟让的旧部。

邴元真以前做过县吏，因为贪赃枉法被官府捉拿，就跟着翟让一起上了瓦岗山，后来翟让将他推荐给李密当长史。但邴元真这个人性情贪婪，为人粗鄙，有人曾经劝李密杀掉邴元真，但李密因为邴元真是翟让旧部而没有同意。

单雄信前面介绍过，他是翟让的同乡、心腹，也是瓦岗的元老旧将，作战勇猛、武艺高强，但为人轻率好反。房彦藻曾经劝李密除掉单雄信，李密也没有同意。

邙山之战时，邴元真留守洛口仓，他看到李密兵败，逃返洛口，便献出洛口投降了王世充，并引王世充军渡过洛水攻击李密。单雄信拥军观望，没过多久也投降了王世充。

李密看到局势难以挽回，就轻骑渡过黄河退至王伯当驻守的河阳。

第四，识人之误。此时的李密虽然战败了，但实力尚存，仍有两万多士兵，而且除了王伯当驻守的河阳，尚有李勣驻守的黎阳、滑县等地，屯驻的部队及粮草足够他拒敌自保，甚至东山再起。

李密本可以投奔黎阳，休养生息，再另做打算；但战败的李密此时已是英雄气短、锐气全消，又害怕李勣因翟让被杀事件记仇不会接纳他，最终选择西奔关中归附李渊。

后来发生的事情证明李密真的是错看了李勣，虽然他也是翟让旧部，但他和邴元真、单雄信这些人不一样，李勣是一个忠义之士。

李密归唐后，李勣就接管了他留下的全部属地，当时王世充、窦建德、李渊等都想招降他，李勣因为李密的原因，最终选择了投降李渊。而且李勣没有邀功，而是将所有的州县、军民户口登记造册交给李密，让李密自己献给朝廷。李渊听说这件事后大为感动，认为李勣是“纯臣也”。

## 三　命殒熊耳山

李密投唐，应该来讲在当时是他最好的选择。李密和李渊都属于关陇集团成员，李渊的祖父李虎和李密的曾祖父李弼还同为西魏八柱国，是关陇集团的核心成员，从身份背景上来讲，李密和李渊具有天然的认受性，而且李密也是这么认为的。

李密快要到长安的时候，李渊派出使者用隆重的礼节来迎接李密。李密看到后非常高兴，就对他的左右随从说："我拥众百万，一朝解甲归唐，山东连城数百，知我在此，遣使招之，亦当尽至；比于窦融，功亦不细，岂不以一台司见处乎！"

什么意思呢？就是我曾经坐拥百万雄兵，现在解甲归附唐朝，中原地区的数百城池知道我在长安，肯定会尽数归附，我的功劳比起窦融（东汉时期名臣，汉光武帝刘秀建立东汉后，窦融归汉，位极人臣）来都不算小了，李渊肯定会以高官厚禄来封赏我的。

只是，作为一名刚刚投降的将领，真不知道李密是自信呢还是自负。李密还在沾沾自喜、顾盼自得的时候，李渊这方面的态度又如何呢？

只能说李密"理想很丰满，现实很骨干"。虽然李渊本人对李密很不错，以弟称呼李密，并将舅舅的女儿独孤氏嫁给了他；但是李渊手下的大臣们对这位新附的"魏公"，曾经的"天下盟主"可不怎么好。

李密来到长安后，负责接待的部门对李密等人的供给十分差。差到什么程度呢？李密手下的士兵好几天都没有饭吃。对李密本人，也不怎么客气，时常轻视、奚落李密，甚至有些掌权的大臣还向李密索取贿赂。

之后不久，李渊任命李密为光禄卿、上柱国，赐爵邢国公。应该来讲，勋位还是很高的，但是都是虚职，不掌握实际权力。这就让心高气傲的李密难以忍受了。

那李密的心理预期到底是什么呢？李密后来曾对旧部贾闰甫说过："唐使吾与绛、灌同列，何以堪之！"就是李渊让我与绛侯周勃、灌婴一样不能割地封王，我怎么能够忍受呢！原来李密的期望是割地封王，但这可能吗？

我们来参照一下之后没多久同样投附李渊，被封为异姓王的燕王罗艺和楚王杜伏威。其时，罗艺和杜伏威虽然投靠了李渊，但他们分别占据着幽州和江南，兵势炽盛，雄霸一方。而李密现在只是一个既无兵马，又无实地，狼狈前来投奔的败军之将，梦想着封王确实有点不切实际。

未达到自己心理预期的李密整日闷闷不乐，而这个时候中原的情形也发生了变化。

有一天，和李密一同归降唐朝的王伯当告诉李密，现在黄河以南地区，除了黎阳和罗口，其他的地方基本上都选择了归附王世充。李密听到此事后觉得机会来了，于是向李渊申请带兵抚慰中原。他认为凭着过去自己的名望以及朝廷的威望，一定能够招降旧部，并击败王世充克定中原。

十一月，李渊派遣李密抚慰中原。当时的群臣绝大多数是反对的，他们认为李密是一代枭雄，如果放他出关，就相当于放虎归山，必定一去不归。但是李渊选择了相信李密，不但放李密出关，而且让贾闰甫、王伯当一同随行。

李渊选择相信李密，那李密又有没有反叛之心呢？不好说，至少这个时候看不出来，但是随后发生的一件事情却将李密和李渊之间的信任关系彻底打破。

十二月，王世充围攻穀州，被穀州刺史任瑰击退。李渊认为这个时候让李密率领大队人马途经王世充的领地去山东招降旧部，很难达到预期效果，就想将李密召回长安；但因为之前有言在先，承诺让李密出关，天子金口银牙不好收回之前的承诺。李渊于是想出一个折衷的办法，让李密将手下的人马分一半留在华州，率领另一半继续出关。

要说这样安排李密也可以接受的，他此行的目的主要是招抚，不是征讨，兵马多点少点关系都不太大，但坏事就坏在他的行军长史张宝德身上。

张宝德也在随李密继续出行的人员当中，但他害怕李密会中途逃亡，那样的话，自己作为行军长史肯定要背负不可推卸的责任。于是，张宝德就上了一封密报说李密必叛。接到张宝德的密报后，李渊就完全改变了主意，他下诏让李密留下部队缓慢前进，自己一个人单骑返回长安，另外接受安排。

这道诏书一下，李密和李渊之间的信任关系就彻底没了。在李密出潼关，走到稠桑（今河南省灵宝市西北）时，接到了李渊让他返回长安的诏书。

面对这种情形，李密只有两种选择：一是受诏单骑返回长安，接受李渊的再安排；二是叛唐，率领自己的部队重返中原。李密最终选择了叛唐，因为他认为李渊这次将他召回一定会杀了他，既然是必死，那还不如拼死一搏，说不定可以东山再起。

李密下定了叛唐的决心，但李密的两名心腹将领贾闰甫和王伯当都不同意，认为这是自取灭亡，有死无生。贾闰甫更是苦苦哀劝，以死相争，惹得李密想当场斩了他，多亏王伯当及时劝止，才饶过了贾闰甫。王伯当一看实在无法劝说李密，只好舍身侍主，陪着李密一起走上这条不归路。

要说李密如果受诏返回长安，就一定会被李渊处死吗？其实未必。从种种迹象来看，李渊并没有要杀李密的念头。那时天下情势还很混乱，特别是中原地区，而李密在这一地区仍然有很高的威望，他的旧将黎阳的李勣和伊州（今河南汝州）的张善相等虽然投降了唐朝，但谁又能保证杀了李密后他们不会产生想法呢？

可是，在隋炀帝眼中“顾盼不常”，魏徵笔下“光生道路”，一心梦想割据称王、成就一番大业的李密毅然决然地叛变了。

李密杀了李渊派来的使者，占领桃林县，劫持了县里的百姓和粮草。为了迷惑熊州方面唐朝守军，李密对外放出风声说要继续东行，投靠黎阳的李勣，而真正的目标是南下，投奔伊州刺史张善相。

李密自认为这招声东击西的妙计安排得天衣无缝，等到熊州的守军反应过来，他已经跳出唐军的包围圈身处伊州了。但他哪里知道，熊州的行军总管盛彦师早就识破了他的意图。

盛彦师率精兵南下，翻越熊耳山，在李密南赴伊州的必经之地熊耳山南埋伏下精兵等着他。

李密这边还在为自己过人的计谋而沾沾自喜，他认为没有人能猜到自己真正的意图，而一旦翻过熊耳山后，也就远离了唐朝重兵把守的领地，他也就如龙入海了。

武德二年（公元619年）一月，未做任何准备的李密翻越熊耳山，从山南出山，眼前似乎一片开阔，就在得意之时，没想到却一头扎进了盛彦师布置好的口袋当中。

道路两边万箭齐发，数千精兵迅猛冲击，面对这突然降临的厄运，李密和他的军队彻底崩溃了。李密被当场诛杀，时年三十七岁。一代英豪就这样结束了短暂、精彩而又跌宕起伏的一生。

从大业十二年（公元616年）十月投奔瓦岗军，到武德二年（公元619年）一月熊耳山被伏杀，短短三年时间，是李密一生中最精彩纷呈的时段，在隋末唐初风云际会之时，留下浓墨重彩的一笔。

李密为什么会失败呢？我觉得最主要的原因是战略目标不明确，而由于战略目标不明确，又无法下定坚定的战略决心，导致在两个关键战略时间节点上，先是贻误关键的战略机遇期，后又做出致命的、错误的战略选择，最终失之千里。

贻误关键战略机遇期。我们先来看看李密是如何因为战略目标不明确，导致贻误关键的战略机遇期的。大业十三年（公元617年），这一年是瓦岗军兵威最盛、兵力最雄厚，也是李密个人威望最高的时期。但就在这种兵精粮足、士气旺盛，看起来可号令天下而不可阻挡的有利条件下，李密却在洛阳和洛口等方寸之地和洛阳隋室展开了激烈的拉锯战、消耗战，纠结于洛阳这一地的得失，忘记了对战略目标和作战方略进行清晰的规划。李密一度非常纠结于京城长安、东都洛阳和江都扬州这三个战略方向，举棋不定、犹豫不决。更要命的是，因为这种混乱、这种犹豫，使他错失了两次关键的战略机遇期。

第一次战略机遇期是在大业十三年（公元617年）四月，李密占领回洛仓，猛攻东都洛阳。但作为当时隋廷的行政、经济和军事中心，东都洛阳经过杨广长期的经营建造，城防坚固，并驻有重兵守卫，李密短时间难以攻克。柴孝和就建议李密西取关中，业固兵强，然后东向传檄而定天下。这不就是李密当时给杨玄感定的中策嘛。而且柴孝和不但确定了明确的战略目标，还拟定了清晰的作战方略“西袭长安，巩固关中，然后东向经略中原，克定天下”。

除了明确的战略目标和作战方略，柴孝和甚至还制定了具体的作战计划，留下翟让守卫洛口都城，裴仁基守卫回洛仓并看守东都之兵，李密亲自带领精锐之师袭取关中。

但可惜的是，李密思虑再三、犹豫再三，最终没有采纳柴孝和的建议。他认为手下的将士都是中原人，没有攻克洛阳，他们不肯随他西进关中；瓦岗军内派系林立，既有翟让、单雄信这些老瓦岗，也有裴仁基、秦叔宝这些新归附的隋将，李密怕他一走，群龙无首的瓦岗军就内部瓦解了。

虽然没有采纳柴孝和的建议，但这不代表李密对长安、对关中没有想法。权衡之下，他派遣柴孝和率领一支小分队西行关中，进行探路。谁知道借助瓦岗军的威名，这支小分队很快发展成一万多人的大部队。按照这个发展速度，可能都不需要李密出马，柴孝和的这支部队都有可能进据关中，甚至克定长安。

但是这个时候意外发生了。五月，李密在猛攻洛阳的时候被流矢射中，身负重伤的李密无法抵挡隋军的进攻，只好退回洛口。而柴孝和的部队听说李密败了也作鸟兽散，只剩下柴孝和轻骑返回洛口，李密“西袭关中”的战略时机也就随着柴孝和的败返而错失了。

七月，李渊晋阳起兵，并于十一月顺利袭取关中，克定长安，李密西取关中的战略机遇期也就彻底关上了大门，而李密自己也被困在了四战之地的洛阳。

第二次战略机遇期又是什么呢？从前文我们知道，在杨玄感起兵的时候，李密给杨玄感定的上策是袭取幽州，捉拿此时身处辽东的杨广，再檄定天下。而李密的第二次战略机遇期就是袭取江都，捉拿“避难”于此的杨广。

给李密确定这个战略目标的人是一个在泰山修行、名叫徐洪客的道士。他给李密写了一封信，信中一针见血地指出，李密虽然此时占据洛口、黎阳等大粮仓，粮秣充足，但在洛阳这个四战之地拼损耗，粮草总有一天会耗尽。而长期、高强度的恶战也容易导致士卒疲乏、厌战避战，现在应该趁着士马之锐，沿着大运河直下江都，捉拿杨广再檄定天下。

多好的战略设想啊！此时的江都虽然掌控在杨广手中，但其周边已经是盗匪横行，而且这些盗匪都还没有形成气候，都是小打小闹性质的流寇。江淮当地的劲卒也被王世充带离江都，赴援东都洛阳，此时留在杨广身边的都是来自关中地区的士兵，由于思乡心切，战斗力大打折扣。

李密如果能够采纳徐洪客的建议，留下部分兵马看守东都，自己率领精锐直取江都，应该来讲是有很大可能完成“执取独夫，号令天下”这一战略设想的。

李密给徐洪客回了一封信，想让他出山辅佐，并详细讨论下一步的作战计划。但李密没能收到徐洪客的回复，派人去找也没能找到，徐洪客就好像人间蒸发了一样，只留下李密一个人怅然若失。

缺少了战略设想人，也就缺少了推动者。李密犹豫再三、思索再三后，仍然认为底下的将士多是中原人士，同样不会想和他去江都，于是放弃了这条相当于当时他亲自为杨玄感拟定的上策。

真不明白作为参谋军师的李密和作为领袖主帅的李密，前后为什么反差会这么大。难道真是不当家不知柴米贵，抑或是李密真的只适合当一名高参而不适合做一名领袖？

错过了这两次战略机遇期之后，李密被套牢在中原战场，再也不能发展、壮大自己的地盘和战略实力，反而随着战斗的持续和深入，李密的实力被逐渐消耗，军队士气也被逐渐消磨。

做出错误的战略选择。这个错误的战略选择指的就是李密接受皇泰主杨侗的册封，率军征讨宇文化及。同样的，这个错误的战略选择仍然与李密的战略目标不明确有很大关系。

此时的李密在两个战略目标上摇摆、犹豫，一个是继续高举义旗、反隋自立；另一个是效法霍光、伊尹，扶立幼主、廓清天下，而后位极人臣。

也许是经年的征战恶斗，人不解甲、马不卸鞍，让李密身心俱疲了，在双线作战的压力下，在徐文远的劝说下，李密选择了投效皇泰主杨侗，并梦想着入主东都辅政。但此时的他转向还来得及吗？东都的各派势力、各方野心家还容得下他吗？答案当然是否定的。

最后，我们再来了解一下李密这个人。李密是个怎么样的人呢？

李密是个君子。李密失败归唐后，徐文远又回到了东都。作为李密和王世充曾经的老师，徐文远最有发言权。当时在洛阳郊外，李密捉住了徐文远，行学生之礼侍奉，对徐文远恭恭敬敬；而回到东都的徐文远，则对王世充毕恭毕敬，每次见到都要跪拜。其他人就问徐文远：“君倨见李密而敬王公，何也?”

为什么对李密这么傲慢，而对王世充这么卑恭？徐文远的回答是：“魏公，君子也，能容贤士；王公，小人也，能杀故人，吾何敢不拜!”意思就是李密是个宽容大度的君子。

李密也是个英雄，一个实实在在、反抗隋朝暴政、纵马中原、胸怀天下的瓦岗英雄。但时势没有造就、机遇没有青睐这个既是英雄又是君子，且同样是关陇集团核心成员的李密。

李密失败后，李渊获得了中原地区大部，包括今河南、山东、安徽等部分区域，为唐王朝实现前出关中、经略中原的战略目标，夯下坚实的战略基础。

# 第九章　郑国皇帝王世充

王世充，本姓支，是来自西域的胡人。他的祖父叫支颓耨，由于做生意迁居到新丰（今陕西西安一带）。来到新丰没多久，支颓耨就死了，留下一个儿子叫支收，支颓耨的老婆就带着支收改嫁给霸城人王粲，就这样支收跟着王粲改姓王。

王收在隋朝的时候，历任怀州、汴州长史，官做得还不算小，王世充就出生于这样的官宦之家。

史书记载王世充"豺声卷发、忌刻深阻"，从小爱读书，尤其喜爱兵法，而且精通推卜算卦，因为是官宦子弟，年纪轻轻就获封左翊卫，后来迁任兵部员外郎。隋文帝开皇末年，王世充随军北伐突厥，被封为幽州长史，隋大业初又被提拔为民部侍郎。

王世充还有种天生才能，就是口才极好，能言善辩，时人与之争辩就算知道他是错的，也说不过他。生逢乱世，"喜兵书、通龟策、善辩驳"的官宦子弟王世充，确实可以大展一番拳脚。

纵观王世充的一生，可概括为四个阶段。

第一阶段是隋大业末期至大业十三年（公元617年）七月，这段时间，身处江都扬州的王世充，谗媚、侍奉杨广，地位、官职不断攀升。同时率军征讨江淮地区各路义军，逐步积累个人名望和实力，是杨广亲近、欣赏的"将帅之才"。

第二阶段是隋大业十三年（公元617年）七月至唐高祖武德元年

（公元618年）五月，身处东都洛阳的王世充，辅佐皇泰主杨侗抗击李密，虽然败多胜少，但仍然抵御住了李密的进攻，确保洛阳不被攻占。杨广江都被弑后，王世充与元文都、卢楚、段达等七位大臣在洛阳共同拥立越王杨侗称帝。

第三阶段是武德元年（公元618年）五月至武德二年（公元619年）六月，王世充击溃李密，实际掌控东都洛阳，并逐渐擅权弄国、排除异己，最终废黜弑杀杨侗，僭位称帝，建立郑国，达到了个人生涯的顶峰。

第四阶段是武德二年（公元619年）六月至武德四年（公元621年）五月，称帝后的王世充毫无作为，朝纲混乱，将帅逃亡，随着李世民亲率大军东征洛阳，王世充快速溃败，最终兵败身死。

## 一　将帅之才

大业年间，王世充出任江都赞治，后又改任江都郡丞，虽然是协助江都郡守工作，但掌握着兵马指挥权。

杨广喜欢到处巡游，去得最多的地方就是江都扬州。大业十二年（公元616年），杨广第三次南巡江都后，由于天下大乱，则直接待在江都避难，再也没有返回过洛阳和长安，最后也是死于江都。

可以看出，江都在杨广心目中有多么的重要。杨广在这里平灭南陈、完成隋朝一统，还在当晋王未被封太子之时，长期在此担任扬州总管。在杨广争夺太子位的时候，扬州也是他最主要的支持力量和根据地，而且扬州还是当时最繁华富庶、酒绿灯红之地，“腰缠十万贯，骑鹤下扬州”，说的就是不管你多有钱，还是要到扬州来消费娱乐。

王世充能被封到江都，也可以看出杨广对他十分地信任，当然这种信任很大原因是因为王世充善于察言观色、揣摩上意，又巧舌如簧。

每次杨广巡幸江都的时候，他就琢磨着如何曲意迎合杨广。看到杨广好大喜功，喜欢奇珍异宝，他就命人偷偷制作各种玉石珍玩献给杨广，并谎称是远方番邦进贡的礼品；看到杨广喜欢美女，王世充就上奏说江淮的女子都自愿进宫，并到民间到处搜罗美女。

就这样，王世充把杨广侍候得舒舒服服，杨广也愈发信任他。没过多久，杨广就把王世充提拔为江都通守兼知宫监事。

大家可别小看宫监这个官，它相当于皇帝宫殿的私人管家，必须是心腹之人才可以担任。当然，王世充也不完全是靠着溜须拍马来获得升迁的，他还真会打仗。

大业九年（公元613年），余杭的刘元进占据吴郡（今江苏苏州）自称天子。杨广数次遣将讨伐都未能攻克，而王世充靠着新募集的数万江淮新兵频频击败刘元进，用了不到一个月的时间就平定了此次叛乱。之后，这批江淮兵也成为王世充起家的资本。

大业十年（公元614年），山东义军首领孟让率领大军南下，进逼盱眙，王世充又率领部队进行抵御。王世充在都梁山设置大营，并立起五道营栅，摆出一副死守不出、畏惧不前的样子。看到王世充这副熊样，孟让非常轻视，耻笑他只是个大内管家，根本不会带兵打仗。王世充听说后不但不生气，反而更加坚守不战，并且还将当地的老百姓也迁入营栅。

王世充也并非一味龟缩拒战，他每天派出小股部队进行骚扰，但决不力战，稍一接触就立即回营。这样反反复复地把孟让折腾得兵困马乏，而且时间一长孟让的军粮接济不上了。孟让只好留下部分兵力继续围困王世充的大营，自己带着主力绕道南下。王世充看到孟让分兵了，军士也疲乏了，就突然攻出营栅，大破孟让。

这一仗也确实体现出王世充在作战方面的过人之处，连杨广都认为他“有将帅略”，并对他给予充分信任，委以他更多的招讨之职。

王世充不辱使命，接着夷平格谦余党，击败南阳卢明月，表现得极为忠勇。

但是，藏在忠勇外表后面的却是一个极具个人野心的王世充，他利用杨广的信任，广施恩义、收买人心，不断提升个人威望，积聚个人实力，以待时机，因为他也看出隋室江山不长久了。不久之后，王世充就等到了这个施展抱负的机会。

## 二　洛阳是我的

又会玩、又知兵、又懂侍君的王世充，怎么会不让杨广喜欢，不委以重任呢？

大业十三年（公元617年）四月，李密攻占回洛仓，猛攻东都洛阳，杨侗方面的救急文书雪片般飞往江都。

七月，杨广调集江淮、河南、河北等地的精兵强将组成援洛大军，一同赴东都讨伐李密。后来又怕这些将领对付不了士气正盛、兵强马壮的李密，就又加了一道保险，派出左御卫大将军薛世雄率领三万燕地精兵，同时开赴东都。

也是造化弄人，本来负责这次援救洛阳军事行动的总指挥是薛世雄，一个在北周和隋文帝时期就赫赫威名、战功卓著的大将。他所率领的燕地精兵也是戍守北疆、征伐辽东、威震突厥的劲卒猛士。但就是这样一支精锐之师，却在赶赴洛阳途中，在河北被窦建德意外击溃，几乎全军覆没，只剩下薛世雄带领十几名亲卫败返燕地。

薛世雄败走后，备受杨广信任的王世充继任援洛大军总指挥，取得了东都洛阳的兵马指挥大权。可是在杨广眼里“有将帅略”，在江都“所向辄定”的王世充，却在洛阳吃了瘪。

面对李密这样真正的将帅之才，面对裴仁基、裴行俨、秦叔宝、程知节、罗士信等勇悍猛将，王世充根本不是对手，两次洛口之战被李密打得落荒而逃，只能收拾残兵败将驻扎在洛阳旁边的含嘉仓苦苦支撑。

王世充运气还是真好，碰上宇文化及弑杀杨广后率军西归，引发了中原地区的大混乱。王世充借着这个机会，一步步地清除异己，击溃李密，挟持皇泰主，取得了东都洛阳的实际掌控权。

清除异己，掌控皇泰主杨侗。武德元年（公元618年）五月，王世充、元文都、卢楚、段达等七位大臣在东都洛阳共同拥立越王杨侗称帝，是为皇泰主，而这七人当中尤以王世充权势最盛。

王世充因拥立之功，兼职掌东都兵权，率军抗击李密，被封为吏部尚书、郑国公。由于手握兵权，又看到天下大乱，各路诸侯纷纷割据称王，自立称帝，王世充渐渐有了不臣之心，平时对杨侗也就不怎么尊重了，面对其他大臣也是飞扬跋扈、颐指气使，杨侗和其他拥立大臣都对此深为不满。

后来，宇文化及带着十万大军北上，声称要西归长安。杨侗和元文都、卢楚等谋划招降李密，让他带兵前去征讨宇文化及，之后入辅东都以平衡王世充的势力，王世充知道后大为不满。

没过多久，双方的矛盾彻底爆发。皇泰主杨侗想封元文都为御史大夫，作为吏部尚书的王世充说什么也不同意。极为不满的元文都就和卢楚谋划，想乘王世充上朝的时候诛杀他，但同谋的段达因为畏惧王世充的威权，怕失败后丢了身家性命，就跑去向王世充告密。

结果当晚，王世充就带兵夜闯皇宫，执杀了元文都和卢楚等人，并派自己的心腹将领替换掉所有的宫城守卫，将皇泰主杨侗牢牢控制起来。

乘虚而入，击溃李密。虽然清除了异己，掌控了皇泰主，但李密仍然驻屯在金墉城，仍然是洛阳的最主要威胁，王世充要全面控制洛阳就一定要击败李密。

武德元年（公元618年）九月，王世充倾巢而出和李密展开了邙山大战。李密由于刚刚经历了和宇文化及的恶战，兵困马乏，且对王世充过于轻视，未做充分的作战准备，结果一战而溃。

王世充击败李密，接着收降了裴仁基、秦叔宝、罗士信、单雄信等勇将，个人威望和实力达至顶峰，并完全掌控了东都洛阳，皇泰主杨侗则成为他手中的傀儡，此时的王世充可以大声宣告“洛阳是我的”了。

## 三　自立称帝，建立郑国

王世充在掌控洛阳后没有急于废掉杨侗，因为他知道，皇泰主杨侗从大业九年（公元613年）就开始留守东都洛阳，身边仍有一班忠于他的文武大臣，如果这个时候强行废黜，很容易用力过猛伤及自身。为了实现个人的野心，王世充仍然得矫装伪饰，默默准备。

王世充都做了哪些工作呢？

一是收买人心。王世充在官署门口张贴了三张文榜，一张招揽能济世安民的文臣，一张招揽能安邦定国的武将，一张招揽能谋善断的司法人员。榜单发布后每天都有几百人过来推荐或自荐，王世充一概亲自考核，并殷勤慰问款待。真是难为我们王世充了，为了收买人心、广施恩惠也是拼了。

二是稳定君心。王世充知道这个时候稳住杨侗很重要，不但有利于笼络文武大臣，而且可以为自己谋权篡位争取充足的准备时间。所以一开始王世充殷勤侍奉杨侗，早请示晚汇报，并认杨侗的母亲刘太后为干妈，以表达自己“忠于隋室”的忠心。

王世充在偷偷做着准备，意识到危机的杨侗也没有坐以待毙。有一次王世充入朝，杨侗留王世充吃饭。回去没多久，王世充就开始呕吐，他怀疑杨侗在食物里下毒，至此以后王世充再也不入朝觐见了。

真的是杨侗下毒吗？历史上没有明确记载，但杨侗真有可能这么做，因为之前杨侗就和他的侍读陆士季谋划过击杀王世充，因事情泄露没有成功，陆士季因为是杨侗从小的伴读而侥幸保住了一条性命。但不管怎么说，经过此次“下毒”事件后，王世充加紧部署，加快了篡权称帝的脚步。

**如此“禅让”**

武德二年（公元619年）三月，王世充伪造杨侗的诏书，封自己为相国，统管百官，又进封郑王。做了郑王没多久，王世充感觉还不过瘾，又火急火燎享受起天子的待遇来了，建天子旌旗，出入警跸，就怕别人不知道他要当皇帝似的。

为了证明自己是天命所归，王世充到处收集谶语。当时有一个叫桓法嗣的江湖术士，呈上《孔子闭房记》一书，书中画有一个男人手持竹竿赶羊。王世充不理解画中的意思，桓法嗣解释说：“隋朝的皇帝姓杨，也就是羊。“干”一“合”起来是个王字。王在羊后，预示相国要取代隋朝当皇帝。”

接着桓法嗣又拿出《庄子人间世》《德充符》两篇解释说：“上篇有世字，下篇有充字，合起来是相国的名，预示您应当恩德遍布人间，顺应符命当天子。”这个也挺搞笑的，找两篇文章，硬凑两个字，就当成顺天承命的理论基础了。

王世充非常高兴，任命桓法嗣为谏议大夫。又捕捉各种鸟雀，把写好符命的布条系在它们的颈上，然后放飞。凡是捕捉到这种鸟雀前来进献的人，也都授予官职头衔。

篡位的各种理论和物质准备完成后，王世充也没有即行废黜之事，他一直想让皇泰主杨侗禅位给他，好成就当世一段“尧舜佳话”。

王世充派遣段达等人劝谏杨侗禅位，杨侗凛然说道：“如果我隋朝的气数还没有衰竭，禅让这种话就不该讲；如果天意要改朝换代，那也不用说什么禅不禅让！你们各位都是先帝的老臣，突然说出这种话，我真失望啊！”段达等人没有不惭愧流泪的。

看到劝谏不成，王世充又改欺骗，他派人对杨侗说：“现在天下还未平定，必须有个年长的君主才震得住，等到天下安定了，一定恢复您的皇帝之位，决不违背。”唉！这种把戏也玩得出来，当杨侗是三岁小孩子啊！估计杨侗听到这话后也是哑然失笑。

四月，实在按捺不住的王世充不再掩饰，直接冒充杨侗下诏禅让，强行自立为皇帝，国号郑。六月，王世充派侄子王仁则携毒酒去逼迫杨侗自杀。杨侗自知难逃一死，遂服毒，并乞愿下辈子不要再生在帝王之家，谁知一时半会儿竟没有毒发，最后被王仁则缢死。“性宽仁，美姿容”的杨侗，在风雨飘摇的隋朝末年，以区区十四五岁的弱冠少年之躯，苦苦支撑隋室三年有余，最终力有不逮，被弑失国，实在令人唏嘘。

王世充终于达成个人心愿，攀上人生巅峰，当上了皇帝。但他这个“天子”做得又如何呢？

**如此不合格的“天子”**

王世充在洛阳自立称帝建立郑国，并占据着中原大地，统率着原隋室天下兵马，加之又收降了李密瓦岗军的精兵猛将，应该来讲实力足以抗衡李渊、窦建德等各路诸侯，在天下未定、形势不明的情况下是大有可为的。但是做了皇帝后的王世充，他的所作所为根本不像一个合格的帝王。

一是政治上不合格。王世充这个“皇帝”来路不正，这是最大的政治不正确。很多文武大臣都不能接受杨侗被废杀、王世充称帝这个现实。

在逼迫杨侗禅让之前，王世充曾召集文武大臣试探，结果众多大臣坚决反对。这说明在东都洛阳，杨侗才是大家最认可的君王，王世充的统治根基、个人威望，甚至是品格修为都远没有达到可以行废立之事、僭越称帝的地步。

众多将领叛变投唐。武德二年（公元619年）二月，王世充命令秦叔宝、程知节率军攻打穀州。作为当世的两员猛将，王世充对秦叔宝、程知节非常器重，委以军事重任，但是秦叔宝、程知节二人却憎恨王世充为人狡黠多诈，于是阵前倒戈，投奔了唐营。

秦叔宝、程知节不光投降了大唐，而且还在阵前当着三军将士的面狠狠地羞辱了王世充。

在骑马投奔唐营的时候，秦叔宝、程知节中途下马，转身向王世充行礼道："仆荷公殊礼，深思报效；公性猜忌，喜信义谗言，非仆托身之所，今不能仰事，请从此辞。"

什么意思呢？王世充虽然您对我们俩很好，我们心里都记下了，但您性情猜忌，喜欢听信谗言，我们不能托身报效您了，就此别过，请勿挂念。这简直就是当众抽王世充的耳光，估计当时王世充都恨不得找个地缝钻进去。尴尬的王世充甚至连追都不敢追，只能眼巴巴地看着秦叔宝、程知节扬长而去。

七月，王世充再次派遣罗士信进攻穀州，罗士信带领他的一千多人马同样阵前降唐。

罗士信是在李密邙山之败后被王世充俘获的，要说刚开始吧，王世充对罗士信也是真没得说，出则同车，卧则同眠，极尽结纳之事。后来邴元真献出洛口仓，投降了王世充，王世充对待邴元真就像对待罗士信一样。

大家都知道邴元真是个阿谀好反的奸佞之人，要不是他的叛变，李密可能都不会兵败，所以罗士信非常看不起邴元真，也对王世充亲近宵小的行为非常不耻。

后来更是因为一匹马的缘故，罗士信愤而阵前投唐。事情的经过大致是这样的，王世充的侄子王道询有一次看中了罗士信的战马，作为武将的罗士信当然不会把自己的座骑让给他；但是偏袒自己侄子的王世充竟然将马从罗士信手里夺了过去，赐给了王道询。真没见过哪个主公会如此对待自己手下的大将。

裴仁基父子密谋诛杀王世充。五月，也就是距离王世充称帝不到一个月，忠于杨侗的裴仁基、裴行俨父子，与其他大臣一起密谋杀死王世充及其党羽，重新迎立杨侗；但因事起不密，被王世充发觉，最后失败被杀。

大家可能会问，同样的废黜幼帝、自立继位，为什么李渊就不会政治不合格呢？

其实很好理解，李渊在自立称帝的时候，他的统治集团内部是稳固的，基本上是随同他起兵的老战友、老部下，而且长安和关中是以李渊为代表的关陇集团的统治核心地带，民心多附于李渊。可是王世充就不一样了，他只是一个从江都扬州派到东都洛阳抵御李密的外来户，本身在洛阳地区的统治根基就不牢固，大量的文臣武将还是忠于隋室、忠于杨侗的。

二是军事上的不合格。有“将帅略”的王世充称帝后，在军事作战上的表现也不合格。先来看看武德二年（公元619年），也就是王世充在洛阳自立称帝这一年，他所处的战场环境。

洛阳的西边有李渊，东边则与窦建德的夏国接壤，北边是“定杨可汗”刘武周，南边则是萧铣的梁国。在这四个人当中，北边的刘武周和南边的萧铣志不在中原，刘武周的战略目标是关中，萧铣的战略目标是巴蜀，所以南北这两股势力可以暂且不计，现在就只剩下东西两个方向的窦建德和李渊了。王世充在军事上的不合格也主要体现在这两个方向上：一、西部战场作战能力方面的不合格；二、东部战场作战方向选择方面的不合格。

首先来看看王世充是如何在西部战场，在进攻洛阳眼皮子底下的穀州和熊州一而再，再而三地吃瘪的。

武德元年（公元618年）十二月，王世充率领三万人包围穀州，唐穀州刺史任瑰抵御并击退了王世充；武德二年（公元619年）二月，王世充亲率秦叔宝、程知节攻打穀州和熊州，秦叔宝、程知节等大将阵前投唐；武德二年（公元619年）三月，不甘心失败的王世充卷土重来，再次进攻穀州，虽然这次击败了守将史万宝，但仍然没能攻破穀州城；武德二年（公元619年）七月，王世充派遣罗士信进攻穀州，罗士信阵前降唐。同月，他又命令郭士衡进犯穀州，被穀州刺史任瑰击败，全军尽没。

王世充为什么要这么不遗余力地进攻熊州和穀州呢？我们先来了解一下熊州和穀州的地理方位。

熊州和穀州也就是现在的洛阳市洛宁县和新安县，东距洛阳不过几十公里，这么近的距离就像一柄寒光凛凛的利刃，死死地抵在王世充的后背，使得身处洛阳的王世充，根本没有任何战略回旋余地，如果不拔去，对王世充的威胁实在太大。

此时的熊州掌握在唐右翊卫将军史万宝和行军总管盛彦师手里，穀州则由穀州刺史任瑰掌握。虽然说史万宝、盛彦师、任瑰等都是起兵之初就追随李渊，足智多谋、身经百战的将领，但毕竟是深入中原腹地，就在王世充的眼皮子底下孤军奋战，战场压力之大可想而知。但结果却是，在熊州和穀州身上，王世充不但没讨到任何便宜，始终未能攻破，反而损兵折将，众多将领纷纷在此投唐而去，严重打击了军心士气。

其实，历史还是给了王世充机会的。武德二年（公元619年）四月，刘武周、宋金刚由晋阳起兵攻唐，一路势如破竹，直指关中。李渊、李世民举全力应对刘武周，根本无暇顾及熊、穀二州，面对这么好的战略机遇期，这样一种有利的态势，王世充都没能拔掉眼皮底下这两颗钉子，足以看出王世充在军事作战能力方面有多么的不合格。

而这个机会的错过对王世充来讲将是致命的。平定刘武周后，李世民带领大军西出潼关，经略中原，很快就进驻熊、穀二州，兵临洛阳城下，而王世充也只能困守洛阳孤城，苦苦支撑。

再来看看王世充在东部战场的表现。东部的主要对手是夏王窦建德。王世充废黜杨侗，后又毒杀杨侗，王世充、窦建德自此开始交恶。如果说在西部与唐军的作战，主要体现的是王世充作战能力方面的不合格，那么在东部与夏军的作战，则主要体现的是王世充作战方向选择方面的不合格。

武德二年（公元619年）的前大半年时间，王世充都在猛烈的、反反复复的西向进攻熊州和穀州。但是十月份，在刘武周兵锋最盛，占据整个黄河以东地区，几乎就要西渡黄河，进军关中的时候，王世充却来了个一百八十度的大转向，率领所部人马东向进击。

虽然这次东进取得了不小的战果，攻占了汴州、亳州等郡县，但是却和窦建德在新乡、黎阳等地产生了直接的军事冲突。

本来双方之前就已交恶，窦建德也不是个省油的灯，他的报复很快就来到。十一月，窦建德攻占殷州（今河南周口市），获嘉（今河南新乡），焚烧王世充的粮仓，俘获了王世充的大将刘黑闼。

这一次由西向东的作战方向大转折，给王世充带来了两大后果。一是由于窦建德反攻的战略挤压，导致王世充在洛阳东部的战略空间也被严重压缩，自此，只能局促在洛阳及其周边这个狭小的战略空间里，动弹不得。二是直接开罪了窦建德，双方关系完全破裂，这也导致在李世民进攻洛阳的前期，王世充得不到任何外部援助，只能独自面对李世民的凛凛攻势，十分被动。

除了作战能力和作战方向选择方面的不合格，王世充还有一个更大的军事不合格，那就是在把握战略全局方面的不合格，战略目标抉择不清晰、不明确。

杨玄感和李密的殷鉴不远，他们都是受困于洛阳，没有确定一个长远的战略发展目标，而最终兵败身死。因为洛阳及所属的中原地区，地处天下之中，在王朝强盛时期，确实能够做到居中调度，掌控天下；但在乱世，群雄纷起之时，则成了四战之地，且地处平原，无险可守，不是一个理想的创业建基之所。

王世充称帝后，逐渐沉迷在做了皇帝这个“黄粱美梦”当中，享受着洛阳无尽的奢华。而这里更是天下粮仓的所在之地，粮草充足，衣食无忧，守住、守好这份家当是王世充当下最大的快乐。

这个何以见得呢？当李世民东征洛阳的时候，双方隔着洛水列阵对峙，王世充对李世民说：“隋室倾覆，唐帝关中，郑帝河南，世充未尝西侵，王忽举兵东来，何也？相与息兵讲好，不亦善乎。”王世充真是睁眼说瞎话，“未尝西侵”——熊州、榖州都快被你王世充打烂了，只是因为自己作战能力不合格，始终不能拿下而已。不过从这句话中，我们不难看出，此时的王世充只想息兵和好，守住洛阳这一亩三分地。

其实这个时候，对于王世充来讲，最好的战略选择就是：结纳窦建德，把握住李渊、李世民忙于应付刘武周的战略机遇期，不惜一切代价，西取熊、榖二州，廓清洛阳周边；进而控制潼关，堵住李渊、李世民东出中原之路；然后自己再挥军南下，占据江都扬州，经略江南。

江南这个时候正处在“三国”混战时期（杜伏威、沈法兴、李子通三股势力在江南地区战作一团），江都又是王世充经营多年的故地，一旦占据则会获得稳固的后方基地和广阔的战略空间，与李渊、窦建德等形成鼎足之势，这样也就不会被困在洛阳这个四战之地了。

三是行政上的不合格。刚称帝后，王世充表现得非常勤政，每天都上朝，接受群臣朝见，处理政务。而且王世充处理朝政有个特点，就是事无巨细都要过问，还喜欢说教，有些小事情要反反复复说上好几百遍，很多朝廷官员每天都要被频繁地召见，听他深情款款的教诲，搞得疲惫不堪，也就无心去处理具体的政务了，本来是个勤政的好事情，结果却被弄成了劳政、疲政。

为了表示亲民，王世充上街巡视，从不布置警戒，老百姓只需让路就行了。他还对老百姓说："以前的皇帝都高坐在宫廷里，不知民间疾苦。我虽说现在是个皇帝了，但应该像州刺史一样（拜托！天下还未统一，你这个皇帝按照管辖范围来讲，真的只相当于一个州刺史）事必躬亲，现在我不在宫廷内办公了，就在宫外安置个座位处理政务。"

结果每天都有几百人过来递书信、提建议，搞得王世充疲惫不堪。坚持了没几天，王世充受不了这个罪了，于是撤销了这个座位，之后也不再出宫了，好好的一出勤政亲民的大戏也被演绎成嬉政、荒政的闹剧。

以上政治、军事、行政这诸多的不合格，最终导致王世充人心渐失，郑国政府也难以为继。据史书记载："王世充将帅、州县来降（唐）者，时月相继。"不管是文武将相、州县官吏，还是普通百姓，每天叛变投唐的人络绎不绝。王世充不但不从自身找原因，努力改善统治方式，反而采用严刑酷法进行控制，企图吓阻众人。

这个刑法有多严酷呢！一人逃跑，全家不论男女老少全部株连。相互告发的可以豁免死罪。又命令五户人家为一保，互相进行监督，一家逃跑，五家共诛。这哪里是什么法例啊，简直就是国家恐怖主义！但越是这样，人们叛逃得越厉害，以至于后来出城砍柴都要限定名额，甚至只要产生怀疑，就可以毫无理由地将一家人关押起来。监狱不够用了，王世充就把宫城改造成监狱，将领出外作战，也要把亲属扣押在宫里作为人质。

采取这样的高压和恐怖统治方式，王世充不覆灭都有点对不起历史了。

## 四　李世民东征中原

在解决了刘武周后，李渊将征伐的矛头指向了倒行逆施的王世充，指向了中原腹地。武德三年（公元620年）七月，李世民率大军出潼关，并迅速进驻熊州和穀州，兵临洛阳城下。

李世民采取“围其首脑、断其手足”的围点打援的战略战术，进攻东都洛阳。但鉴于洛阳城池坚固，守备力量充足，强攻必然损失惨重，而一旦攻城失利，很容易挫败锐气，造成整个战局的被动。

所以对于洛阳，李世民采取的策略是围而不打，在围困洛阳的同时，掐断洛阳与郑国其他州县的联系，使王世充难以掌握战场态势并做出有针对性的作战部署。之后就是逐一击破，不断蚕食郑国领地。

兵围洛阳。唐军在不到一个月的时间内就完成了对洛阳的四面合围。西面，罗士信率领先头部队围攻慈涧（今河南洛阳市慈涧镇），之后李世民亲率五万步骑兵进攻慈涧，迫使王世充放弃布防慈涧，退守洛阳；南面，李世民派遣史万宝自宜阳南下占据伊阙龙门；东面，派遣刘德威自太行山向东包围河内郡，同时派遣王君廓进占洛口仓，切断王世充的运粮路线；北面，派遣黄君汉出河阴，攻占回洛仓。

至此，洛阳城被李世民团团包围，粮草的供给、外部的联络也统统被掐断，已经成为一座孤城。

兵略各州。洛阳被围，王世充的其他州县要么被击破要么投降。

七月，洧州刺史崔枢、长史张公瑾献洧州城降唐；八月，邓州当地豪族杀邓州刺史献城降唐；九月，显州总管田瓒以所部二十五州降唐，尉州刺史时德睿统辖杞、夏、陈、随、许、颖、尉等七州降唐，濮州刺史杜才幹斩杀邴元真后献濮州城降唐；十月，罗士信攻克硖石堡和千金堡，荥州刺史魏陆、汴州刺史王要汉、阳城令王雄等献城投降，镇守虎牢关的王世充太子王玄应，听说荥阳等各州都已经反叛，非常惊恐，狼狈逃回了洛阳；十一月，李大亮进攻樊城，进逼郑国魏王王弘烈镇守的襄阳城；十二月，许州、亳州等十一州降唐。

**敢言班师者斩**

短短半年时间，几乎整个中原地区已落入李世民手中，洛阳成了一座孤城，距离被攻破看来也只是时间问题了。但就在此时，却发生了两件大事，使得情势差点被逆转，几乎迫使李世民罢兵停战，返归关中。

一是突厥的大举来犯。看到中原即将平定，突厥的处罗可汗兵分三路，从东部的山西、中部的黄河河套地区、西部的宁夏，三面同时围攻关中。处罗可汗还准备御驾亲征，夺取山西并州，安置杨广的孙子、齐王杨暕的遗腹子杨政道。这要是让处罗可汗达成目的，那就相当于隋朝回归故土，复国成功。

这里简要说说杨政道。宇文化及在扬州将杨广、齐王杨暕等隋杨宗室成员屠戮殆尽之后，杨政道出生了。武德二年（公元619年），窦建德击败宇文化及，俘获了萧皇后和杨政道。武德三年（公元620年）二月，嫁到突厥的隋义成公主派遣使者将萧皇后、杨政道迎接至突厥。处罗可汗立杨政道为隋王，并将突厥境内的中原官吏、百姓全部配给杨政道统治，复立大隋政权，史称“后隋”。

这个“后隋”政权存在的时间还挺长，将近十年时间，一直坚持到唐太宗贞观四年（公元630年），随着突厥的国灭而灭亡。杨政道降唐后，一直活到唐高宗永徽年间才去世。

二是窦建德答应兵援王世充。面对日益窘迫的处境，王世充只能放下芥蒂，伏首向窦建德乞援，请求窦建德尽快出兵解围。鉴于唇亡齿寒的担忧，窦建德答应发兵救援王世充，并遣使赴李世民的大营进行调停，企图劝说李世民停止进攻洛阳，返回关中。

突厥的大举来犯，窦建德的兵援王世充，对中原战局产生了深刻的影响。加上洛阳城池坚固、防御严密，唐军四面围攻，昼夜不停，但数十日都无法攻克，战事一度非常胶着。这个时候唐军内部产生了动摇，很多将领都认为士卒疲惫，无力再战，请求班师回朝。李世民坚决地予以了否决，并严令各军："洛阳未破，师必不还，敢言班师者斩!"

手下的众将好节制，但李渊的诏命可就不好违抗了。远在长安的李渊听说了此事，就发密旨给李世民，让他尽早班师还军。意志坚定的李世民上表李渊，表明洛阳一定可以攻克，并派封德彝返回长安向李渊面陈洛阳的军事形势。

封德彝到达长安后不辱使命，力劝李渊不可退兵，如果此次放弃攻灭洛阳的机会，今后就很难再图取中原了。李渊被李世民的坚持和封德彝的陈述打动了，坚定了攻克洛阳、平灭王世充的决心。

封德彝这个人是杨广时期的内史舍人，善于揣摩上意，杨广喜欢什么他就专挑什么讲，很得杨广的欢心，被引为心腹。宇文化及江都兵变的时候，善于见风使舵的封德彝很快转变态度，当面历数杨广罪状，反而被杨广一句"卿，士人，何至是!"呛得羞愧而去。宇文化及杀了杨广后，带封德彝一起北返关中。后来宇文化及兵势日蹙，封德彝一看情形不对，又投靠了李渊，还是做内史舍人。

说来也挺有意思，同样是这个封德彝，在不同人的手底下，起的作用完全不一样。在杨广手底下，他谄媚误国；在李渊手底下，却能坚定李渊平定王世充、略定中原的决心。

自助者天助。十一月，突厥的处罗可汗在准备御驾亲征并州的时候去世了，李渊抓住时机遣使赴突厥慰问，用外交手段解除了突厥兵犯唐境的危机。同月，山东的孟海公攻击河北，窦建德率领大军亲征孟海公，也就无法发兵援助王世充了。

突厥和窦建德两处威胁都解除了，李世民更加能够集中精力对付困兽犹斗的王世充，而这次，消灭王世充真的只是时间问题了。

**王世充的覆灭**

武德四年（公元621年）二月，孤注一掷的王世充率领二万马步军出城，抵进穀水，企图与李世民的主力大军展开最后的决战，处于绝境当中的王世充军，此刻也迸发出了极强的战斗力。为了彻底打垮王世充的抵抗意志，李世民决定给他以迎头痛击，他命令全军在北邙山列阵迎敌。

邙山之战。李世民命令屈突通率领五千步兵渡过穀水，首先攻击王世充的军阵，并在阵前燃放烟火。看到王世充阵前火起，李世民亲率精锐骑兵，冒着滚滚浓烟直插王世充的阵营，与屈突通会合，并一直穿插到王世充阵营的背后，将整个郑军阵型冲散、冲乱。王世充也率领部下殊死战斗，军队几次三番被打散打乱，王世充又重新集结部队继续顽强抵抗。这场战斗从早上一直打到中午，双方将领、士卒混战一团，你中有我，我中有你。

邙山之战最终以王世充的大溃败结束，李世民乘胜追击，直抵洛阳城下。王世充经过此战后，再也不敢，也没有能力出城挑战了，只能倚城固守，等待窦建德的救援，但是此时的窦建德正带领大军，在山东征讨孟海公。

洛阳投诚。邙山战败后，王世充龟缩洛阳城，李世民命令在洛阳城的四周挖掘深沟，将洛阳团团围困。长时间的围困使得洛阳城内的粮食极度紧缺，城内的军民只能吃草根树叶。草根树叶吃光了，甚至只能澄取浮泥，加入一些米屑做成饼用来果腹。吃了这些东西后，人都得了病，身体浮肿，手脚发软，饿死、病死的不计其数，洛阳城已经无法再支撑下去了。

三月，窦建德平定孟海公后，发大军西向救援洛阳，王世充日思夜想的救星终于来了。但没想到，五月，李世民在虎牢关擒获了窦建德，并将窦建德带至洛阳城下。在洛阳城头上，王世充和窦建德四目相对，“同是天涯沦落人”的两位枭雄此时的内心无比感慨。

王世充一看大势已去，打算从洛阳突围，向南逃奔襄阳，但与众将商议的时候，大家都默不作声，已经没有人肯再跟着王世充干了。没办法，王世充只能大开洛阳城门，向李世民投降。王世充全族被押往长安。他的同党段达、单雄信等十多人被绑赴洛水斩首示众。

王世充之死。王世充被送至长安后，因为李世民答应过他投降就不杀他，李渊只能将他贬为庶人，全族流放蜀地。但在流放的途中，王世充被独孤修德矫诏斩杀。独孤修德的父亲独孤机是皇泰主杨侗的属臣，王世充篡位弑主的时候将独孤机一并杀害。

王世充从篡位到身死，不过短短两年时间，究其原因，除了身处中原腹地、四面受敌，战略空间狭小等外，最主要的原因还是王世充个人能力问题。政治上、军事上、行政管理上及品格修为上，王世充都是不合格的，使得他失去了统治的正当性和合法性。

王世充的覆灭让唐王朝拥有了中原腹地，更加让李渊开心的是，此次中原大战还于虎牢一役击溃并俘虏了窦建德，一战就解决了两个主要的竞争对手。但是窦建德的失败确实有点太快，太意外了，快得我们都有点来不及介绍这位慷慨悲歌的燕赵之士——夏王窦建德。

# 第十章　慷慨悲歌的燕赵之士——夏王窦建德

窦建德，贝州漳南（今河北衡水市）人，祖上世代务农，但自认为是西汉安成侯窦充的后代。窦充就是汉文帝皇后窦猗房的父亲。不过此说法应该不足为信，应属窦建德称王后攀附之说。

《隋唐演义》里把窦建德描绘成李世民的舅舅就是采纳了这个说法，因为李世民的母亲也姓窦，是北周神武公窦毅的女儿，窦毅自称源出于东汉大鸿胪窦章，而这个窦章的先祖也是西汉安成侯窦充。就这样窦建德和李世民的母亲窦氏被认作同宗，而窦建德也就成了李世民的族舅了。

其实这两房窦氏都有攀附嫌疑，李世民母亲窦氏的先祖很可能是鲜卑人，后来才改得汉姓；而窦建德是个汉人，一个普普通通的窦姓汉人，二者没有任何瓜葛。

窦建德人生的发展轨迹，可以拍成一部相当励志的草根逆袭、改变个人命运的电影了。窦建德从一名普通农民，在乱世中力图自保，落草高鸡泊，成为地方豪强，又通过不懈努力一步步完成自立称王、开疆建国的宏大目标，虽然最后失败了，但仍不失为一位燕赵英雄。

## 一　高鸡泊好汉

窦建德年轻的时候就才智过人，“重然许，喜侠节”。一个晚上，几个盗贼跑到窦建德家里抢东西，被窦建德杀死了三人。其他几个盗贼吓得不敢进屋，又想拿回同党的尸体，窦建德就让他们扔绳子进来绑尸体。结果绳子扔进来后，窦建德将自己绑在绳子上，群盗毫无知觉，将窦建德从屋里拉了出来。窦建德一跃而起，挺刀又斩杀数人，为乡里除了一害。有勇、有谋、重承诺、有侠义的窦建德在当地开始声名远播。

大业七年（公元611年），河北闹饥荒，群盗蜂起，蓨县的高士达等举兵反叛，这些盗匪四处烧杀抢夺，唯独不到窦建德的家乡骚扰。官府就认定窦建德跟这些盗匪是一伙的，不分青红皂白杀光了他的一家老小，窦建德听闻后就投靠了高士达。

窦建德投奔高士达后，高士达非常器重他的为人和才干。窦建德作战勇猛、身先士卒，又体恤部属和百姓，周围来投附的人越来越多，队伍也逐渐发展壮大到数万人，高士达和窦建德于是将队伍拉到高鸡泊，依靠"八百里水泊"聚众起义，落草为寇。

大业十二年（公元616年），涿郡通守郭绚率领一万多人马征讨高鸡泊。高士达将军队指挥权交给了窦建德。窦建德初次统兵就展现了用兵的才能。他挑选精兵强将七千人抵御郭绚，又假装跟高士达不和想要叛逃。高士达也配合窦建德演了一出双簧，在营里随便拉出一名俘获的女子诈说是窦建德的妻子，并当着众军的面杀掉了她。窦建德于是派人送信给郭绚请求投降，并表示愿意当先锋，率部斩杀高士达以报杀妻之仇。郭绚对此深信不疑，准备接受窦建德的投降，部队也因此放松了防备。看到郭绚放松了警惕，窦建德突然率军袭击，大败并斩杀了郭绚。

杀死了朝廷命官，这个事可就闹大了，高鸡泊的义军也就在杨广心中挂上号了。随后杨广派遣杨义臣领兵进讨河北。杨义臣本姓尉迟，是隋朝知名大将，因战功赫赫被隋文帝杨坚认作从孙，并赐姓杨。窦建德曾对高士达说过："隋善将独义臣耳。"

杨义臣兵锋凛凛进讨高鸡泊，想一鼓作气剿灭高士达和窦建德。面对杨义臣的大举进攻，窦建德主张避其锋芒，带领部队转移，采取“打得赢就打，打不赢就走”的方法拖住对手，并利用熟悉地形的有利条件，采取游击战术进行骚扰，等到敌军将士都疲劳厌战了，再打他个措手不及。

高士达没能采纳窦建德的意见，他让窦建德留守高鸡泊，自己带领所部兵马出水泊迎战杨义臣；但是仗还没开始打，高士达就大摆酒宴。

窦建德听闻后，知道高士达无法抵挡住杨义臣的进攻，高鸡泊恐怕难以守住，于是预做准备。窦建德留下大部分人马在高鸡泊内守卫营寨，自己带领一百多精兵强将占据险要地方以进行策应。但是仅仅过了五天，前方就传来高士达兵败被杀的消息。杨义臣乘胜追击，猛攻高鸡泊，守寨的士兵完全无法抵御，全部溃逃。本打算在营外进行策应的窦建德一看大势已去，就带着一百多人逃走了。

如果此时杨义臣再接再厉，迅猛追击的话，窦建德估计就要被擒或被杀了。但上天保佑，这个时候隋廷的一道诏令帮助窦建德躲过了一劫。

杨义臣河北大捷后，把捷报以及河北义军风起云涌的真实情况一并上书朝廷。杨广在接到杨义臣的呈报后十分震惊，他怎么都没想到光河北就有这么多的反贼，因为之前身边那些阿谀奉承的大臣都告诉他全国平叛形势一片大好。

看到隐情不报的事即将露馅，这些大臣当然要极力文过饰非。他们对杨广说杨义臣夸大其词，而且进谗言，杨义臣长期在外拥兵自重，提醒杨广不得不防。没想到昏聩的杨广竟然听信谗言，诏令杨义臣班师回朝，并剥夺了杨义臣的兵权。不久后，忧愤不已的“隋朝唯一善将”杨义臣含恨去世。

窦建德躲过了一劫，带着余部向西逃窜，其间攻破饶阳（今河北沧州饶阳县），劝降县丞宋正本，重新聚集兵马，之后趁着杨义臣带兵回朝的机会，率领人马返回高鸡泊，并收拢溃散旧部，窦建德的军力逐渐恢复。

## 二　大夏国英主

少了杨义臣这个对手，窦建德兵锋所指处，隋朝守将纷纷献城纳降，各地的百姓也纷纷前来归附，很快窦建德的部队就发展到十多万人，随着实力越来越雄厚，窦建德向外扩张的势头也越来越猛。

### 河间称王

大业十三年（公元617年）一月，窦建德在河间和乐寿之间（今河北省沧州河间市和献县之间）筑坛，自立为长乐王，高鸡泊的好汉来了个华丽大转身，由占山为寇转变为裂土封王。

窦建德河间称王没多久就碰上了他生平第一场恶战——河间之战，而且对手非常强悍。

大业十三年（公元617年）七月，李密兵围东都，天下震动，洛阳的情势岌岌可危，随时都有可能陷落。身处江都的杨广无力也无意北返救援，于是命令左御卫大将军薛世雄带领三万燕地（今北京）精兵赴援东都洛阳，并节度天下兵马，所经之处可随意征讨。而从北京到洛阳必须经过河北，经过窦建德的领地。

于是薛世雄想先解决掉窦建德，解除掉赴援洛阳的后顾之忧，然后再集中全力进攻李密；岂料这一战，身经百战的老将军却意外兵败身死，将星陨落。

薛世雄的大军驻扎在河间七里井。窦建德的部众一听薛世雄来征讨，都感到非常的害怕，认为此战必败，应该赶紧向南逃走。窦建德没有采纳部属的意见，而是再一次使用迷惑敌军的计策，这一次身经百战的薛世雄也中计了。

窦建德先是在薛世雄大营附近的沼泽地里埋伏下劲兵猛卒，然后带领其他的部众假装溃逃，拔城而走。薛世雄看到窦建德跑了，就认为这只不过是一群草寇，乌合之众不足为虑，也就不再设防了。

当天夜里，窦建德率领一千名敢死队员杀了个回马枪，想趁天没亮的时候偷袭薛世雄的大营，但走到距薛营不到一里的地方，天就放亮了。正当窦建德准备放弃这次偷袭，带兵返回的时候，天降大雾，伸手不见五指。窦建德高兴坏了，大叫一声："天助我也！"率军突入薛世雄大营。未做任何准备的薛世雄阵营大乱，兵卒四散溃逃，怎料旁边又伏兵四起，最后只剩下薛世雄和几名亲随逃回涿郡，三万燕地精兵损失殆尽。没过多久，受不了打击的薛老将军就忧愤交加，郁郁而终。

河间之战是窦建德又一次使用经典的疑兵和痹敌之计，之前上当的是郭绚，这次是薛世雄，一名威名赫赫的大将都着了窦建德的道儿，由此可以看出窦建德很有战略战术，喜欢出其不意、攻其不备。

关于此次战斗，《资治通鉴》记录的版本不太一样："建德与其士众约曰：夜至，则击其营；已明，则降之。未至一里所，天欲明，建德惶惑议降。会天大雾，人咫尺不相辨，建德喜曰：天赞我也！遂突入其营击之。"根据《资治通鉴》记载，这场战斗的胜利完全属于窦建德误打误撞，要不是天明时一场大雾，"惶惧"的窦建德就要在薛世雄营前自缚请降了。

但我觉得这个版本不足为信。首先，胆小畏战的人设不符合这个时期窦建德表现出的英雄气概，况且此时窦建德拥兵数十万，而薛世雄只有三万人马，兵力明显是窦建德占优，没理由仗还没开打，窦建德就先怕起来。

其次，就算是薛世雄勇冠三军，窦建德完全不是其对手，他也没必要投降薛世雄——作为反贼首领，又击杀过朝廷大将，送到刚愎自用的杨广面前，还能够活命吗？窦建德肯定知道个中厉害。

最后，善于用兵的窦建德经常采取“打得赢就打，打不赢就走”的战略战术，大不了这次先放弃河间退回高鸡泊，反正薛世雄的主要进攻目标是李密，不见得会带兵穷追猛打。

**大夏建国**

击溃薛世雄后，声威鹊起、军锋盛锐的窦建德一鼓作气攻打河间县城，但驻守河间的郡丞王琮带领军民顽强抵抗，多次打退窦建德的进攻。

转眼来到了武德元年（公元618年）三月，杨广江都被弑，天下情形巨变。此时的河间县城已被窦建德围困了大半年，粮食早就吃光了，王琮没有办法，带着守城军民全身缟素，为隋炀帝举哀后献城投降。

拿下河间县城后，有将领向窦建德建议说：“王琮长时间抵抗我军，杀死我们很多人马，现在没有办法才出城投降，我们应该烹了他，以告慰阵亡将士之灵。”窦建德不但没有同意，反而对左右将领说：“王琮是一位忠诚正真的大臣。这样一位大忠臣都被杀掉了，以后谁还会真心投效。以前在高鸡泊当草寇的时候，也许可以随便杀人，现今要匡扶正义平定天下，怎么能够伤害忠良呢？”于是窦建德发布命令，告诫以前跟王琮有仇的人，如果敢鼓惑人心报复王琮，则罪灭三族，同时任命王琮为河间刺史。

从对王琮的处理上，可以看出，此时的窦建德在身份和思想上都完成了从草寇到王侯的转变，而且这个转变在接下来的征讨宇文化及一役后，变得更加地彻底。

宇文化及在江都弑杀杨广后率军北上，后被李密击溃跑到魏县（今河北邯郸市魏县）。此时的宇文化及已是众叛亲离，每天只知道饮酒取乐。知道自己必然失败的宇文化及经常叹道：“人生故当死，岂不一日为帝乎？”后来宇文化及索性自己做起了皇帝，也算是了却了个人心愿，过了一把皇帝瘾。

看到宇文化及跑到自己的领地，窦建德当然不会放过。这么大好的击杀弑主逆贼，树立光辉形象，收买天下人心的机会，他的纳言宋正本、内史侍郎孔德绍也进谏说：“宇文化及和杨广是姻亲关系，而且父子兄弟世受隋朝隆恩（宇文化及的父亲就是隋炀帝“五贵”之首宇文述。宇文化及有个弟弟叫宇文士及，娶的是杨广的长女南阳公主），个个身居高位，他却干出这种弑君叛逆，让天下人不齿的丑行。对于这样的人是人人得而诛之。大王该诛杀此贼，使天下人归心。”窦建德随后带领大军征讨，活捉了宇文化及。

擒获宇文化及之后，窦建德采取的一系列处理方式，再次体现出他思想上的深刻转变和政治上的高超手腕。

一是捉拿杀害隋炀帝的全部主谋，并召集隋朝文武官员逐一核对后，就地斩首示众。宇文化及和他的两个儿子宇文承基、宇文承趾则被关进监车带回都城斩杀。之后窦建德上表向身在洛阳的皇泰主杨侗报捷。在向隋室进献了这么大的投名状后，窦建德获得了杨侗的信任，并得以假借朝廷名义四处征略，不断扩大自身实力和地盘。

二是窦建德在获得杨广的萧皇后后，以隋臣的名义拜见。之后，和亲突厥的隋义成公主派使者来迎奉萧皇后，窦建德亲自送至突厥境内，并将宇文化及的首级送给了突厥，这样一来，窦建德又获得了突厥人的大力支持。

三是此战窦建德获取了大量的金银珠宝和宫女，所获的财物窦建德全部分给手下的将士，所得的宫女也全部放还。窦建德的这个举动让他收获了一众民心。

获得丰厚政治回报的窦建德开始建都乐寿。这一年的冬至，窦建德大会群臣，有五只大鸟降落在城头，身边围绕着数不清的鸟雀。此时正好有人进献玄珪一枚，孔德绍就进言道："古时候上天将玄珪赐给夏禹，现今的吉兆跟夏禹承天受命时一样，主公应当称夏国。"窦建德听从了这个建议，从此改称夏王，建立夏国——高鸡泊草寇摇身一变成为了一国之主。

**英明之主**

窦建德称夏王后，锐意进取、积极开拓，采取了一系列的措施稳固他的统治，并不断拓展个人实力，政治手腕成熟。

他没有自己称帝，而是派遣使者到洛阳觐见皇泰主杨侗，接受隋室"大夏王"的册封，并结纳东都的实际掌控者王世充，以隋臣的名义征讨其他各路诸侯，开疆拓土；又积极外联突厥，获得大量的军援和资助，从而实力大增，在河北已无人可与其匹敌。同时，窦建德生活简朴，勤俭治国，他每餐只吃米饭青菜不吃肉，妻子穿的衣服都是粗麻旧布。

在治国理政和军事扩张方面，窦建德通过一系列的有效措施使得立国之初的夏国，国势日盛、实力大增，呈现一派蒸蒸日上的景象。

一，任用贤臣。窦建德非常注重任用贤明，而且不问出处，不论亲疏，只唯个人的政绩和能力。不管是和他一起打江山的老臣，还是新近归附的新人，甚至是战场上捉对厮杀过的仇敌，他都是一视同仁。

对于投诚的隋朝官员和将士，窦建德更是倾心接纳，委以重任，因为他知道这些人政治能力突出，政治资本丰厚，对于夏国的发展和建设有百般助益。窦建德任命隋朝黄门侍郎裴矩为左仆射，兵部侍郎崔君肃为侍中，少府令何稠为工部尚书，右司郎中柳调为左丞，虞世南为黄门侍郎，欧阳询为太常卿，其他的隋朝官员也按照才能授予官职，交付实权。对于确实不想归附的，或者想另投他人的人，宽仁的窦建德也从不阻拦，而且还给他们发放足够的钱粮，派兵护送出辖区。

从这些人事任命可以看出，窦建德志存高远，虽然此时窦建德已建国称王了，但毕竟是农民出身，手下的将领和大臣也多是起兵之时的乡党同伴，文化素质不高，也没有治国理政的能力，而任命的这些人很多都是隋朝的重臣名相，在治理国家方面有着非常丰富的经验。

二，兵略中原。王世充在洛阳毒杀杨侗，自立称帝后，尊奉杨侗的窦建德和王世充决裂，开始兵略中原。

窦建德兵锋南指，一路攻破沧州（今河北沧州市）、赵州（今河北石家庄市）、冀州（今河北衡水市）、邢州（今河北邢台市）和洺州（今河北邯郸市）。洺州位于今河北的南部，再往南就是河南的安阳了，窦建德只要再前进一步就将踏足中原大地。雄心壮志的窦建德为了更快、更直接地进逼中原，将都城从乐寿搬至洺州，俯瞰中原大地。

迁都未久，窦建德就结连突厥，南下进攻河南，很快就攻破了河南的安阳和滑县。已经踏足河南大地的大夏王没有停止前进的脚步，窦建德接着攻打卫州，占据黎阳仓，不但获得丰厚的粮草物资，而且还俘获了唐朝的淮安王李神通、唐高祖李渊的皇妹同安长公主和黎州总管李勣。

攻破黎阳仓后，窦建德兵锋深入中原腹地，兵势之盛当时几乎无人可以匹敌。割据兖州（今山东曲阜）称霸山东的义军首领徐圆朗也献地投降。此时的大夏国据有河北、山东以及河南北部地区，沃野千里、兵精粮足，达到了起兵立国以来发展的顶峰。

三，北攻幽州。武德元年（公元618年）十一月，窦建德收降易州（今河北易县）、定州（今河北定州市），攻陷冀州，目标直指北疆重镇——幽州。此时的幽州掌握在已经投降唐朝的燕王罗艺手中，窦、罗二人在幽州一带展开了经年的厮杀。

攻克冀州没多久，窦建德率领十万人马进犯幽州。罗艺想带领兵马出城迎战，被部将薛万均给拦了下来。薛万均建议罗艺诱敌深入，趁窦建德渡水来攻的时候再突施奇袭，击敌半渡。罗艺采纳了薛万均的建议，给了窦建德当头一击。随后，双方在幽州城下相互攻战百余天，窦建德始终无法击败罗艺，只好带领部队返回了乐寿。此一战使得窦建德占领幽州的计划彻底落空。之后，窦建德南下中原，没有再亲身染指幽州，其间只是派出小股部队实施偷袭，但基本上是无功而返。

时间来到了武德三年（公元620年）十月，这个时候李世民东征洛阳，和王世充在中原地区展开了厮杀，窦建德乐于看到鹬蚌相争，自己坐收渔利。

看归看，此刻的窦建德也没闲着，他率领大军又开始进攻已归降唐朝的燕王罗艺控制的幽州，想统一整个北方，但这一次窦建德仍然没有讨到便宜。窦建德第一次发起进攻，被罗艺和盘踞在渔阳的高开道联手击退，被迫撤离。

不甘心失败的窦建德马上卷土重来，率领二十万兵马再次围攻幽州，这次下了血本的窦建德决心不拿下幽州决不罢休；而幽州也在他的猛烈攻势下摇摇欲坠，甚至窦建德的士兵已经登上了幽州城头。关键时刻又是薛万均与他的兄弟薛万彻，率领一百名敢死队员挖地道出城，杀到窦建德军队的后方展开突袭，一举击溃了窦建德的攻击。损兵折将的窦建德只好再一次退军，返回洺州。

北攻幽州是英明的夏王窦建德在征战生涯中遭受的一次重大挫折。

四，收降孟海公。武德三年（公元620年）十一月，也就是在窦建德兵败幽州后仅仅一个月，窦建德亲率大军攻击山东境内的孟海公。窦建德进攻孟海公的战斗进展得不是很顺利，一直到武德四年（公元621年）二月，才彻底击败并收降了孟海公和他的武装。

## 三　虎牢之战——大唐统一之决定性战役

武德四年（621年）二月，窦建德在山东收降了孟海公。此时中原战场上的王世充大败亏输，被李世民围困在孤城洛阳，已经无法支撑，为了避免唇亡齿寒，窦建德决定亲自率军赴援洛阳。

未做任何休整的窦建德率领本部兵马，挟新降孟海公之威，直接从山东开拔，顺着黄河南岸水陆并进，一路攻克开封、郑州、荥阳，直逼虎牢关。

由于窦建德突然加入战团，中原战场的作战态势对李世民来讲瞬间逆转。一旦窦建德攻破虎牢关，眼前是一马平川，身处洛阳城外的唐军将无险可守。虽然王世充龟缩在洛阳城内，无力进攻，但仍一息尚存，如果窦建德突破唐军防线，与王世充合军一处，那对于李世民来讲只能前功尽弃，退出中原，退保关中。假如真面临这样的局面，面对这样重大的战略挫折，大唐王朝要实现统一天下的愿望就遥遥无期了。

屈突通、萧瑀等将领认为：中原征战已历时一年，士卒疲乏；王世充凭借坚城固守，急切间难以攻克；而且窦建德挟得胜之师，士气高涨，锐不可当。为避免腹背受敌，应该撤围洛阳，退保新安，占据险要之地以待时机。郭孝恪、李勣等则认为要继续围困洛阳，并快速前出虎牢，以逸待劳击溃窦建德，这样，失去支援的王世充自然也就会跟着败亡。

李世民该如何抉择呢？要知道在这千钧一发的时刻，任何决策的失误，都会导致难以挽回的严重后果。在冷静分析战场态势后，李世民做出了足以影响整个历史进程的正确抉择。

李世民对将士们说："王世充困守孤城，弹尽粮绝，上下离心，败亡指日可待。窦建德刚刚打败了孟海公，将领骄傲、士卒疲惫，锐气必将日渐消亡。我们应该东进占据虎牢，扼住他前进的咽喉。窦建德如果轻敌冒进，我们可一战降之。如果其犹豫不决，进退失据，那要不了多久，洛阳必被我们击破。到时候我军士气大振，集中全力进攻窦建德，那这一战我们可以一举击败两个劲敌。成败就看这一仗了。"

接下来战争进展的情况也确实和李世民所说的一模一样。

**决战虎牢关**

李世民留下李元吉、屈突通等人继续围困洛阳，自己亲率三千五百名精兵东奔虎牢。三月，李世民据守虎牢关，窦建德也领军进至虎牢东原，在板渚扎下大营。

一日，李世民亲率李勣、程知节、秦叔宝、尉迟恭这支史上最豪华侦察男团以及五百名精骑刺探窦建德大营。一路上，李世民沿路留下随行骑兵埋伏在道路两侧，分别让李勣、程知节、秦叔宝统领，身边只留下尉迟恭带同四名骑兵一起前往窦营。自信的李世民还不无炫耀地对尉迟恭说："我拿弓箭，公执长槊相伴，就算有百万之敌又能奈我何！"

李世民等六人来到窦建德营前，被巡营的哨兵发现了，窦建德派将领殷秋、石瓒率领五千人马追击。李世民带着尉迟恭故意徘徊慢行，引诱追兵，殷秋和石瓒哪肯放过李世民这条大鱼，一路追赶，被李世民诱至伏兵之所。埋伏在此的李勣、秦叔宝等人一跃而出，奋勇冲杀，窦建德的追兵哪抵挡得住这些猛将的突击，结果是大溃而逃，殷秋和石瓒也做了俘虏。

得胜回营后，李世民还不忘修书一封羞辱窦建德，劝他尽早退兵，别白白为了朝不保夕、反复无常的王世充丢了自己的身家性命。

接到李世民的书信，看到二将被俘，想到王世充又无力出战，刚开始西征时壮志满怀的窦建德开始犹豫了，而这一犹豫就是整整两个月的时间，不知道之前那个明断果决、善于“出其不意，攻其不备”的“高鸡泊好汉”哪里去了！

两个月的进退不决，出战不力，使得窦建德部队的锐气很快消亡。李世民又派遣王君廓率轻骑抄掠窦建德的粮道，截断了窦建德军队的粮草供应。这样一来，窦建德的部队更是士气全无，日夜思归。

这个时候，窦建德的国子祭酒凌敬献计道：“大王，您应该放弃救援洛阳，率领大军北渡黄河攻取河阳，然后再翻越太行山，进入上党（今山西长治），之后沿着汾水河谷进攻霍邑、临汾，直扑黄河，威胁关中。”好家伙，如果单从进入山西后的进攻路线来看，这和李渊晋阳起兵时一模一样，要是实施的话，可以称得上第三次“晋阳起兵”了。

不过这条计策实在是不按常理出牌，不走寻常之路。凌敬为了打消窦建德的疑虑，接着说出了三点好处：一是唐军主力此时在洛阳，山西防守必然空虚，取胜可以说是万无一失；二是开疆拓土、招兵买马，增强大夏国实力；三是出其不意，兵临河东，关中必然震动，洛阳之围也就自动解除了。

窦建德本来打算按照凌敬的建议行事，但是王世充听说此事后，害怕窦建德一走，洛阳很快就会陷落，于是让之前到窦营求援的侄子王琬日夜在窦建德面前哭泣，请求窦建德兑现承诺，尽快出兵救援洛阳，同时暗地里用金银财宝收买窦建德手下的将领中伤凌敬。

收受了王世充贿赂的将领在窦建德面前不断指责凌敬，说凌敬不过是一介书生，哪里懂得打仗，他的话是不能听的，还纷纷要求出战救援王世充。听信谗言的窦建德彻底抛开了凌敬的主张，着手准备与李世民进行决战。

那凌敬的计策到底如何呢？历史上这一幕没能发生，所以无法检验，但随后的一个小插曲却很能说明问题。窦建德返回家中，他的老婆听说此事后对窦建德说："祭酒计甚善。"窦建德却回应道："此非女子所知。且郑朝暮待吾来，既许之，岂可见难而退，且示天下不信。"唉！就连他的老婆都知道凌敬的计策甚善，窦建德却顾及所谓的"许诺"而不予以采纳。

五月，决定李世民、窦建德乃至王世充命运，决定中原大地归属，甚至是整个天下最终归属的虎牢之战展开了。

窦建德率领全军从板渚出牛口，兵临虎牢关城下，军队阵列连绵二十里，城头上的唐军看到这个阵势，心里都十分害怕。李世民亲自登城瞭望，鼓舞众将士说："敌人从山东起兵，劳师远征，如今逼近城关排兵布阵，又轻慢自大。我们此时只要按兵不动，时间长了他们的士气自然衰竭，到时候我们全力攻击，一定会取得胜利。我和各位保证，一过中午肯定能击溃敌人！"

窦建德看到李世民兵少又坚守不出，很是轻视。就连来窦营求援的王琬都是一副轻慢的态度，骑着青骢马，穿着金盔金甲，在唐军阵前耀武扬威。李世民看到后随口说了一句："他骑的真是匹好马。"尉迟敬德便直冲敌阵，活捉了轻慢自大的王琬，并牵着他的坐骑奔回唐营。窦建德的军士见状后更是一片哗然。

从早上到中午，窦建德的部队一直列阵军前，士兵们又饥又渴。由于对唐军的轻视，窦建德军也就放松了警惕，散乱地坐了下来，并争着抢水喝。也就在这争抢之间，窦军的阵营出现大乱，士兵们在疑惑之间都想着后撤。

一看到窦建德军阵出现松动，李世民抓住时机下令全军突击，直扑窦军阵营。此时窦建德大营内，群臣正在朝谒，一听到唐军骑兵突降，群臣们纷纷跑向窦建德。窦建德正想召集骑兵抵御唐军，却被群臣阻隔，难以前进。窘迫之际唐军已杀到阵前，无奈之下窦建德只能指挥部队后撤，再重新列阵。

此时的窦军已阵脚大乱，人心惶惧。战场上也是尘土飞扬、遮天蔽日。李世民亲自率领李勣、程知节、秦叔宝、李道玄等将领卷起旌旗，冲入敌阵，并从敌人的阵后破阵而出，将唐军旗帜迎风展开。

窦建德的士兵仓皇回撤，但抬头一看，大唐旌旗在阵后迎风飘扬，旗帜下面驻马屹立着威风凛凛的秦王李世民和他的一班猛将精兵，于是窦军瞬间崩溃，四散而逃。窦建德逃窜至牛口渚躲避，被追赶而至的唐军生擒，也应了那句“豆（窦）入牛口，势不长久”的谶语。

七月，窦建德被送至长安，李渊下旨处死。

**窦建德之失**

窦建德的失败确实很可惜。这位出身农家，起于草莽的大夏王，励精图治、勤俭建国，确是隋末乱世中少有的仁义有德、信守诺言的英雄之主，有两个例子很能说明窦建德的仁德。

武德三年（公元620年），中原战事已起，被窦建德俘获的李勣在这个时候逃归了大唐。李勣自己是跑了，但他的父亲李盖却仍然在窦建德手中。窦建德的大臣们就建议窦建德杀掉李盖，震慑那些想叛逃的人。窦建德却认为李勣不背旧主，是个忠义之臣，不但没有杀李盖，反而释放了李盖，让他们父子团聚。同样的，后来李渊遣使与夏国修好，并索要被俘的淮安王李神通和同安公主，窦建德二话不说，派兵护送李神通和同安公主返回大唐。

有时候想一想，作为乱世中的一个国君，窦建德的失败是不是也和他的仁义分不开？如果在虎牢之战的时候，他的手里仍然握有淮安王李神通、同安公主和李盖，不知道李世民和李勣在作战的时候会不会有所顾忌，而窦建德自己是不是也不会一战就兵败被俘了呢？

在攻陷赵州和邢州的时候，窦建德抓住了总管张昂、刺史陈君宾以及抚慰使张道源等人。由于他们之前的顽强抵抗，窦军遭受了很大的损失，盛怒下的窦建德想杀掉他们。凌敬就劝谏道："他们都是忠勇顽强的义士，现在因力竭而被俘，杀了这样的义士忠臣，还怎么勉励大王您自己的臣属呢？"

气头上的窦建德怒道："他们执迷不悟，始终不肯投降，害得我折损了许多将士，怎么可以赦免他们呢！"直言敢谏的凌敬又劝说道："您当时派大将军高士兴在易水抵御罗艺的时候，罗艺的军队才刚到，高士兴就投降了，您觉得是不是要这样才行呢？"这句话让窦建德恍然大悟，于是下令放了张道源等人。好一个宽容厚德、从谏如流的大夏王啊！

那么是什么原因让窦建德这么快就失败了呢？客观来讲，虎牢一役窦建德的兵败被俘确实有很大的偶然和意外成分。仅仅一仗就彻底失败这确实太过于突然，太快了，快得连战场都只处在郑国地界，唐军甚至连夏国的领地都没能望见。但是偶然之中又包含着必然，让我们跳出虎牢之战来梳理一下夏王之失。

听信谗言，滥杀有功之臣。一代豪杰窦建德也难逃历史的宿命，做了夏王，称了天子后，随着环境的改变，窦建德的心态也慢慢变了，他的失败是从听信谗言，听不进谏言开始的。

窦建德手下有一员大将叫王伏宝，跟随窦建德征战多年，勇冠三军，功绩在诸将之上，结果遭到诸将忌妒，诬说他谋反。窦建德听信谗言将王伏宝杀死。王伏宝临死的时候，高声说道："我无罪，大王何以听信谗言，自斩左右手。”

如果王伏宝是窦建德的左手，那宋正本就是他的右手。宋正本初为隋朝饶阳县令，博学多才、善断多谋，也正直敢谏，是最早归降窦建德的隋朝官员，窦建德也非常信任器重他。宋正本忠心辅佐窦建德，助他平宇文化及，擒李神通、李勣，建立大夏国。但做了国君后的窦建德开始好大喜功，听不进逆耳忠言，而宋正本的为人又正直刚烈，经常直言进谏，很不给窦建德情面，后来，窦建德同样听信小人谗言将这位正直的老臣给杀掉了。

窦建德杀了两位最忠勇的文臣武将，也就自断了自己的左右手。

战略失策，贻误援郑最佳时机。武德三年（公元620年）七月，李世民率领大军东征王世充。这个时候，窦建德是乐意看到李世民和王世充两强相争的，这样他就可以坐山观虎斗，坐收渔利。

本来在窦建德眼里，王世充和李世民是两个势均力敌的对手，中原战况一定是惨烈无比，但结果完全出乎窦建德的预料之外，王世充根本抵挡不了李世民的进攻，郑国失地千里，所属的州县不是被攻破，就是献城投降，控制范围越来越小，人马也越打越少。无奈之下的王世充只能派遣王琬到河北请求窦建德出兵救援。

之前因为废黜并毒杀皇泰主杨侗事件，窦建德公开宣布和王世充断交，后来双方还在黎阳大打出手，结下了梁子，窦建德对于发兵救援郑国还是相当犹豫的。

这个时候窦建德的中书舍人刘斌对他分析说：“现在唐国占据关中，郑国占据中原，大王您占据河北，这是三足鼎立，相互对峙的局面。唐全力攻打郑快两年时间了，现在郑国的形势可以说是岌岌可危，照这样发展下去，李世民必然击败王世充，而一旦王世充被击败，三足鼎立的局面将被打破，到时候挟着击败王世充，占据中原的余威，兵锋正盛的唐军一定会全力对付我们，那就不好办了。大王您现在不如发兵救援王世充，趁着王世充现在还有抵抗的力量让他在里边抵御，我们在外围进攻，这样内外夹攻，一定能打败李世民。”

完美的外围增援，中心开花的战略战术，完美的鼎足而立，三分天下的战略设想，窦建德也非常赞同，但执行起来却大打折扣。

窦建德没有发兵援郑，只是做了两件事，一是派出使者到洛阳与王世充结盟，二是派出使者到李世民处要求退兵。都是口头上的动作，而没有实际上的行动。

窦建德没有发兵救援王世充，那他在做什么呢？难道真闲在洺州？当然不是，窦建德仍然心心念念着幽州，他的图谋是乘着中原混战，向北攻略他梦寐以求的幽州，统一中国北部。按照窦建德的战略设想，在平定幽州，稳固后方后，他再集中全力南下中原，以争天下。

于是，就在当年的十月发生了窦建德、罗艺之间的幽州之战。但此时的窦建德在诛杀王伏宝、宋正本等开国功臣之后，已失去了立国之初的锐气，被罗艺、薛万均等人击败，损兵折将，只得南归洺州。

北边折了锐气之后，窦建德该西进救援王世充了吧？因为这个时候王世充的形势在逐渐恶化，再不救援的话恐怕他支撑不了多久。可惜的是，窦建德仍然没有西进救郑，而是选择东向讨伐孟海公。

十一月，窦建德亲率大军渡过黄河征讨孟海公，直到武德四年（公元621年）二月才击败并收降了孟海公。但就在这短短的三个月时间内，王世充的形势急转直下，经历了邙山惨败后，实力损失殆尽，几乎只剩下洛阳这座孤城苦苦支撑，局面实在难以挽回。

从武德三年到武德四年这几乎一整年的时间里，窦建德其实有很多机会发兵救援王世充，也有很大的可能击退唐军。曾经有段时间，唐郑战事胶着，旷日持久，形势一度相当困难，李世民手下的众多将领都信心不足，产生了厌战心理。而突厥的处罗可汗也准备大举进攻唐境，将新兴的大唐扼杀在摇篮当中。这个时候，李渊甚至已经下诏让李世民罢战回军，但经不住李世民和封德彝的劝谏，这才收回了撤军的诏命。

在这期间，窦建德如果能够派出增援部队，袭击李世民的后背，并与王世充里应外合，李渊就很可能会选择罢兵。

不听谏言，轻敌冒进，导致一战满盘皆输。虎牢大战展开之前，凌敬劝他放弃正面攻击李世民，采取迂回作战的策略，绕到唐军的侧翼，进攻山西，并直扑黄河，威胁关中，进而迫使李世民撤围洛阳。可惜窦建德没有采纳这条出其不意的妙计，而是选择押上全部身家和李世民展开虎牢决战。

但整个虎牢一役，窦军上下都对唐军十分轻视，作战准备又不充分，军纪废弛，阵型散乱，结果被唐军抓住有利时机一阵冲杀，瞬时崩溃。

当然窦建德失败的最主要原因，我认为还是遇到了对手，这个对手就是李世民，他的果敢坚决、自信无畏是窦建德无法比拟的。

# 第四篇
# 平定南北

李密、窦建德、王世充的失败，意味着大唐已彻底平定中原大地。此时的大唐已经据有了关中、巴蜀、陇右、河东、中原和华北等地区。虽然由于窦建德失败得太快，太过于意外，华北形势还不太稳定，但其余地区已经被大唐牢牢掌控。

此时，李渊的斗争目光移向了南方，移向了盘踞江陵，据有荆楚、岭南、江左的萧铣。

# 第十一章　王孙公子叹无缘

平定中原之后，李渊要实现统一大业，下一个要打通的关键节点自然是“九省通衢”的湖北及其所处的江汉平原。控制了江汉平原，向东可以顺长江而下，直取富庶的江南地区，向南可以经略两广和云贵，整个南中国也就尽在掌握了。

此时横挡在大唐通关道路上的是皇族后裔萧铣及其复立的梁国，胜地千里，带甲四十万，实力不容小视。

## 一　萧铣江陵复国

萧铣是南梁武帝萧衍的六世孙，真正的皇室子孙。公元502年，萧衍取代南齐和帝萧宝融，建立南梁，史称梁武帝。南齐和南梁的皇帝都姓萧，虽然他们之间不是直系血缘关系，但属于同宗，都出自江南望族兰陵（今江苏丹阳）萧氏，有一个共同的祖先，西汉开国宰相萧何。

萧衍在位近半个世纪，是南北朝时期在位最长的帝王。其生涯前期励精图治、大力改革，政绩斐然，开创了南梁，也是东晋以来南朝发展的最繁荣阶段，但跟很多帝王一样，萧衍在后期就逐渐腐朽堕落了。公元520年，萧衍改元“普通”之后，他的作为真的就越来越普通了，沉迷佛教，不理朝政，曾经四次投身同泰寺出家，都被大臣们用重金赎回，真不知他演的是哪一出。

公元548年，南梁发生“侯景之乱”，萧衍被侯景饿死在建康（今江苏南京），他的儿子萧绎在江陵继位称帝，史称梁元帝。当然，这种非正常的权力交接必然导致争夺和屠戮，萧绎开始屠杀那些可能会对他继位造成威胁的兄弟子侄们，其中就包括萧衍的嫡长孙，镇守长沙的萧誉。

萧绎派大军攻陷长沙，杀掉萧誉。之前，萧誉的弟弟萧詧镇守在襄阳，发兵救哥哥，也被萧绎击败。看到自己随时面临被屠戮的危险，又无力进行抵抗，萧詧就连同襄阳一起归降了西魏。

后来萧绎击杀侯景，平定了“侯景之乱”，一连串的胜利让萧绎开始自我膨胀，开始横挑北边的强邻西魏，结果自然是“自作孽，不可活”，西魏大举南征，很快就攻陷江陵，擒获了自高自大的萧绎。

西魏把萧绎交给萧詧处置，面对这样的毒蛇叔父，萧詧自然也没有手软，用麻袋把他给压死了。萧绎的死确实没什么好可惜，但他在江陵城破前做的一件事，却造成中国文化史上的极大的损失，他将梁武帝萧衍耗费近半个世纪心血收藏的十四万册珍贵典籍，一把火全部焚毁，其中很多是绝版珍本、孤本，实在是太可惜了。

萧詧在西魏的支持下在江陵继位南梁皇帝。但是萧绎手下有个大将王僧辩，拒绝承认萧詧这个傀儡皇帝，改立梁武帝萧衍的侄子萧渊明为皇帝。再后来王僧辩手下的大将陈霸先，杀死王僧辩，驱逐萧渊明，又改立萧方智为南梁皇帝，最后索性连萧方智也杀掉，自己做起了皇帝，改国号为陈，这就是史称的南陈。

此时的萧詧仅仅统治着江陵这一小块土地，作为北周的尾巴国继续存在着，史上称之为西梁（也称后梁）。西梁后来又历经了两代，分别是明帝萧岿和靖帝萧琮，公元587年，隋文帝杨坚废除西梁，西梁因此而灭亡，共存世32年。

萧铣就是西梁开国皇帝萧詧的曾孙，但到萧铣这一辈基本就破落了，史书上记载萧铣家里很穷，但他为人很孝顺，“事母至孝”，又很爱读书。后来隋炀帝杨广继位，因为杨广的萧皇后是萧铣的堂姑，萧铣也就以外戚的身份被封为罗川（今湖南湘阴县）令。

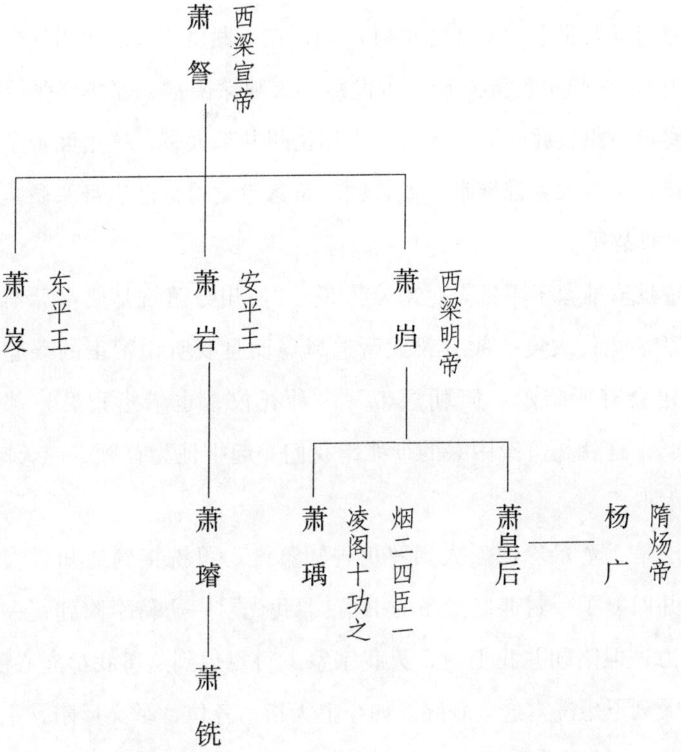


萧铣家世图谱

萧铣在罗川当着一个小小的县令，爱读书、守孝道，当朝皇后又是自己的堂姑，如果此时天下太平，胸有大志的萧铣将来封侯拜相也未可知。但恰逢乱世，群雄逐鹿，作为皇室后裔，而且西梁失国不远，父辈还仍然是皇帝的萧铣，估计他的梦想就不仅仅只是当个将相，在他心里一定埋藏着一个光复西梁、位居九五的皇帝梦。

但是此时的萧铣还远远达不到聚众起兵，甚至割据称帝的实力，他只是一个小小的县令，一没有土地，二没有兵力，既不是李渊、王世充这样手握重兵的一方诸侯，又不是窦建德、孟海公这样的绿林好汉、地方豪强，也不是刘武周、李轨这样的领兵武将、当地门阀。但这个时候上天给了他一个机会，让他能够快速地扩张实力。

隋炀帝大业十三年（公元617年），在离罗川不远的岳州（今湖南岳阳市），岳州校尉董景珍、雷世猛，旅帅徐德基、郭华、张绣等人一起商量，想趁此时天下大乱，占据岳州共举大事。这里面董景珍职务最高，于是大家都推举他做首领。董景珍觉得自己出身寒微、资望不够就推辞了。

董景珍推荐了萧铣。他对众人说："罗川令萧铣是梁室后裔，为人至孝，宽仁大度，颇有梁武帝遗风。而且我听说帝王的兴起，老天一定会有所暗示，隋朝冠带（一种礼仪，也借指官员）都称为'起梁'，这就是萧氏中兴的征兆，我们一起推他为首领，应天顺人，必成大事。"

于是，董景珍便派人到罗川告知萧铣。萧铣接到通知后当即允诺，并回复了一封慷慨激昂的书信："我先君一心侍奉隋朝，一直尽心尽力，但隋朝并我土地，灭我宗室，每每想到这事我都痛心疾首，无时无刻不想洗雪这个耻辱。如今上天指示各位，举义反隋，重续我梁朝正统，我梁室先帝一定会福佑大家，让我们一起干吧！"随后萧铣也于罗川招兵买马，以"讨贼"的名义聚众起兵，实则是响应董景珍。

从萧铣的起兵就可以看到，虽然他被董景珍等人推荐为首领，但大家只是想借用他皇室后裔的名号，以及萧梁氏在荆楚大地的名望来收附民心。换句话说，这些人都不是萧铣的"自己人"，同富贵估计可以，共患难则不一定了，这也为萧铣最后的失败埋下了伏笔。

没过多久，萧铣这个"讨贼"的名义就打不下去了，还没等他开始"讨"呢！贼就自动找上门来了。

颍川郡（今河南禹州）的贼寇沈柳生，率领人马一路南下，进犯罗川县。此时的萧铣仅仅占据着一县之地，兵微将寡，根本抵挡不住在中原经受过战火洗礼的沈柳生，看来这个贼是没法讨了，干脆直接和属下摊牌，改讨贼为起义。十月，萧铣在部属的拥立下，自称梁公，起兵反隋。

萧铣树起反隋大旗后，第一个归附之人就是沈柳生，看到这么一支经过战火考验的义军来投，萧铣非常高兴，任命沈柳生为车骑大将军，总揽军事。实力大增的萧铣传檄梁之故地，不到五天，附近郡县都争相归附，很快人马就达到了数万。小小的罗川县已经容不下这么庞大的队伍了，于是，萧铣便率领部属前往岳州，与董景珍汇合。

萧铣派遣沈柳生率领所部兵马先行出发，负责前导，他自己带领大部队作为中军，紧随其后。谁知道就是这样很正常的行军安排，竟然出了大问题。

董景珍听说梁公来了，派遣徐德基、郭华等数百人前去迎接，当然首先碰到的就是作为前导的沈柳生，结果坏事就坏在这个首附之人沈柳生身上。沈柳生看到岳州兵马强盛，就动了歪心思，他与心腹部下商议说："梁公起兵的时候，我是第一个归附之人，按理说功勋肯定是位居第一。但现在看来，岳州兵强马壮、兵精将广，他们肯定不愿意位居我之下，不如趁他们未做准备，杀掉徐德基等人，然后挟持梁公进占岳州，并其兵马，到时候我就是首功之人了，没有人会比我的地位更高了。"

想到做到，沈柳生杀死徐德基后，前往中军禀告萧铣，并和盘托出他的作战计划。发生了这么大的事情，萧铣感到非常吃惊，刚开始就产生内讧，今后还可以一起愉快地玩耍吗？他厉声对沈柳生说："身处乱世，我们应该团结一致，共同拨乱反正，现在一开始就自相残杀，还能成什么大事？我当不了你们的君主了！"随即走出军门。

沈柳生害怕了，赶紧伏地请罪，萧铣将沈柳生训斥一番后原谅了他。

萧铣原谅了沈柳生，但董景珍不可能饶恕他。进城后，董景珍对萧铣说：“沈柳生擅自杀害徐德基，如果就这样随便原谅了他，以后还怎么治理国事。而且像沈柳生这样的强盗出身，江山易改、本性难移，如果不诛杀这样的凶狠之徒，今后共处一城，肯定会祸患无穷。”萧铣采纳了董景珍的意见，下令斩杀沈柳生，沈柳生的党羽都溃散而去。

什么事都还没做呢，就因为内讧折损两员起兵的将领，逃散了许多士兵，而且军队内部必然因此产生裂痕。萧铣的队伍不好带啊！

当月，萧铣在岳州城南筑坛，焚香祷告上天，自称梁王。现在看来一片歌舞升平，似乎沈柳生事件的影响被彻底遗忘了，但只能说事业初兴，一切都跟烈火烹油、鲜花簇锦似的，大家都忙着分封赏赐，加官晋爵，很多矛盾都被眼前的利益给掩盖住了。

武德元年（公元618年）三月，萧铣更进一步，在岳州自立称帝，建立梁国，并按照梁朝旧例设置官署，大封群臣。只用了一年时间萧铣就复国成功，重续梁室，然后是大封群臣，将董景珍、雷世猛、张绣等都封为王爵，招岑文本为中书侍郎，委以诏令文书等机密重托。

称帝后的萧铣开始传檄四方，诏讨天下。四月，萧铣派遣张绣南下攻取岭南（现今的广东、广西地区），交趾（今越南北部）太守丘和、钦州刺史宁长真等纷纷献城投降。随后，萧铣又派兵东向，击败割据江西的林士弘，占领了豫章郡（今江西省南昌市），拓地千里。

当然，对于萧铣来讲，他的梦想是恢复祖业，重建西梁，江陵故都则成为他最主要的目标。没过多久，萧铣统率大军沿着长江一路西进，兵锋所向，望者披靡，很快就达成心愿，夺取了祖宗基业——江陵，并将都城由岳州迁至江陵。

此时的萧铣意气风发，他开创的梁国也达至最强盛时期，西起三峡，东到九江，南达越南，北至襄汉，比西梁国仅占有的江陵一郡不知大了多少倍，而且兵多将广，主力作战部队人数达到四十余万。

## 二　王孙公子叹无缘

迁都江陵后，野心勃勃的萧铣继续西向，他看上了“天府之国”——巴蜀。

武德二年（公元619年）八月，萧铣溯江而上攻击唐朝的峡州（今湖北宜昌），被峡州刺史许绍击败。没过多久，不甘心失败的萧铣派出大军再次攻击峡州，准备入图巴蜀，但仍被许绍击败。

武德三年（公元620年）三月，李渊开始反攻，因为此时薛举父子、李轨已相继平定，关中形势基本稳定，刘武周、宋金刚也被李世民打得节节败退、濒临灭亡。李渊诏令赵郡王李孝恭和李靖带兵进攻萧铣，但是之后，由于李世民带兵征讨王世充，中原战场战事胶着，李孝恭、李靖未能展开进一步的攻击。

### 梁国内乱

虽然由于中原战事兴起，李孝恭、李靖这次征讨萧铣草草收场，没有收到成效，但没想到此时的梁国自己内部却出了大问题，之前埋下的诸多隐患全部暴雷。

前文提到过，萧铣起兵的时候，手下主要将领，比如岳州的董景珍、雷世猛等基本上都不是“自己人”，而且还出现沈柳生斩杀徐德基这样恶劣的事件，虽然立国称帝后的大加封赏一时掩盖住了内部矛盾，但迟早是会暴发的。

随着时间的推移，萧铣对这些“非自己人”的将领越来越难以控制，为了防止他们擅兵专权，威胁到自己的统治地位，萧铣想到了一条“妙计”，那就是进行裁军。

武德三年（公元620年）十一月，萧铣宣布削减兵员，让他们回乡务农，他以为靠这一招可以剥夺手下将领的兵权。真不知道这条计策是谁替他想出来的！身逢乱世，四周都是如狼似虎的割据诸侯，大家都在努力招兵买马，扩充实力，萧铣却反其道行之，进行裁军。

如果萧铣的本意是削夺将领的兵权，确保自己的统治稳固，那么其实只需要拿几个出头的将领开刀，或杀或免，以儆效尤，或者将擅权将领的兵权收归己有，这样做都可以达到他想要的目的，完全没必要"裁兵务农"，因为这很容易造成军心不稳。恰逢乱世，很多人从军一则为避祸，二则为谋生，你将这些"职业"军人裁员，相当于打破了他们的铁饭碗，必然心生怨念，如果别有用心的人一煽动，很容易引起兵变。

而事情的发展也确实与萧铣的愿景背道而驰。大将董景珍的弟弟对于萧铣裁军的做法非常不满，就煽动士兵谋图作乱，但行事不密，被萧铣得知后给杀掉了。

因为董景珍手握重兵，镇守长沙，萧铣怕他为弟弟报仇，起兵作乱，就写了一封赦免他的信，想将他召到江陵来。董景珍肯定不能上这个当，去到江陵那还不是要杀要剐随您了。董景珍于是派遣使者前往李孝恭处，表示愿意归降唐朝，共同攻击萧铣。

李渊收到董景珍希望归降的消息后诏令峡州刺史许绍出兵接应。而许绍也确实仅仅是"接应"了一下，出兵攻占荆门镇，但后来也不打了，只是紧守住峡州。

大家也许会好奇，面对这么好的机会，李渊为什么只是让许绍"接应"，为什么不命令李孝恭、李靖大举进兵，与董景珍前后夹击，迅速平定萧铣呢？

从前文我们知道，武德三年（公元620年）是唐朝建立后非常关键的一年。四月，刚刚平定刘武周、宋金刚；七月，与王世充的郑国展开中原大战，战事旷日持久，因为涉及中原地区的归属，对今后唐朝国势的走向有着决定性影响。李渊在这场关键战役中投入了大量的战斗兵员和将领，像屈突通、秦叔宝、程知节、李勣、罗士信等大将都跟随李世民出征。

战事的后期，王世充更是求援窦建德，王、窦二人已经形成事实上的同盟，准备里应外合，共同应对李世民的进攻。这个时候李渊别说是发大军征讨萧铣了，能够守紧门户抵御住萧铣的进攻都算不错了。

不过正是由于董景珍的反叛，萧铣也没有精力去攻打李孝恭、入图巴蜀，要不然的话，相当于同一年，李渊要横挑王世充、窦建德、萧铣三大强劲对手，那可真是够热闹的。

听到董景珍叛降唐朝，萧铣派遣张绣攻打董景珍。张绣是和董景珍一块在岳州起兵的老战友，董景珍就用汉高祖刘邦杀彭越、韩信，兔死狗烹的典故劝喻张绣。

张绣没有回应老战友，继续带兵围城。因为没能得到唐朝足够的支持，董景珍不能支撑，兵败后带领溃众突围而走，随后被其部下杀死。不过，对老战友痛下杀手的张绣结果也不好，因为平叛有功，张绣居功自傲，被萧铣找了个机会给杀掉了，还真应了兔死狗烹这个典故。

经过董景珍和张绣事件后，梁国内部裂痕重重，君臣将领之间貌合神离，相互猜忌，国势也就一天天衰弱下去了。

### 江陵之战

武德四年（公元621年）二月，李靖献上十条平萧铣的计策，同时，唐朝的各项伐梁准备工作也在陆续展开。李渊任命李孝恭为夔州总管，大造战船，训练水军，同时在巴蜀地区大量征兵，作好伐梁的军事准备；又任命李靖为行军总管，兼任李孝恭的长史（相当于总参谋长），全面掌管军事工作。

十月，在完成各项准备工作和平定王世充、窦建德之后，李渊下诏征讨萧铣，并分四路大军同时展开进攻。

第一路，任命李孝恭为荆湘道行军总管，李靖为行军长史，从夔州（今重庆奉节）沿长江顺流东下；第二路，任命庐江王李瑗为荆郢道行军元帅，由湖北襄阳南下江陵；第三路，诏令黔州刺史田世康取道辰州（今湖南怀化），北击萧铣。第四路，诏令黄州总管周法明由夏口（即今湖北武汉）溯江西进。

腾出手来对付萧铣的李渊，这次是志在必得，四路大军分东西南北四个方向展开围攻，当然，主力攻击部队是李孝恭、李靖的西路军。

当月，长江正值涨大水，从巴蜀出川经水路到湖北，一定要经过长江三峡，涨大水时节在天险三峡水路行军，危险系数是相当高的。

众将领于是请求等长江水退后再进军，但李靖不同意，他对李孝恭说："兵贵神速，现在我们的兵力刚刚调集完毕，萧铣还蒙在鼓里，而且现在是涨水时节，萧铣更难以料到我们会在这个时候发起攻击，肯定未做任何防备。如果我们出其不意，迅速进军至江陵城下，必能生擒了萧铣。"李孝恭听从了李靖的意见，率领二千多艘战船顺江东下。

正如李靖所说，萧铣因为长江发大水，未作任何防备，李孝恭军很快便攻克了夷陵、宜都二镇（今属湖北宜昌）。萧铣派遣数万精兵驻扎在清江口，抵御唐军，但被李孝恭击败。唐军一路东进，很快兵临江陵城下，在长江的南岸扎下营寨。

萧铣没想到裁军务农的后果这么快就体现出来，梁军一溃千里，唐军兵临城下，这个时候江陵城里只有区区几千名守城士兵。

看到唐军压境，惊慌失措的萧铣才想起征兵，但这些士兵大部分都在江左和岭南，路途遥远，仓促之间很难及时赶到。萧铣只能将手头现有的所有兵力集中起来，迎战李孝恭，寄希望于击退唐军，然后固守待援。

李孝恭也看出来萧铣的打算，因而准备迅速出击，想一战击溃萧铣。李靖却劝阻道："萧铣在这么短的时间里，肯定没有做好详细的作战计划，这个时候如果我军主动攻击，敌人只能拼死抵抗，楚兵又剽悍勇猛，拼死一搏的话还真不易抵挡。我们不如暂缓进攻，等待守军兵力分散、斗志松懈，再乘势发起进攻，这样一定能够取胜。"

李孝恭没有听从，带领大队人马出战，果然战败，只有退还长江南岸。萧铣的部队在取胜后不进行追击，而是去哄抢唐军丢下的军资器械。留守大营的李靖看到这个情况，敏锐地抓住梁军阵容紊乱的有利时机，率军猛攻。梁军大败，李靖乘胜攻入江陵外城，将江陵城团团围困。

在攻占江陵外水城的时候，唐军缴获大批船舰，李靖让诸将领把所获船舰散弃于长江，让它们顺江漂走。大家都很不理解，认为缴获的战利品，应当好好利用，这样散弃掉，那不就等于资敌了嘛！

李靖对诸将解释道："萧铣的地盘很大，南到岭南，东到九江，现在萧铣困守孤城是因为手下的兵太少了，但他已经征召各地的援兵了。我们放弃这些船舰，让它们顺江而下，那些应征援军在路途上见到了，肯定会疑心江陵城是否已被攻破，一疑心他们就不敢轻易进军，会派出人马打探，这样我们就会获得充足的时间来攻取江陵城。"

事情果然被李靖说中了。萧铣各地的援兵见到长江上散落的船舰，果然犹豫不决，纷纷停止前进，驻足观望。

本来这个时候还有一支部队能够解萧铣的燃眉之急，那就是交趾太守丘和和长史高士廉率领的交趾兵团，但是他们走到半道上，得知萧铣节节失利，困守孤城后，连江陵城都没有进，直接跑到李孝恭军前投降了。

丘和是唐将丘行恭和丘师利的父亲，大业末年被隋炀帝杨广任命为交趾太守。隋炀帝被弑后，由于路途遥远，资讯不发达，丘和迟迟没有收到消息。

萧铣派人前来招降，丘和一直没有同意，于是萧铣派兵征讨，但被丘和的长史高士廉打得大败而逃。后来丘和收到隋炀帝已死，隋朝已亡的消息，打算投降李渊，但因为山高水远无法联系上，就权且依附了萧铣。

高士廉是李世民长孙皇后的亲舅舅。长孙皇后的父亲、隋右骁卫将军长孙晟，在长孙皇后八岁的时候就过世了，高士廉将长孙皇后抚养长大，可以说他们之间的关系已经远远超过甥舅关系，几乎相当于父女关系。

可以看出，丘和、高士廉与李渊、李世民之间的关系实在是太紧密了，他们依附萧铣完全是权宜之计，只要时机得当，肯定会背弃萧铣投唐而去。但这一权宜就是近四年的时间，让人不能不怀疑，这是李渊和丘和、高士廉之间达成的某种默契和协议，因为过早地暴露叛梁投唐的意图，肯定会招来萧铣疯狂的围剿，在时机不成熟的情况下，很容易得不偿失。

### 王孙公子的覆灭

李孝恭、李靖包围了江陵，此时的萧铣困守孤城、内外交绝，已经没有任何办法扭转时局了，岑文本就劝他投降。

看到局面已无法挽回，萧铣对他的大臣们说：“上天不保佑我梁室，现在已经无法再支撑了，如果再打下去，受到伤害最大的还是老百姓，不能因为我一个人的缘故让百姓遭受厄运。”

十月底，萧铣在太庙祭告祖先后开城出降，守城军民无不痛哭流涕。萧铣带领群臣，身穿丧服来到唐军营门前，并对李孝恭说："要杀就杀我萧铣一个，老百姓没有罪，希望不要屠杀抢掠。"李孝恭就将萧铣押送长安交由李渊发落。

唐军进城后，将领们都想纵兵抢掠，岑文本劝李孝恭说："江陵的百姓，从隋末以来，饱受战祸之苦，十室中难以生存一室。他们都期盼贤明的君主出现，好让他们可以从此安定下来，这也是他们归降大唐的原因。如果纵兵抢掠，恐怕梁国其他未归附的地区，就会拼死抵抗。"李孝恭认同了岑文本的意见，立即下令禁止抢掠。

后来，诸将领又想杀死那些誓死抵抗的梁国将士，并抄没他们的家产，用来赏赐唐军，但又被李靖阻止，于是江陵城中秩序井然，唐军秋毫无犯。其他未归附的州县听闻后，纷纷上表请降。几天后，那些从各地匆匆赶来赴援萧铣的十几万梁军，看到萧铣已降，也都自动放下武器投降了。

萧铣被送至长安后，李渊斥责萧铣的罪责。萧铣也不愧是皇室子孙，回答得不卑不亢、气节凛然："隋失其鹿，天下共逐之。铣无天命，故至此；若以为罪，无所逃死！"毫不屈服的萧铣也惹恼了李渊，被李渊下令在闹市中斩杀。

仅仅不足一个月的时间，立国近五年的萧铣就兵败身死，让人真是意想不到，不过李渊这次对萧铣的处理却没有体现出一位帝王应有的大度。面对这么一位仁孝的皇族后裔，因为体恤百姓，放弃抵抗举城来降，而且萧铣以前和李渊并无深仇大恨，唐、梁两国也并未大动干戈，李渊就因为萧铣不肯屈服而杀掉了他，确实不太应该，萧铣真的死得挺可惜的。

可怜公子与王孙。无天命，叹无缘的萧铣，他的失败其实在起兵之初就已经注定了，虽然他是皇室后裔，但并没有表现出能够建立宏图大业的能力和实力。

首先他没有牢牢掌控他的将领和部队。那些手握重兵的将军们并不是他的亲信，这对一位帝王来讲是非常致命的。虽然后来他杀董景珍、张绣等，试图掌握军权，但效果并不好，只能采取“裁军务农”这种近乎自杀的方式，来削夺那些擅权将领的兵权。很快这种做法就产生恶果，在李孝恭、李靖大举进攻江陵的时候，他手头根本就没有足够的兵力进行抵抗，从其他地方调兵也已经是远水解不了近渴了。

其次是没有效忠自己的武装力量和亲信之人。萧铣分封的王基本上是异姓王，是岳州小圈子成员，而且都手握重兵，但这些人对萧铣未必忠诚。那么萧铣的亲信或者说萧氏族人都上哪去了呢！要知道兰陵萧氏除了是皇族之外，更加是世家大族、地方门阀，而且在南北朝及隋唐时期人才鼎盛，比如萧瑀，就是萧铣的族叔，但可惜的是他为李渊效命。

平定了梁国之后，华北、中原、江汉、岭南已经连成一片，加上关陇和巴蜀，大半个中国已在唐朝的控制之下。而且随着李密、王世充、窦建德、萧铣的失败身死，李唐王朝一统天下最强劲的四个对手也被一一扫清。历史也是挺有意思的，这四个对手分别对应四种不同类型的人，萧铣是皇族后裔，李密是贵族世家，王世充是士族官宦，窦建德是寒族子弟，而历史在这个特定的阶段最终选择的仍是以李渊为代表的关陇集团。

到目前为止，唐朝只剩下江南和华南等少部分地区还没有实现统一，可以说形势一片大好。但很多事情不可能一帆风顺，中间都会有反复的过程，这个时候，河北就出现了严重的反复，阻滞了唐朝南下江南，进而一统天下的历史步伐。

# 第十二章　河北的最终平定

在干掉最主要的四个竞争对手，夺取大半个中国，统一曙光初现的时候，窦建德的旧将刘黑闼在河北突然发难，内部召集窦建德旧部兵连徐圆朗，外部勾结突厥，先后击败了李勣、李神通等众多大唐战将，很快便席卷了整个河北。

刘黑闼的凛冽兵锋、嚣张气焰使得李渊不得不分两次派出秦王李世民和太子李建成予以征剿，历时近两年，直到武德六年（公元623年）初，才彻底平定河北。

## 一　李世民一征刘黑闼

刘黑闼，贝州漳南人，是窦建德的正宗老乡，而且两人还是发小，打小一块玩泥巴长大，感情不是一般的好。刘黑闼家里穷，又酷爱赌钱，输了钱还经常耍无赖，很有点泼皮破落户的感觉。不过，一般来讲，爱赌钱的人胆子都挺大，喜欢投机取巧、冒险刺激，刘黑闼就具有这种典型的赌徒性格。

后来天下大乱，义军蜂起，刘黑闼投奔了山东义军首领郝孝德。胆大的刘黑闼作战勇猛，很得郝孝德信任。没过多久，郝孝德被隋朝大将张须陀击溃，刘黑闼又归降了李密，同样由于勇猛善战、悍不畏死，被李密任命为裨将，成为一员瓦岗战将。李密战败后，刘黑闼投降了王世充，被王世充委以重任，出镇郑国的“边疆重镇”——河南新乡，但没过多久，刘黑闼就弃王世充而去，率众投奔了他的发小——夏王窦建德。

**夏王的神勇大将**

关于刘黑闼投奔窦建德，历史上有两种说法：一是因为刘黑闼不齿于王世充的奸诈所为；二是因为李勣在被窦建德俘获后，时刻想着回归大唐，在走之前为了报答窦建德不杀之恩，率军攻打王世充的新乡，抓住刘黑闼献给了夏王。

我觉得这两种说法都有问题。泼皮破落户刘黑闼应该没这么高的觉悟，他比王世充的为人也好不到哪儿去。而这个时候的李勣也打不过刘黑闼，因为在后来刘黑闼起兵反唐的时候，李勣根本不是刘黑闼的对手，被打得大败而逃仅以身免，更别提这个时候做了窦建德俘虏的李勣了。

看到自己的发小来投，窦建德自然非常高兴，立马封刘黑闼为汉东公、大将军。

这么一数，刘黑闼效力过郝孝德、李密、王世充、窦建德四位首领，而且都身领要职，可以看出刘黑闼确实是个胆子大、脸皮厚的投机分子。但他也确实有实力、有能耐，勇猛善战，又由于在李密、王世充这些“雄主”手下混过，养成了圆滑险诈的性格。

每当窦建德有所征战的时候，都会派遣刘黑闼进入敌营刺探军情，而每一次刘黑闼都能凭着能耐和各种手段摸清敌人虚实，也每每乘敌不备，攻敌不意，击败众多对手，收服众多兵马，由于战果丰硕，窦建德军中都称刘黑闼为“神勇大将军”。

武德四年（公元621年）五月，窦建德在虎牢关被李世民俘获，夏国覆灭。这一次我们的“神勇大将军”没有选择投降，而是跑回了老家漳南种菜锄地，从此闭门不出。

故事如果到此为止，刘黑闼也算功德圆满了，不说别的，经年的四处征剿，收获肯定是颇丰的，从一个泼皮破落户变成一个土财主，人生的转变也是相当大的。但是刘黑闼的故事到此不但没有完结，反而因为李渊的一纸诏令，以及一句“刘氏吉”的卜卦又将他推到反唐的最前沿，在此时天下大势已渐趋明朗，唐祚将兴的时候，处在风口浪尖的刘黑闼会如何下注呢?

**赌一把大的——刘黑闼起兵反唐**

七月，李渊下令将窦建德处死。其实李渊的这一决定是值得商榷的，因为窦建德的兵败被俘来得太突然，甚至可以说有点意外，而且是在远离夏国的虎牢关被击败的。此时的夏国本土，也就是河北，还盘踞着众多窦建德的旧部，整个河北的形势也并未完全安定。此时李渊杀窦建德应该来讲不是最好的时机，很容易引起窦建德旧部属的不安，激起兵变。

而几乎在杀窦建德的同时，李渊又下令征召窦建德旧将范愿、高雅贤、董康买等人到长安。这下范愿等人坐不住了。

先斩杀窦建德，后征召他的旧部去长安，明眼人都能看得出来肯定没什么好事。经过商议，范愿等人都认为去也是死，不去也是死，反正横竖都是个死，不如举兵反唐，说不定还有一线生机；而且，此时河北夏王窦建德的影响力及门生故旧还有存续，打着为窦建德复仇的口号肯定能获得响应。

范愿、董康买等人决定起兵，既然起兵那肯定要选一个首领，通过占卜，卜卦说“以刘氏为主吉”。范愿等人于是找到窦建德之前的旧将刘雅，并把来意和他一说；但刘雅认为天下已经太平，再起事就是自取灭亡而没有答应。范愿等人怕刘雅泄露了机密，就把刘雅给杀了。

开弓没有回头箭，首领还得继续找。这个时候范愿想起了在漳南隐居的“神勇大将军”刘黑闼，他们就跑到漳南，找到正在地里种菜的刘黑闼，并告诉他卦卜显示“刘氏当王”，想推举他做首领，大家一齐起兵反唐、共谋富贵。刘黑闼听了后非常高兴，没有任何迟疑就答应了范愿等人的请求。胆大、爱冒险的赌徒刘黑闼毫不犹豫地走上了赌桌，且押上了全部的身家性命。

很快，刘黑闼就拉起了一支几百人的队伍，并且一举攻破漳南县和鄃县（今山东省夏津县），大败前来平叛的唐朝守将。此时，听闻刘黑闼起兵反唐，窦建德的很多旧部都纷纷跑来投效，于是刘黑闼在漳南设祭坛，祭祀窦建德，打着为夏王报仇的旗号招募旧众，正式起兵反唐。

刘黑闼也不愧为“神勇大将军”，他四处出击取得一系列战斗的胜利，获得了丰厚的战果：一是基本恢复了窦建德时期的夏国地盘，二是击败、击杀了唐廷一众负责征剿的名将、大将。

而且刘黑闼不是一个人在战斗，他还将山东义军首领徐圆朗拉进了这个赌局，双方兵势相连，共同出击，使得整个河北和山东沸反盈天，并且大有挺进中原，逐鹿天下之势。

基本恢复了夏国领地。八月，攻陷历亭（今山东省武城县）、深州（今河北省衡水市）；九月，攻陷饶阳；十月，攻陷瀛州、观州（今属河北省沧州市）；十一月，攻陷定州。

十二月，招降赵州、魏州，攻陷冀州、邢州、莘州、洺州。在攻克洺州后，刘黑闼恢复了夏国首都，并在洺州城的东南方祭告窦建德。随后，刘黑闼兵锋南指，攻入河南境内，连克相州（今河南安阳一带）、卫州（今河南新乡、鹤壁等地）和黎州，窥视中原腹地。

也就用了不到半年的时间，刘黑闼便全部恢复了窦建德原先的地盘，兵势炽盛，突厥的颉利可汗也派出人马来援助刘黑闼。

击败、击杀众多大唐名将。九月，淮安王李神通与燕王罗艺两路夹击刘黑闼。结果在饶阳城南兵力远少于李神通的刘黑闼，将李神通打得大败亏输，弃城而走。在击溃了李神通后，刘黑闼马不停蹄回军进攻驻扎在藁城（今河北石家庄藁城区）的罗艺，罗艺不敌，只好退军逃返幽州。

此战，刘黑闼不但击溃了李神通、罗艺的联军，还生擒了薛万均、薛万彻两兄弟。

薛氏兄弟就是隋朝大将薛世雄的儿子，勇武过人、能征善战，他们还有另外两个兄弟名叫薛万备、薛万淑，都是万人莫敌的勇将，薛氏一门五将星，在隋唐时期也是无人出其右了。

但这次战斗却成为薛万均、薛万彻两兄弟一生征战史中的奇耻大辱。刘黑闼抓住他们后，为了羞辱大唐，将两兄弟剃光头发放了回去。要知道古时候的中国，身体发肤受之父母，被人剃光头发，那简直比砍头还难以接受。

更有意思的是，薛氏兄弟的父亲薛世雄就是在河北被夏王窦建德击溃后郁郁而终的，而薛氏兄弟现今又在河北被曾经的夏王部属刘黑闼击败，遭受平生未受的奇耻大辱，父子两代人在同一个地方输给窦建德君臣，历史有时候真的是挺有趣的。

十一月，刘黑闼攻陷定州，杀死了定州总管李玄通。

时间来到十二月，此时的刘黑闼兵势更炽，陷冀州，进逼宗城（今属河北邢台），与黎阳总管李勣展开大战，结果李勣不敌，弃城退保洺州。刘黑闼率军猛追，又攻破洺州，李勣全军覆没仅以身免。随后，刘黑闼挺进河南，唐朝大将秦武通、程名振等难以抵御都逃归了长安。

第二个赌徒——徐圆朗。徐圆朗，鲁郡人（今山东兖州人），隋炀帝大业十三年（公元617年）在兖州聚众起义，之后投靠瓦岗军，与李密一起围攻东都洛阳。李密兵败投唐后，徐圆朗投靠了王世充，后又脱离王世充投降唐朝，被李渊封为兖州总管。窦建德进攻虎牢的时候，徐圆朗又叛唐并跟随窦建德一起攻打虎牢关。窦建德兵败被俘后，徐圆朗再次投降唐朝，仍旧被李渊封为兖州总管。

看到徐圆朗这份经历丰富的履历表，大家是不是只能无奈地摇摇头，真是一个十足的投机赌徒啊！当时天下的雄主，徐圆朗一个也没落下都依附过，估计在隋末群雄中也就他这独一份了。

刘黑闼起兵反唐后，派人暗中联络劝降徐圆朗。李渊得到消息后派遣盛彦师前去安抚，但盛彦师走到任城的时候，就被徐圆朗给逮捕了，徐圆朗也正式在山东起兵反唐响应刘黑闼了。

之后，刘黑闼占据河北，进攻河南，兵锋直指中原大地。徐圆朗也起兵进攻虞城（今河南商丘市虞城县）。虞城在河南省东部，徐圆朗一旦攻破虞城将和刘黑闼形成北面和东面两面夹攻中原腹地之势，给唐朝造成极大的军事压力。

被徐圆朗俘虏的盛彦师就是虞城人，他的弟弟此时正在虞城负责守卫，徐圆朗就让盛彦师写信劝降他的弟弟。盛彦师当着徐圆朗的面写了一封信："吾奉使无状，为贼所擒，为臣不忠，誓之以死；当善待老母，勿以吾为念。"

什么意思呢？就是我要誓死尽忠报国了，你好好守城，好好照顾老母亲，别挂念我的生死安危。好在徐圆朗被盛彦师的气节所打动，不但没有杀盛彦师，反而更加地优抚厚待他。

盛彦师就是前文介绍的力排众议、冷静分析，在熊耳山一举伏杀李密的熊州行军总管。不过，这样一位跟随李渊晋阳起兵，忠贞勇猛、足谋善断的勋臣大将，却在武德五年（公元622年）初，受王薄、李义满事件牵连，被李渊下令处死。

事情的经过大致是这样的：盛彦师率领齐州总管王薄攻打须昌的

时候，潭州刺史李义满因与王薄不和，拒绝调派军粮。盛彦师下令逮捕了李义满。没想到忧愤郁闷的李义满死在了牢里，而他的侄子李武意迁怒于王薄，在王薄回军路过潭州的时候袭杀了王薄。一下子死了两员战将，李渊下令追究，盛彦师就因为此事被处死。这是后话。

再说盛彦师被徐圆朗俘虏后，李渊又派遣任瑰出任大使前去安抚，并在虞城打退了徐圆朗的进攻。徐圆朗虽然在虞城进展不利，但刘黑闼在这段时期取得了辉煌的战果。

估计连刘黑闼自己都没能想到，他不但恢复了全部夏国的地盘，招降了山东的徐圆朗互为犄角，更是击败了李神通、李勣、罗艺、薛万均、薛万彻、李玄通、秦武通、程名振等一众唐朝大将，名震天下，可谓是达到个人军事生涯的顶峰。

武德五年（公元622年）一月，春风得意的刘黑闼自称汉东王，定都洺州，并恢复夏国所有文武百官和政府架构。虽然政府架构和官署设置完全效仿窦建德，但刘黑闼不像窦建德那样宽容仁慈，他作战比窦建德更加勇猛果决，为人也更加狠辣。

军事上无往不利、开疆拓土，政治上自立称王、组建政府，这个时候的刘黑闼看起来赌对了，也赌赢了。他下的重注此时获得了丰厚的回报，由一个返乡的农民变成与李渊分庭抗礼、割据一方的汉东王，甚至将来逐鹿中原、争霸天下都也未可知。

但是，赌徒刘黑闼的高光时刻没能维持太久，因为很快他将面临一个强大的对手——秦王李世民。

### 洺水之战

武德五年（公元622年）一月，李世民率领南路大军进驻获嘉（今河南新乡）。刘黑闼多次派兵前来挑战，都被李世民采取坚壁清野的方式，一一予以挫败。刘黑闼怯于李世民的威名，又怕孤军深入，于是向北收缩防线，接连放弃鹤壁、相州，退回了河北。李世民乘势收复整个河南，随后攻破邢州挺进洺水，兵临刘黑闼的都城洺州。

北路大军则在燕王罗艺的率领下由幽州一路南下，在鼓城（今河北石家庄市鼓城县）击败刘黑闼的弟弟刘十善，之后一鼓作气拿下定州、栾州、廉州，与李世民在洺水胜利会师。

李世民、刘黑闼隔着洺水对峙，此时的战场情势对于刘黑闼来讲发生了大逆转，之前烽烟所向，风光无两，现在则被困洺州，内乏粮草，外无应援，十分被动。

鉴于这样一种战场态势，为避免困兽犹斗，李世民没有强攻洺州城，而是采取了最稳妥的战法，坚壁清野，消耗敌军，并派精骑截断刘黑闼的运粮道路。刘黑闼则不得不采取偷袭李世民大营的方式，以期能够迫使李世民解除洺州之围；但刘黑闼的企图没有实现，双方就这样在洺水两岸相持了六十多天。

由于粮道被截，偷袭唐军大营也徒劳而返，刘黑闼面临的战场形势一天比一天恶劣。李世民在经过认真研判后，认为击败刘黑闼的时机已到，遂决定诱使刘黑闼展开决战。

李世民当然不会一刀一枪地和刘黑闼在洺州城下硬拼，他决定用计。李世民料定洺州城中军粮已尽，刘黑闼必然孤注一掷出城决战，就预先命人在洺水上游筑坝截流，并让守坝的将领在战斗打响的时候，趁刘黑闼军队走到河床中间时挖开堤坝，水淹七军。

果然不出李世民所料，已经粮绝的刘黑闼率领全军出城逼近李世民的大营，欲与唐军主力进行决战。但士气低落的刘黑闼军难以抵挡李世民精锐骑兵的突击，只好渡过洺水，败退回营。守坝的将领看到刘黑闼的部队已经走到了河中间，就决开堤坝，洺水汹涌而至，刘黑闼的人马大部分被淹死在洺水当中。看到大势已去，刘黑闼只能带着残部匆忙逃往突厥。

洺水之战以李世民的大获全胜，刘黑闼的仓皇北逃而告终。但不久之后，不甘心失败的刘黑闼借得突厥援军，又卷土重来，再次席卷河北。

## 二　李建成二征刘黑闼

武德五年（公元622年）六月，和上次兵败仅仅相隔不到三个月的时间，刘黑闼从突厥借得援兵，再度南下侵入河北。

借得赌本的赌徒又一次走上了赌桌，而且这次不光是刘黑闼在下注，突厥也从幕后走到了台前，亲自坐上了赌桌，再加上仍在山东响应的徐圆朗，形成四方会战的混乱局面，整个唐朝北部陷入兵连祸结的不利境地，李渊该如何应对呢？

我们先来看看突厥的此次犯边。

突厥这次犯边可以说是倾巢而出，战线从甘肃、陕西一直绵延到山西、河北，大有趁唐朝国内尚未安定、地方割据势力仍未完全剿除的时候，一举击溃李渊，重新分裂切割中原王朝，攫取最大最丰厚利益之势。所以突厥这次不仅仅是派出骑兵支援刘黑闼，更是发大军大举侵犯边境，甚至他们的颉利可汗都御驾亲征。

突厥三路大军齐发，分三个方向进攻唐境。

第一路大军，颉利可汗亲率十五万大军进攻雁门（今山西省忻州市代县），侵犯并州（今山西省太原市）、汾州（今山西省汾阳市），当时，突厥十几万精兵遍布介休到晋州的汾水河谷之间。

第二路大军，突厥兵犯甘州（今甘肃省张掖市）、原州（今宁夏回族自治区固原市），并一路南下攻陷大震关（今甘肃省天水市清水县）。大震关又称陇关，是关中地区西部的门户，关中四塞之一，突厥兵打下了大震关则意味着唐朝的根基，关中地区和长安城受到直接的威胁。

第三路大军，突厥兵犯廉州，并兵援刘黑闼攻打定州。

鉴于突厥兵倾巢而出，整个唐朝北部边疆狼烟滚滚的局势，李渊在朝堂上咨询群臣的意见。郑元璹主张与突厥讲和，他认为："战则怨深，不如和利。"而封德彝则认为应当以战为主，辅以讲和，恩威并施。李渊采纳了封德彝的意见，有针对性地采取了战与和的不同策略。

针对御驾亲征侵入山西腹地的颉利可汗，李渊派出郑元璹赴颉利可汗的大营讲和。郑元璹从武德元年开始，五次出使突厥，熟知突厥内部事务，具有丰富的外交谈判经验，而且每次都能不辱使命。这次也一样。郑元璹见到颉利可汗后，首先直斥突厥背弃盟约，说得颉利可汗颇为羞愧。看到颉利可汗动摇了，郑元璹趁机晓之以理、动之以利，一番说辞将颉利可汗打动了，颉利可汗愉快地签署了和议带兵北返。

"和"退了颉利可汗，在"战"的方面李渊更加不含糊。李渊派遣李建成出豳州道（今陕西咸阳北部），李世民出秦州道（今甘肃省天水市秦州区）抵御突厥。九月，各路抵抗大军捷报频传，灵州（今宁夏回族自治区灵武市）总管杨师道在三观山击败突厥，安兴贵在甘州（今甘肃省张掖市）击退突厥，定州总管双士洛在恒山南麓击溃突厥，并州大总管襄邑王李神符、汾州刺史萧顗在汾东打败突厥。

一"战"一"和"之间，李渊快速解决了突厥大举侵犯的危机，稳定了北部边疆的总体形势，接下来就是全力对付刘黑闼了。

**再次下注——刘黑闼二次起兵**

刘黑闼带领突厥援军侵犯定州，原来的旧将也纷纷举兵响应。一时之间河北烽烟遍地，刘黑闼也借助突厥兵威四处杀伐，这一次的下注，刘黑闼同样取得了丰厚的回报。

一是攻城略地，再次定都洺州。九月，刘黑闼攻陷瀛州、东盐州；十月，刘黑闼之弟刘十善攻破鄃县、贝州、观州和沧州；同月，刘黑闼进占洺州，并再次建都洺州，相州以北的各州县也纷纷望风归降。短短不到半年时间，刘黑闼又基本上恢复了原来夏国的地盘。

二是唐廷震动，三易其帅。七月，在刘黑闼进犯定州的时候，李渊任命淮阳王李道玄为河北道行军总管，与史万宝一起讨伐刘黑闼。因为李道玄年纪比较小，当时只有十九岁，李渊就给史万宝发了一道手诏，诏书上说淮阳王是个“小毛孩”，让史万宝总领军事行动。正是这样一道手诏，让唐军这一次征讨大败亏输，淮阳王李道玄也兵败身死。

李道玄与刘黑闼在下博（今河北深州市下博镇）展开大战，李道玄率领轻骑兵作为先锋，并命令史万宝带领大军随后跟进。结果史万宝仗着有李渊的手诏，摆老资格，认为李道玄这个“小毛孩”轻敌冒进就没有及时发兵跟进。结果孤军深入敌阵的李道玄战败阵亡，史万宝也没有坚守住大败逃回。

十月，李渊下诏任命齐王李元吉为领军大将军，率兵讨伐刘黑闼。此时的刘黑闼已经进占洺州，势不可挡；齐王李元吉十分畏惧刘黑闼兵锋之盛，逡巡不敢前进，连作战的勇气都没有。

十一月，李渊三易其帅，诏命皇太子李建成为行军元帅率兵征讨，河南、河北各州均受李建成节制。

**馆陶之战**

李建成率领征讨大军到达昌乐（今河南濮阳市），与刘黑闼展开对峙，在这期间双方互有攻守，李建成俘获了不少刘黑闼的士兵。

李建成采纳魏徵的建议，对俘虏进行安抚和策反，随后放归刘黑闼军营。这一计谋果然取得了效果，俘虏返营后在军中大造谣言，使得刘黑闼的军心大受影响，部下纷纷开始逃跑，有的则向唐军投降。

刘黑闼看到军心产生了动摇，粮草也已经用尽，又孤军身处河南，极易被唐军围困，于是连夜北逃，打算跑回自己的老巢洺州。李建成看到刘黑闼逃了，带着魏徵紧追不舍。

刘黑闼跑到馆陶（今河北邯郸市馆陶县），被永济渠所阻，无法北归。李建成抓住机会快速进行合围，将刘黑闼军包围在河岸边。刘黑闼没有办法，只能一边搭建桥梁，一边背水一战。他命令全军背靠河水列阵，抵御唐军，自己带领工兵抢搭过河的桥梁。桥一搭好，刘黑闼第一个跑向永济渠北岸，狼狈逃窜的他甚至都来不及通知部队撤退。

看到主公带头跑了，刘黑闼的军队迅速崩溃，士兵纷纷放下武器投降唐军。李建成指挥大军过河追击，因为桥是临时搭建的，十分不牢固，唐军只过了一千多骑兵桥就倒塌了，刘黑闼这才得以带领几百名骑兵逃脱。

惶惶如丧家之犬的刘黑闼一路北逃，想再次投奔突厥。李建成这次没有放过刘黑闼，在占领洺州后，李建成命令刘弘基一路尾随追击，不给刘黑闼一丝喘息的机会。

武德六年（公元623年）一月，面对刘弘基的穷追猛打，刘黑闼一路艰辛逃到饶阳，跟随他的一百多骑兵都是饥肠辘辘、精疲力竭。

刘黑闼委任的饶州刺史诸葛德威此时已经投降了唐朝，他出城诱骗刘黑闼入城休整。刘黑闼一开始不同意，也不愿意进城，他既怕诸葛德威已经叛变，又怕耽搁北逃突厥的时间，被唐军给追上；但看到手底下这些随从一个个又饿又累难以支撑，也只能答应了。诸葛德威于是乘着刘黑闼进城毫无防备的时候，率领士兵将刘黑闼抓住，并送至洺州李建成处。

二月，李建成在洺州将刘黑闼及其弟刘十善一并斩首。刘黑闼在临刑的时候仰天长叹："我幸在家锄菜，为高雅贤辈所误至此!"现在才想起在漳南老家锄地种菜，过着土财主的生活是多么地惬意幸福!但这能怪得了高雅贤等人吗？谁让自己这么好赌，还赌上了身家性命，这个时候想转向可就来不及了。

最后，再来看看徐圆朗的下场。在李世民一征刘黑闼后，留下李神通、任瑰和李勣继续攻打徐圆朗。面对李勣等人的围攻，徐圆朗渐渐抵敌不住，只能向江苏境内发展。武德六年（公元623年）一月，徐圆朗攻陷泗州（今江苏泗县）；二月，李建成在洺州斩杀刘黑闼，徐圆朗听闻后，弃城而逃，在逃跑的途中被当地村民所杀。

刘黑闼、徐圆朗的兵败身死，意味着中国北方的主要割据势力已基本肃清，大唐的北部疆域已基本稳定。从全国的总体战争形势来看，江南地区则成为大唐下一步用兵的主要方向。

# 第十三章　江南也三国

扬州旧处可淹留，台榭高明复好游。
风亭芳树迎早夏，长皋麦陇送余秋。
渌潭桂楫浮青雀，果下金鞍跃紫骝。
绿觞素蚁流霞饮，长袖清歌乐戏州。

这是隋炀帝杨广早年所作的一首诗《江都宫乐歌》，从这首诗可以看出杨广对江都，对江南，那可是真爱。少时平定南陈，总督江都，学吴侬软语，娶南朝女子（萧皇后是南梁皇室成员），爱与江南仕子饮酒赋诗，杨广对江南的喜爱发自肺腑，最后连生命都终结于江南，不曾怨悔。

隋唐时期，虽然政治中心在长安，经济和行政中心在洛阳，但要论繁华富庶、焕彩妖娆，则天下之地无出江南之右。

## 一　三分江南

纵观中国历史，大部分王朝都是在完成北方的稳固、中原的略定后，再横扫江南，进而完成天下一统，而偏居一隅的江南小朝廷基本上是无力抵敌的。隋末时期的江南更是纷乱，盘踞着杜伏威、沈法兴、李子通等三大势力，他们瓜分着江南，相互之间征伐不断。

**“独具慧眼”的杜伏威**

杜伏威，齐郡章丘县人（今山东省济南市章丘区），“少豪荡、不治生赀，狡谲多算”。从小杜伏威就豪爽、雄强，为人也狡诈多智，十六岁跑到长白山当山贼。这个长白山不是吉林省的长白山，而是位于山东邹平、章丘的长白山。隋末王薄（就是前文提到的使盛彦师受牵连被杀的王薄）、郝孝德、孟让等都在此处聚众起义，王薄更是在长白山高举反隋首义的大旗，虽然说很快被官军镇压下去，但却引起各地大大小小农民起义相继出现、席卷全国，所以在当时，长白山就是一块起事圣地。

一开始，杜伏威依附于长白山首领左才相。由于作战勇猛、身先士卒，很得兵士的信任，这引起了左才相的猜忌，无奈之下，杜伏威只能率领手下部众由山东南下江淮一带。

在途经下邳之时，他看到盘踞在下邳的贼首苗海潮兵强马壮、声势浩大，而自己率领的不过是一支来自山东异乡的小部队，实力相差甚远。机智豪爽的杜伏威没有强攻，而是派出辅公祏软硬兼施，劝降苗海潮，并霸气地指出：“如果你有能力做首领，我定当鞍前马后效劳，如果你自认为不能胜任首领之职，就听从我的指挥。如果决定不了，我们就战场上见高低。”一番说辞让苗海潮畏惧无比，竟然率众归降了杜伏威。

在进攻海陵的时候，杜伏威的雄强机智更是表现得淋漓尽致。海陵贼首赵破阵轻视杜伏威兵微将寡，又远道而来，就派遣使者招降杜伏威。杜伏威将计就计，命令辅公祏带领人马偷偷屯驻在赵破阵大营之外，自己亲率十几名将士，带着酒肉入营拜见，假装投附。赵破阵非常高兴，看到这样一员猛将来投，就把所有将领召集起来举行盛大宴会，为杜伏威接风洗尘。趁着酒酣耳热之时，杜伏威席前斩杀赵破阵，然后兼并了他的部众。

也许大家会认为，杜伏威现在对付的不过是几个义军首领，并不能说明他的本事有多大，那我们就来看看下面这个事例。

大业末年，"巡幸"江都的杨广派出右御卫将军陈棱征剿杜伏威。陈棱可是隋末名将啊！征辽东、平杨玄感，甚至远征琉球，将天朝上国的声威远播海外。但就是这样一员大将，被杜伏威打得高悬免战牌，无力言战，并受到杜伏威的百般羞辱。

杜伏威派人送给陈棱一套妇女的衣裳，给陈棱取了个外号叫陈姥（就是陈老太太的意思），并让军士在阵前高声叫骂。陈棱哪受得了这个气，于是全军出击。这一仗打得昏天黑地，十分惨烈，杜伏威身先士卒，左右冲杀，不小心被一员隋将暗箭射中额头。杜伏威大怒，指着这名隋将说道："不杀了你，我就不拔这支箭。"说完就直冲了过去，把这名隋将吓得手足无措，呆立当场。杜伏威抓住这名隋将，用刀架住脖子，命令他拔箭，之后一刀斩下这名隋将的首级，用手提着继续冲击隋阵，又连斩了数十员兵将。这一仗隋军被打得丢盔卸甲、全军覆没，只有陈棱幸免于难，单骑逃回江都。

声威大振的杜伏威攻陷高邮（今江苏省高邮市），抢渡淮水，进占历阳（今安徽省马鞍山市）。历阳和高邮两地互为犄角，这对身处江都的杨广形成一个弧形包围，逼得当时的杨广想从江都迁往长江以南的丹阳（今江苏省镇江市），以暂避其锋芒。

武德元年（公元618年）三月，江都兵变，宇文化及弑杀杨广后，派人送给杜伏威一封委任状，委任杜伏威为历阳太守，但杜伏威压根就没搭理宇文化及。五月，当越王杨侗在东都洛阳称帝的时候，杜伏威立马上表称臣，被杨侗封为楚王。

可以看出，杜伏威不但勇武过人、智谋不凡，而且独具慧眼。他此时的选择可以说非常正确，如果投靠背主弑帝、臭名远扬的宇文化及，那可想而知，宇文化及最终身败名裂的下场就是他最好的参照。

杜伏威的慧眼在后来投靠李渊的时候表现得淋漓尽致。武德二年（公元619年）九月，王世充废杀杨侗在洛阳称帝后，派遣使者招附杜伏威。这次杜伏威同样没有接受，转而向李渊上表称臣；当然，这种归降只是名义上的，称为依附可能更合适点。因为这个时候的李渊不可能，也没能力干涉远在江南的杜伏威，当时李渊的势力仅仅局限于关中地区，起兵之基太原还被刘武周攻占，河北的窦建德、河南的王世充也在中原地区蚕食唐朝的地盘，从哪个方面来看，都不能确定最终一统天下之人就一定会是李渊，甚至杜伏威自己的实力都要强于李渊。

眼光独到的杜伏威为他此次的选择着实获利不少。李渊封他为楚王并赐姓李，总领整个东南方向诸军事。后来，杜伏威肃清江南各地群雄，入朝长安官拜太子太保兼行台尚书令，其位甚至在齐王李元吉之上，也就是除唐高祖李渊、皇太子李建成和秦王李世民之外的大唐第四号人物，真可谓尊荣之极。

杜伏威的慧眼还表现在他的选人用人上。一是选用得力战将，最有名的两员战将是王雄诞和阚棱。王雄诞和阚棱都是杜伏威的养子，不但勇武过人、能征善战，而且对杜伏威忠心不二。二是选用得力亲兵，杜伏威亲自挑选精锐之士组成“上募”军，并把上募作为自己的亲军卫队，平时非常宠爱，但要求也非常严酷。严管加厚爱使得上募军个个奋勇、人人争先，战斗力在江南地区首屈一指。

### “自命不凡”的沈法兴

沈法兴，湖州武康（今浙江德清县）人，是土生土长的江南士族子弟，父亲名叫沈恪，官至南陈广州刺史。南陈灭亡后，沈法兴跟随南陈后主陈叔宝入隋，大业末年担任隋朝吴兴（今浙江湖州）太守。

沈法兴的起家是从剿灭当地农民义军开始的。当时东阳（今浙江省金华市）盘踞着一股义军，首领叫作楼世干，在浙江和江苏南部到处攻城略地，甚至进逼至江都扬州附近，让身处扬州的杨广大感恐慌。杨广命令沈法兴率军讨伐。在平定了楼世干后，沈法兴没有带军返回，而是驻扎在东阳继续进行肃清平叛工作。

之后，宇文化及在江都弑杀杨广，沈法兴自认为世居南方，是江南的名门望族，他觉得他的机会来了。也确实，吴兴沈氏可谓是南陈时期第一望族，出了两个皇后（陈文帝和陈后主的皇后都是沈氏女子），身居高位者更是遍布整个南陈朝堂，比较著名的除了沈法兴的父亲沈恪外，还有陈武帝时期的中书令沈众，陈后主时期的中书舍人沈客卿、御史中丞沈瓘等，同姓的沈氏宗族更是成千上万，在当地的势力十分庞大。

沈法兴于是以诛讨宇文化及为名在东阳起兵，很快便攻克余杭郡（今浙江省杭州市余杭区），吴兴郡（今浙江湖州）。随后，沈法兴一路带兵北上，攻克毗陵（今江苏省常州市），进占丹阳，虎视江都扬州。此时，长江以南的江苏南部地区和整个浙江省都尽归沈法兴所有。

武德二年（公元619年）八月，王世充毒杀皇泰主杨侗后，自命不凡的沈法兴认为时机成熟，自称梁王，建立梁国，定都毗陵，并仿照陈朝旧制设置百官。

### “效仿杜伏威”的李子通

李子通，沂州（今山东省临沂市）人，为人宽厚仁德、乐善好施，但有一点不好，就是爱记仇，心胸不够开阔，属于睚眦必报那种类型的人。

李子通的起兵同样出自长白山，而且最初投靠的也是左才相。因作战勇敢、待人宽厚，李子通很快在左才相军中崭露头角，很多人都愿意归附到李子通门下效力。同样的，左才相开始猜忌，甚至想除掉李子通，没办法，李子通也只能带领自己的部众脱离左才相，转战江南。

此时，杜伏威已经在江南站稳脚跟，李子通选择和杜伏威合军一处共同举兵，但没过多久，野心膨胀的李子通派兵突袭杜伏威，想一举吃掉杜伏威并吞其兵马。未做防备的杜伏威军被打得大败亏输，杜伏威自己也身受重伤，差点被李子通抓获，多亏王雄诞背负其躲在芦苇荡中才逃过一劫。可以看到，李子通的起兵经历和杜伏威惊人地相似，先是投奔长白山，依附左才相，后受到左才相的猜忌，转战江南。

大业十一年（公元615年），李子通夺取海陵（今江苏省泰州市），并占据江苏东部等大片地区。

## 二　三家归楚

形胜繁华之地江南，在杨广死后，被杜伏威、李子通和沈法兴三大势力瓜分。杜伏威以历阳为中心，占据了今江苏西部和安徽省；李子通以海陵为中心，占据了今江苏省长江以北及东部地区；沈法兴以毗陵为中心，占据了今江苏省长江以南及浙江省等地区。三大势力相互之间攻伐征战不断，而首当其冲的战略目标则都指向了陈棱困守的江都扬州。

### 江都之战

唐高祖武德二年（公元619年）八月，李子通率先发难，带领大军西向围攻江都扬州。身陷孤城的陈棱难以支撑，只能送人质到杜伏威和沈法兴处求援。

接到陈棱的请求后，沈法兴派出自己的儿子沈纶带领数万兵马与杜伏威一同赴援江都。杜伏威的军队驻扎在清流（今安徽滁州与江苏南京交界一带），沈纶的部队则驻扎在扬子（今江苏省仪征市一带），两者相隔不过数十里。

虽然离得很近，但杜伏威和沈纶之间根本没有任何联系，更不要说联合作战了，而且由于之前两家征伐不断，猜忌很深，所以谁都不敢首先进兵攻击李子通，以免落个腹背受敌的被动局面。

李子通也看出二者之间的猜疑，就招募江南人士伪装成沈纶的士兵，乘着夜色摸黑袭击杜伏威军营。不明就里的杜伏威非常恼火，也不派遣使者核实一下情况，就出兵攻打沈纶。结果两人之间的猜疑更深了，相互防备，更加不敢进攻李子通了。

计谋得逞后，李子通集中全力攻打江都，势单力孤的陈棱难以抵挡，只好弃城而走。击败陈棱后，李子通乘势进攻沈纶，将沈纶打得大败而逃。杜伏威看到大势已去，也只好带领军队撤回历阳。

占据江都，面对着花花绿绿、无尽奢华的隋宫，李子通即行继皇帝位，建立吴国。

**三家归楚**

纷乱的江南地区此时形成了楚王杜伏威、吴王李子通及梁王沈法兴三大势力对峙的局面。三家在江南之地展开了捉对厮杀，笑到最后的是投诚唐朝，获得李渊鼎力支持的楚王杜伏威。

首先灭亡的是梁王沈法兴。武德三年（公元620年），李子通渡过长江攻打沈法兴，很快便夺取了长江南岸的重镇京口。随后双方在庱亭（又名吴亭）展开大战，梁军大败。李子通率军直抵梁国都城毗陵，无力抵抗的沈法兴只能放弃毗陵向南逃窜，之后走投无路的沈法兴在会稽（今浙江省绍兴市）投江而死。

正当李子通兴师大败沈法兴的时候，在历阳虎视眈眈的杜伏威突然亮出了獠牙。

溧水之战。杜伏威任命辅公祏为主帅，阚棱、王雄诞为副将，率领大军渡过长江，东向进攻丹阳，双方在溧水（今江苏省南京市溧水区）展开大战。

辅公祏首战大败李子通，但由于立功心切冒进追击，中了李子通的埋伏反被杀得大败，只能逃返回营坚守不出。王雄诞认为应该乘着此时李子通获得小胜、思想麻痹的时候，出其不意展开偷袭。辅公祏没有采纳王雄诞的意见，王雄诞便自行带领几百名亲军，乘夜袭击李子通，并借着风势火烧李子通大营。这一仗，李子通被杀得溃不成军，只能放弃江都退保长江南岸。

占据江都后，据有整个江北的杜伏威继续向南压迫李子通，很快便渡过长江，攻陷京口和毗陵。李子通无计可施，只能带兵继续向东逃，并将都城迁到余杭。

独松岭之战。武德四年（公元621年）十一月，杜伏威派遣王雄诞攻打李子通，双方在吴郡展开大决战，抵敌不住的李子通退守独松岭（今浙江省安吉县和余杭区交界处）。这次王雄诞同样出其不意，夜袭李子通大营，大惊之下的李子通将营寨一把火烧了，逃回了余杭。王雄诞乘势包围余杭，无力再战的李子通出城请降，被杜伏威送往长安。

此时天下形势已逐渐稳定，心情大好的李渊不但没有治李子通的罪，还多有赏赐，比起被诛杀的窦建德和萧铣，李子通享受到的待遇可要好太多。不过后来李子通从长安逃跑，被李渊抓回后处死。

## 三　平定江南

杜伏威独具慧眼，挑对了明主，也挑对了将领部属，但偏偏在挑选兄弟的时候看走了眼，这个兄弟就是和他一起为盗、一起举兵，被称作刎颈之交的辅公祏。

辅公祏和杜伏威自幼相识，誓同生死。他们一起落草为寇，一起投奔长白山，转战江南，后来又一起投唐，荡平江南群雄，可以说革命的友谊万古长青。因为辅公祏年纪要稍大一点，杜伏威对待辅公祏就像对待亲兄长一样，当时军中都尊称辅公祏为辅伯，敬畏他如同敬畏杜伏威一样。后来，两人在今后战略发展方向上产生了分歧和嫌隙，杜伏威的目标是依附明主、封王拜爵，并早早归顺了李渊，而辅公祏的目标始终是建国自立，自己当皇帝。

道不同不相为谋，相互猜忌的二人关系慢慢破裂，杜伏威暗中解除了辅公祏的兵权，只让他负责行政方面的事务，同时任命自己的心腹将领阚棱和王雄诞为左右二将军，暗地里监视辅公祏。这种做法引起辅公祏极大的不满，但迫于形势，辅公祏只能隐忍，等待时机。

武德五年（公元622年），杜伏威带领阚棱入朝长安，被李渊改封为吴王，成为唐朝的第四号人物。

此时，身居朝堂要职的杜伏威更是担心辅公祏会叛变，从而影响到自己的高官厚禄，甚至身家性命。杜伏威让王雄诞职掌兵权，并千叮咛万嘱咐，让他一定要盯紧辅公祏。可哪里知道打仗有一套的王雄诞勇武有余，但政治能力实在不足，很快江南就发生了重大变故。

辅公祏趁着杜伏威远离江南开始策划起兵反叛，他做了三件大事。

第一件大事是重掌兵权。虽然王雄诞忠勇非凡，军事素质过硬，但他比较单纯，没什么政治头脑。辅公祏模仿杜伏威的笔迹，伪造了一封怀疑王雄诞有叛变之心的密信。这么简单的离间计就让王雄诞中计了。心中委屈的王雄诞托病不再署理军中事务，并把手中的兵权交给了辅公祏。辅公祏在重夺兵权后，因为爱惜王雄诞的忠勇，想拉他一同举事，但被王雄诞严词拒绝，辅公祏看到不能说服王雄诞，于是便把他给杀了。

第二件大事是铺造舆论。江南地区的军民大部分人是忠于杜伏威的，如果没有接到杜伏威的命令，仅仅只靠辅公祏的名望和挑动，起兵是难以成事的。辅公祏于是又伪造了一封杜伏威的亲笔信，假称杜伏威在长安受到李渊的不公正待遇，让辅公祏起兵反唐，自己在长安城做内应。

第三件大事是兵连张善安。辅公祏也知道此时天下形势已逐渐安定，单靠个人的力量很难与大唐相抗衡，此时在江西、湖北等地还盘踞着一股大的割据势力——张善安。辅公祏积极与张善安联络，兵势相连，互为犄角，共同对抗大唐。

在完成各项准备工作后，辅公祏在丹阳称帝自立，建国号宋，正式起兵反唐。

**猷州保卫战**

辅公祏起兵叛唐，建国称帝后快速向西进取，以期能够和张善安在江西胜利会师。如果辅公祏能够实现这一预定战略目标，就可以和张善安兵势联结，据有整个长江中下游地区，并沿着长江南岸布防，共同抗击李渊，到时候整个战场形势就会非常有利于辅公祏。

要实现兵连张善安这一战略目标，辅公祏需要尽快打通一个关键的战术结点——猷州（今安徽黄山、泾县等地区）。猷州紧邻长江南岸，位于安徽、江西、江苏、浙江四省交汇处，战略位置十分突出，是挡在辅公祏和张善安之间的一枚楔子。

深知猷州重要性的辅公祏，在起兵之初即对猷州展开凶猛地围攻，从武德六年（公元623年）八月一直持续到武德七年（公元624年）二月。

唐朝猷州刺史左难当率领孤军环城固守，击退了辅公祏一次又一次凶猛地进攻。在面对辅公祏高官厚禄的诱降时，左难当也不为所动，一次又一次地予以拒绝。

左难当的坚持没有白费，在苦苦支撑了大半年后，他终于等到李大亮击降张善安，率军前来解围。左难当和李大亮里应外合，击溃辅公祏的围城之兵，将猷州牢牢掌握在手中，也将最终的胜利牢牢掌握在唐军手中。

### 博望山之战

猷州的坚忍不拔，使得辅公祏的势力被死死压制在江浙一隅。取得猷州保卫战的胜利后，李渊的四路大军分东南西北四个方向乘势进逼，开始对辅公祏展开合围。

李勣率领北路军渡过淮河，攻下寿阳，任瑰率军攻克江都扬州；李孝恭率领西路水军于武德七年（公元624年）三月夺取芜湖，随即攻克梁山三镇（今安徽马鞍山市和县）；南路大军在李靖的率领下，一路经宣州、芜湖，最后在梁山与李孝恭会师。

此时，一旦梁山被攻破，唐军将突破长江天险，顺势进入江苏，兵临辅公祏的老巢——丹阳城。情况紧急，辅公祏连忙调集精锐水陆部队前往梁山阻击，并在博望山（位于今安徽省马鞍山市长江南岸的当涂县西南）和李孝恭、李靖展开了生死较量。

辅公祏派遣冯惠亮、陈当世率领三万水军驻扎在博望山，同时派遣陈正通、徐绍宗率军驻扎在不远的青林山，以为犄角。两支部队没有他的命令不准进攻只能防守，以期延误唐军的攻击并大量消耗唐军。宋军还隔着长江在北岸设置铁锁链，切断长江航道，在长江之西修筑延绵数十里的防御工事。

面对殊死一搏的辅公祏，面对坚固的宋军防御阵地以及坚守不出的冯惠亮等人，李孝恭召集诸位将领商议下一步的军事行动。大部分将领都认为强攻宋军阵地，几无可能快速突破，而且很大可能陷入旷日持久的恶战，造成巨大的伤亡损耗。众将领都主张绕过敌军苦心经营的防线，出其不意，直取辅公祏的老巢丹阳。

但是李靖却极力反对，他认为如果不能拔除正面之敌，而深入敌境攻击丹阳，一旦辅公祏凭借坚城死守不出，同时又命令冯惠亮等人攻击我军后背，我军就会非常危险。为今之计应当诱使冯惠亮等人主动出击，并一举击溃博望山之敌。

李孝恭采纳了李靖的意见，派遣老弱残兵为前军挑衅冯惠亮，诱使冯惠亮出营决战，自己统率精兵在后严阵以待。

冯惠亮果然中计，在击退李孝恭的前军后立马率领大军出营追击，和李孝恭统率的精兵在博望山脚下迎头相遇。此时，随李孝恭出征的阚棱在阵前摘下头盔，冲着冯惠亮大军说道："你们不认识我吗？怎么胆敢来与我决战！"冯惠亮军中很多人都是阚棱的旧部下，顿时气馁，斗志全无。李孝恭趁势指挥大军掩杀，冯惠亮兵溃，舍弃博望山逃回了丹阳。

博望山失陷后，青林山的陈正通等人也独木难支，带着几百名亲随也逃回了丹阳，辅公祏的水陆精锐此一战几乎丧失殆尽。李靖、李勣率领精兵长驱直入，一直打到丹阳城下。看到自己苦心经营的防线瞬间化为乌有，唐军已兵临城下，惊慌失措的辅公祏守城意志瞬间瓦解，他放弃了丹阳，带领几万兵马匆忙向东逃窜，李勣则在后穷追不舍。

此时的辅公祏气数已尽，一路上士兵纷纷逃亡，在跑到武康（今浙江德清）的时候，众叛亲离的辅公祏被当地农民捉住送往丹阳。李孝恭下令处斩，悬首示众。而随着辅公祏的被杀身死，整个江南地区遂告平定。

在这里还要多说一句，杜伏威最终没能躲过此劫，还是因为辅公祏的事受牵连被李渊诛杀。

# 第五篇
# 廓清天下

历史发展到此刻，薛举、李密、刘武周、王世充、窦建德、刘黑闼、萧铣、辅公祏等枭雄一个个退出了历史舞台，盘踞在现今广东西部的冯盎也于武德五年（公元622年）七月，率领全部人口和土地归附唐廷。

冯盎的归附使得中国本土基本实现了统一。对于李渊，对于大唐来讲，现在最主要的作战目标指向依附突厥、为祸北疆的高开道、梁师都、苑君璋等人。最终，大唐廓清四野，完成统一大业。

# 第十四章 幽州鏖战

幽州，一般指今天的北京市，但广义上的幽州涵盖今北京、天津、河北的北部和山西的东北部等地区。

对于中原王朝来讲，幽州的战略地位极其重要。中原王朝强盛的时候，这里是征伐北方游牧民族的核心基地；中原王朝衰弱的时候，这里又有抵抗北方游牧民族入侵的重要屏障，因为这里有天然防线（燕山山脉）和最关键的人工防线（长城）。

关于幽州，可能大家了解比较多的是五代十国时期后晋皇帝石敬瑭，割让燕云十六州（也就是幽州）给辽国。后来北宋立国，由于失去了幽州，终北宋一朝，王朝的中心，华北和中原地区都无险可守，时时遭受北方铁蹄的入侵。到了北宋末期，更是被金国铁骑长驱直入国都开封，蒙受靖康之耻，宋徽宗、宋钦宗父子两代君王被俘虏至异国，北宋也至此国灭。

大唐立国之初的时候，对幽州展开激烈争夺的主要是高开道、罗艺和窦建德三人。罗艺早早投诚唐朝，高开道依附于突厥，而窦建德在河北称夏王，建立大夏国，这三方势力都对北方重镇幽州虎视眈眈。

## 一 “三王”战幽州

在幽州的故事里，“三王”中最明确的一个王自然是夏王窦建德，那罗艺和高开道又分别是什么王呢？历史上著名的“北平王”又指的是谁呢？面对这个问题，很多人肯定会脱口而出，“北平王”当然指的是罗艺啊！一招“回马枪”威震北疆。但是，历史却并非如此。

**谁是真正的“北平王”**

大家都认为“北平王”是罗艺，那是因为受小说《隋唐演义》的影响。

根据《隋唐演义》的描述，罗艺是北齐勋爵，为人正直，善使一杆滚银枪。北齐国破后，罗艺不肯臣服于隋朝，遂拥军十万占据幽州，隋朝累战不克只得招安，封罗艺为北平王，并将整个幽州割让给他。小说还给罗艺杜撰了一个大名鼎鼎的儿子，隋末第七条好汉“冷面寒枪俏罗成”，以及一个夫人，秦叔宝的姑妈秦胜珠。但是在历史上，罗成这个人物是不存在的，罗艺的老婆也不姓秦而是姓孟，罗艺本人也并非如小说所言为人正直，而是刚愎固执、不讲仁义。下面就一起来了解一下历史上真实的罗艺。

罗艺从小在军营长大，他的父亲是隋朝监门将军罗荣，受父亲的耳濡目染，罗艺弓马娴熟、英勇善战，因屡立战功被封为虎贲郎将。大业八年（公元612年），罗艺跟随杨广东征高句丽，督军北平，这个时候罗艺才来到幽州。

刚开始的时候，罗艺受命于右武卫大将军李景，但任气纵暴的罗艺可是个刺头，仗着自己将门之后，谙习兵事，经常和李景对着干，还曾经诬陷李景谋反，只是没能成功。后来，高开道围困幽州，李景不敌，远奔辽西，整个幽州也就陷入群龙无首的局面。

主将外逃，留下幽州这个香饽饽，那自然成为各路军阀盗匪窥觎、打劫的对象，而幽州的留守官员赵什住等人作战能力低下，经常吃败仗。只有骁勇善战的罗艺每战必胜，杀敌无数，因而在幽州军民心中的威望很高。

赵什住等人因此非常忌恨罗艺，私底下就想除掉他，但“刺头”罗艺连自己的上司都敢怼，怎么会怕赵什住这些小角色，他也早就想拿赵什住等人开刀立威了。有一次出城作战，罗艺打了大胜仗，他趁势挑动军民回军攻打赵什住等人，赵什住等人哪里是罗艺的对手，惊惧之下只能乖乖听命于罗艺。

掌控了幽州之后，罗艺大开府库，招兵买马。时值隋末，天下大乱，罗艺也借机自立，自称幽州总管。

随后，杨广江都被弑，隋朝灭亡。割据幽州、称霸一方的罗艺自然成为众多枭雄拉拢、争取的对象，宇文化及、窦建德、王世充，甚至高开道等人均派出使节前往幽州，对罗艺展开招降工作。但是罗艺都没有答应，反而于武德元年（公元618年）十二月，早早投靠了远在关中、刚刚建立唐朝不久的李渊。

这眼光得有多毒辣啊！莫非是杜伏威借了一双“慧眼”给罗艺？说实在的，不得不佩服罗艺、杜伏威二位，在天下大乱、时局不明，李渊势力还比较弱小的时候，就能做出精准的判断和风险投资，依附明主，并随之收到远超预期的巨大回报。

武德二年（公元619年）十月，李渊封罗艺为燕王（这样看来罗艺不是“北平王”，应该称为燕王），总领幽州诸军事并赐姓李。

既然“北平王”并非罗艺，那肯定就是高开道了！

高开道，沧州阳信（今山东阳信县）人，出身贫寒，从小就勇悍异常。有多勇悍呢！历史上记载有这么一件事，有一次行军作战，高开道被流矢射中了面部。回到营地后，高开道让医生替他拔箭。第一名医生就说箭头很深不能拔，一怒之下的高开道杀了这名医生，又找来另外一名医生拔箭。这名医生说拔箭头很痛，恐怕高开道受不了，大怒之下的高开道又杀了这名医生。连杀了两名医生后，第三名医生再也不敢说什么了，开始给高开道拔箭。

当时的医疗条件，既没有麻醉药，也没有手术刀、止血钳等专业的手术器材，医生就靠着普通的刀具割开高开道的脸皮，凿开面骨，并在创口处打入楔子，将面骨裂开一寸多的缝隙，最后取出了箭头。

都不敢想象这是多么恐怖的一个画面，而整个手术过程，高开道不仅没有叫痛，还让人摆上酒菜，边手术边饮酒。这样一比较的话，关羽关二爷的“刮骨疗毒”都要逊色三分了。

高开道一开始投奔河北义军首领格谦，后来格谦兵败身死，高开道接管了格谦的全部兵马并率部北上攻掠，从临渝到怀远等地（今河北唐山、秦皇岛等地）全部被他攻占。实力大增的高开道开始进攻幽州。武德元年，高开道攻陷渔阳郡（今天津蓟县），自称燕王。

这是怎么一回事啊？高开道称的也是燕王啊！那说好的“北平王”呢！难道这是一宗历史悬案？不用着急，咱接着往下看。

武德三年（公元620年）十月，窦建德趁着李世民与王世充在洛阳展开激战，大举围攻幽州，想一鼓作气剿灭罗艺，肃清北疆，再回师中原争夺天下。窦建德的这一步棋对大唐来讲其实是非常凶险的，如果窦建德达成所愿，平定幽州，解除后顾之忧后，再挟得胜之师快速踏足中原，联兵王世充，则中原战局立马转变，唐军将面临前所未有的军事压力，最终战局的走向如何还真不好说。还好，历史没有让这一幕发生。

在罗艺和高开道的“戮力同心”下，幽州牢牢掌握在“唐军”手中，而窦建德则损兵折将，无功而返。这又是怎么一回事啊？三方不是都对幽州虎视眈眈吗？罗艺和高开道两个“燕王”啥时候开始联手了呢？

原来，面对来势汹汹的夏王窦建德，外无援兵、独木难支的罗艺只得向高开道求救。身处渔阳的高开道由于近在咫尺，无法脱身事外，也鉴于唇亡齿寒的现实威胁，即刻率领两千精锐骑兵袭击窦建德的侧翼，迫使窦建德撤围而去。高开道和罗艺就这样成了同一个战壕的“战友”。

此时的中原战场，李世民在与王世充的作战中节节胜利，威震华夏，心生畏惧的高开道就借助“战友”罗艺遣使奏请归降唐朝。十月，李渊下诏任命高开道为蔚州总管，封北平郡王，也赐姓李。好了，这起历史悬案终于解开了，真正的北平王是高开道。

**谁的幽州**

作为一同归附唐朝，并一同被李渊赐姓李的两个异姓王，罗艺和高开道围绕“幽州谁属”展开了相爱相杀。其实，高开道并不是真心归降唐朝，他最大的愿望是联结突厥，割据幽州，自立称王，所以他几次复称燕王并图谋幽州。

有一次，高开道已经率领五百精骑进入幽州城，想趁罗艺不备干掉罗艺占据幽州。但老谋深算、见惯了大风大浪的罗艺早就看穿了高开道的企图，预先做好了准备。高开道带领随从进入幽州都督府，罗艺设下宴席，盛情款待高开道，席间高开道观察罗艺动静，发现罗艺开怀畅饮、神色自若，都督府里又一切秩序井然，高开道知道罗艺已预有准备，自己的计划难以实现，便带着人马悻悻地离开了幽州。

罗艺和高开道这“二王”掐归掐，但至少这段时期在明面上还没有撕破脸，并且还一同抗击夏王窦建德的进攻。

武德五年（公元622年）六月，此时，夏王窦建德已经兵败身死，他的旧将刘黑闼北引突厥起兵反唐，进占河北。本就与突厥暗通款曲的高开道彻底倒向突厥，断绝了与罗艺的往来，重称燕王，率军大举进攻幽州，并在突厥兵的支援下，将战火蔓延至河北的定州、易州，山西的马邑等州县。不过，虽然高开道攻势猛烈，但“燕王”罗艺却力保幽州城池不失。

武德六年（公元623年）二月，罗艺协助李建成彻底平定刘黑闼，河北的战争形势完全稳定，此时天下大势也总体趋于安定（江南的辅公祏还未起兵叛唐）。罗艺于是上表入朝长安，离开了经营多年的幽州，也离开了老“战友”高开道。

高开道看到天下相继平定，割据自立的梦想彻底破灭，与自己相爱相杀经年的老对手、老“战友”，同封异姓王、同被赐姓李的罗艺，也已经飘然远离自己，跑到长安享受荣华富贵去了，而自己仍然是一介贼寇，他开始不淡定了，开始想重新归降唐朝。

但高开道心里也非常清楚，自己对于唐朝不但寸功未建，而且由于反复叛乱，手上沾有不少唐军将士的鲜血，就算是李渊有心赦免他，底下的将领怕是也放不过他。投归无门，罗艺又离他而去，失去人生目标的高开道只能更加依附突厥，对幽州展开更加疯狂的进攻。

武德六年（公元623年）的一整年，高开道都是在“吃饭，睡觉，打幽州”中度过。三月，高开道援引突厥骑兵进攻幽州，无功而返；五月，高开道援引奚族骑兵进犯幽州，铩羽而归；七月，高开道纵兵掠夺幽州及周边郡县；八月，高开道援引奚族军队侵犯幽州，被幽州守军击退；九月，高开道援引两万突厥骑兵侵犯幽州，这次唐军不能控制。

## 二　平定幽州

虽然高开道对幽州展开了历时一年的疯狂进攻，但这些进攻基本上都没有明确的战略目标，打到哪儿算哪儿，而且基本也没取得战场上的优势。随着时间一天天地推移，漫无目的的高开道处境日渐窘迫，而且高开道手底下的将士多是山东人，经年的征战使得他们开始反战、厌战，思乡之情日渐强烈，与高开道之间也日渐离心离德，高开道的部队开始从内部瓦解了。

### “北平王”之死

隋末的割据枭雄很多都喜欢蓄养死士作为自己的养子，最典型、最知名的就是杜伏威以及他的养子王雄诞和阚棱；高开道则更甚，他在阁内蓄养了数百名养子作为自己的贴身侍卫，不离左右。

时间来到武德七年（公元624年）二月，此时高开道已经处境维艰，他手下的将领张金树和张君立共同谋划刺杀高开道，投降大唐。而要刺杀高开道，最大的障碍就来自那些时刻不离高开道左右的养子们。张金树于是派人不断地拉拢、收买这些养子，平时经常邀他们出去喝个酒，赌个博，各种找乐子，也时不时带些美女到阁内和这些养子们欢闹嬉戏，就这样慢慢使这些人放松了戒备。

这天晚上，张金树和张君立相约，由张金树负责进入阁内刺杀高开道，张君立负责带兵在外城响应，并阻止其他增援的部队。张金树派遣手下进入阁内，与诸养子欢笑嬉戏，并趁他们放松警惕之时，偷偷把刀枪藏起来，把弓弦弄断。之后，张金树率军猛攻阁内，慌作一团的养子们准备取武器出战，但发现要么找不到兵器，要么找到的是一把断弓，张金树趁机攻入阁内，张君立也占据外城，举火响应。

雄勇堪比关二爷的高开道披甲持刀据堂而坐，并招来众妻妾饮酒作乐，狂歌欢笑。张金树和他手底下的将士，平时就对高开道甚为畏惧，这时更是没一个人敢上前挑战。就这样相持到了天亮，高开道见大势已去，起身将他的妻妾儿女缢死后拔刀自尽。

高开道自杀身死，幽州，这个中原王朝北部的战略要地也就安定了。

### 罗艺叛唐

历史有时候真的很神奇，一南一北同样“独具慧眼”，为大唐的开创立下汗马功劳的两个异姓王，楚王杜伏威和燕王罗艺，同样都因为看走了“一眼”，最后的结局同样都是身死名裂。杜伏威是因为看走眼了兄弟，最终因为辅公祏的叛唐而暴亡；罗艺则因为看走眼了大唐接班人，错站了皇太子李建成的队伍，导致自己叛唐被杀。

武德六年（公元623年）二月，罗艺带着屡败窦建德，并协助皇太子李建成、秦王李世民两平刘黑闼的赫赫战功入朝长安。面对立下奇功的封疆大臣，李渊自然非常高兴，他对罗艺大加厚赏并委以军事重任。

可是桀骜不驯的罗艺自以为劳苦功高，慢慢变得骄横自大、目空一切，对其他大臣也是出口不逊、多有冒犯。特别是自从结识皇太子李建成并被引为亲信后，更是目中无人，甚至连秦王李世民都不放在眼里。

有一次，李世民派遣亲信随从来到罗艺大营，罗艺却仗着有李建成作为靠山无故殴打他们。李渊知道这件事后勃然大怒。本来这个时候李建成和李世民就因为接班人的问题产生极大的矛盾，罗艺的这种做法无异于火上浇油，会更加激化李建成和李世民之间的矛盾。李渊本想严肃处理罗艺，但因为李建成的苦苦哀求，罗艺又是功勋彪炳的重臣就饶恕了罗艺。

恰好这个时候突厥屡次犯边，罗艺因为长期镇守幽州，有丰富的对突厥作战经验，于是李渊诏令罗艺出镇泾州（今甘肃省泾川县）抵御突厥，而这也恰恰为罗艺的叛乱埋下了伏笔。

武德九年（公元626年）六月，发生了历史上著名的玄武门之变，秦王李世民击杀皇太子李建成和齐王李元吉。两个月后，唐高祖李渊禅位，李世民继位为唐太宗。胸襟开阔的李世民即皇帝位后，没有因为罗艺是李建成的亲信而对他进行打击报复，反而是大加封赏，但心怀畏惧的罗艺却在妻子孟氏的怂恿下暗地里开始准备谋反。

唐太宗贞观元年（公元627年）一月，罗艺假称奉密诏麾兵入朝。

他由泾州一路南下占据了豳州，接着想一鼓作气夺取长安。但他面对的对手可是李世民啊！而且这个时候天下大势已定，人心思安，已经没有罗艺作乱的空间了。

李世民命令尉迟敬德率兵讨伐，哪知道朝廷的大军还没出发，罗艺矫诏的事情就大白于天下，部队也随之土崩瓦解。对部队完全失去控制的罗艺抛弃妻子儿女，带领数百名亲兵逃奔突厥。跑到宁州（今甘肃省庆阳宁县）的时候，跟随的亲兵斩杀了罗艺，并将他的首级送回了长安。

# 第十五章　最后的战歌——梁师都和苑君璋

历史的车轮隆隆向前，大唐由唐高祖李渊的武德年间跨入到唐太宗李世民的贞观年间。纵观李渊在位的九年时间，最大的历史贡献就是剿灭诸多割据势力，基本上完成了统一工作。

但是战事还没完全结束，在唐王朝统治的核心地带关中的头顶，仍然盘踞着两股势力——苑君璋和梁师都，他们紧紧依附突厥，分别占据山西北部地区和黄河河套地区，并且时常引领突厥骑兵南侵，为祸唐境。

## 一　结局最好的割据势力——苑君璋

苑君璋，马邑人，出生于当地豪族，是刘武周的妹夫。刘武周兴兵攻唐的时候，苑君璋劝刘武周外附突厥，等待时机，徐图天下，不要贸然进攻大唐。但是刘武周没有听从，而是让苑君璋留守马邑，自己带领另外一个妹夫宋金刚大举犯唐。刘武周兵败身死后，苑君璋占据马邑，率领余众归附了突厥。

苑君璋虽然兵连突厥，但他仍然保持了自身的独立性，也不是一门心思坚决反唐到底，而是与大唐维持着一种若即若离的关系。苑君璋曾经几次想过放弃抵抗，投降李渊，但最终他选择了观望，选择了等待，等待他觉得会出现的、于他有利的“时机”。但是苑君璋的等待是徒劳的，从唐高祖李渊的武德年间到唐太宗李世民的贞观年间，苑君璋等来的不是于他有利的时机，而是于他大不利的时局。

一是将领的叛变。武德六年（公元623年）的时候，苑君璋的大将高满政劝苑君璋杀死马邑城内所有突厥兵投降唐朝，苑君璋没有听从。高满政于是率领本部兵马夜袭苑君璋，斩杀突厥兵，献城投降唐朝。苑君璋因为发现得早，躲过一劫，逃奔了突厥。虽然不久之后苑君璋援引突厥兵，重新占据马邑并击杀了高满政，但是经过此事后将领叛逃的事情就经常发生。

二是父子的离心。李渊曾经派遣使者前来招降苑君璋，苑君璋的儿子苑孝政极力赞成投降李渊，但是苑君璋却仍想着结援突厥，以观天下之变，于是抓捕了李渊的使者。苑孝政无奈之下只能单骑南奔，想投唐而去，却被苑君璋抓了回来并且拘禁了起来。

三是突厥的衰败。苑君璋最大的靠山就是突厥，但是贞观元年（公元627年），突厥由于内部政治混乱、朝纲不举，加之遭遇罕见的自然灾害，外部则由于铁勒诸部的叛乱，造成国力迅速衰弱。而随着突厥的衰弱，苑君璋也失去了这座靠山，失去了与大唐抗衡的最大资本。

时局对于苑君璋来讲越来越不利，特别是经过玄武门之变，唐太宗李世民继位，大唐顺利渡过内部危机后，苑君璋意识到天下之变的局面是不可能发生了。贞观元年（公元627年）五月，苑君璋彻底放弃抵抗，归附大唐。

唐太宗李世民不计前嫌，接受了苑君璋的投降，并任命他为隰州都督，封芮国公。苑君璋一直活到贞观中叶才去世，而且在为官期间颇具政绩，受到治下官民的爱戴，苑君璋也因此成为隋末割据群雄中结局最好的一个。

## 二　坚持最久的割据势力——梁师都

时间进入贞观初年，最后的钉子户就剩下割据朔方的梁师都了，而且梁师都与突厥的关系最密切，朔方也高悬在关中的头顶，对长安形成直接的威胁。面对几乎近在咫尺的梁师都，大唐之所以迟迟没有解决他，不是不想而是不能。

因为突厥对梁师都鼎力支持，立国之初的大唐确实无力与突厥进行对抗，只能隐忍不发。但是，当实力积攒到一定地步时，大唐必将抓住有利战机给予梁师都雷霆一击，剿灭这最后一股反叛势力，实现统一大业。

### 大度毗伽可汗

梁师都，夏州朔方（今陕西省榆林市）人，他的家族世代都是朔方的地方豪强，在当地势力很大。青年时代的梁师都英勇善战，官至隋朝的鹰扬府郎将。大业末年，天下纷乱，梁师都乘机而动，利用自身名望在朔方聚众起兵，随后便占领了朔方郡。

占据朔方后，梁师都做的第一件事就是结连突厥，并依靠突厥的力量四处出击。勇悍的梁师都很快便打下了陕西的北部地区和黄河河套地区。之后梁师都在朔方自称皇帝，建立梁国，并完全臣服于突厥，被突厥的始毕可汗册封为“大度毗伽可汗”，获赠“狼头纛”。

隋朝末年，天下群雄并起，很多称霸一方、野心勃勃的雄主都和强大的突厥有着千丝万缕的联系。但像梁师都以及前文说到的“定杨可汗”刘武周这样，彻底投靠突厥，接受突厥可汗册封，甚至打着突厥的狼头大旗四处出击的还是少数。

### 突厥可汗的南侵

紧紧依附突厥的梁师都时常勾连突厥南侵关中。其中有两次对唐朝而言情形特别危急，但冥冥之中似乎有神明庇佑，两次都因在位的突厥可汗突然死亡使得关中危机得以化解。

第一次发生在武德二年（公元619年）二月，突厥的始毕可汗亲率大军渡过黄河准备与梁师都在朔方会合，共同进攻关中；同时，突厥又派遣精骑在马邑与刘武周会合，准备入侵太原。

当时唐朝刚刚经历与薛举父子的大战，如果此时突厥大军南下，李渊势必难以抵敌。可是没想到始毕可汗在行军当中逝世，忙于丧事的突厥无心南征，退兵而去。

第二次发生在武德三年（公元620年）十一月，此时刘武周已死，李世民在中原战场上取得节节胜利。梁师都眼看天下形势已渐趋明朗，唐朝将统一天下，就唆使处罗可汗南下关中进攻唐朝，以期效仿北魏道武帝那样取而代之；就算不能取而代之，也要击败唐朝，使得中原维持分裂的局面。

处罗可汗接受了梁师都的建议，命令他的弟弟咄苾进攻原州（今宁夏固原）；突利可汗进攻幽州，之后会合窦建德从滏口进兵山西；梁师都则从朔方出发进攻延州（今陕西省延安市）。

处罗可汗的这次南侵比上一次始毕可汗的南侵更加凶猛，几乎迫使李渊召回兵围洛阳的李世民，放弃攻打王世充，放弃整个中原地区。可是同样没能想到，处罗可汗也适时地撒手人寰，突厥的大举入侵再次无疾而终。处罗可汗死后，他的弟弟咄苾继位为颉利可汗。

**攻陷朔方——梁师都的灭亡**

此后的梁师都仍然不断地勾结突厥南下侵略，关中地区也时刻面临着威胁和极大的军事压力。但是随着其他割据势力一一被剿灭，腾出手脚的大唐在积蓄足够力量，只等着时机一到便开始着手处理梁师都。

贞观元年（公元627年），梁师都的大后台突厥，内外交困，国力迅速衰弱。李世民了解到情况后，知道此时的突厥已难以庇护梁师都，因此寄书梁师都劝他早日归降。但是梁师都不答应，执意反抗到底。

没过多久，契丹族首领率众脱离突厥归降大唐，突厥的颉利可汗派使臣出使大唐，要求用梁师都换回契丹部众。李世民此时已看出梁师都对于突厥来讲无异于一枚“弃子”，他毫不犹豫地拒绝了颉利可汗的要求。

贞观二年（公元628年）四月，李世民开始对梁师都收网。

在兴兵征伐之前，唐军首先对梁师都展开游击战，频繁地派遣小股部队入境梁国，目标不是攻城略地，而是践踏梁国境内的稻田禾苗。梁国本就土地狭小，可供耕作的农地就更少，这样一来粮食就绝收了，大量百姓逃离梁国投奔唐朝而去。

其次是实施反间计，通过收买、利诱离间梁师都及其文武大臣之间的关系。

看到梁师都君臣离心，百姓流离失所，军队战斗力也越来越弱，李世民决定一举击溃梁师都。他派遣柴绍、薛万均合兵进攻朔方城，颉利可汗虽然发兵前来救援，但被柴绍击败，狼狈逃回。随后唐军包围朔方城，梁师都还想负隅顽抗，但被他的堂弟梁洛仁杀死。最后的割据势力——梁师都，就这样退出了历史舞台。

# 第十六章　统一战争时期军事总结

唐朝顺利平定天下，完成统一大业。那为什么是唐朝承担起这一历史使命？在众多割据诸侯中历史为什么选择李渊和李世民？而在波澜壮阔的统一战争中，又是谁建立了累世奇功？让我们一起从战争的角度来找找原因，来分析分析结果。

## 一　为什么是大唐?

李渊既不是最早起兵的一个，初期也不是实力最雄厚的一个，为什么他实现了统一的终极目标？这其中的原因是多方面的，我们主要从战争的角度来分析“为什么是大唐”。

首先是战略目标。“凡事预则立，不预则废”。如果没有一个明晰的战略目标，总是处于摇摆和犹豫当中，则事必无成。李渊以及他所属的军事集团，始终有一条清晰而明确的总战略目标，那就是“代隋自立，统一天下，开创伟业”。

在这个总战略目标的基础上，李渊和李世民还根据所处的不同征战阶段和不同征战条件制定不同的战略目标。

在晋阳起兵之初，李渊确定的战略目标是“定鼎长安”。虽然仅仅只用了四个月，李渊就完成了这个战略目标，但当时面对的困难却丝毫不小。因为那个时期唐军是弱小的，周边又有虎视眈眈的割据群豪，而且长安又是隋朝根基之所在，有雄关，有天堑，统治力量强大，如果一招不慎将导致满盘皆输。

这个战略目标的实现很大程度上是依靠李世民坚定的作战意志和作战决心。战霍邑，弃河东，哪怕是冒着太原失守、后路被断绝的危险，李世民都没有选择退让，而是坚定地西望长安，并以最快的速度，抢在群雄之前，跨越黄河，进占关中，最终顺利定鼎长安。

在占领长安后，李渊又制定了“稳固关中，据险养威，徐观鹬蚌之势，以收渔人之功”的战略目标，而且，政治经验丰富的李渊没有急于废黜杨侑，自立称帝，而是借助隋室的名义，文攻武吓，文武两手一起抓，两手都过硬。

“文”的方面打着隋朝的旗号，传檄招抚四方，随着长安周边以及巴蜀等地区的归附，关中的形势也渐趋稳固；“武”的方面则是主动出击，平定薛氏父子，击溃刘武周、宋金刚，擒拿李轨，彻底解除了来自关中周边的河西、河东和陇右地区的直接威胁，此时的李渊进可攻退可守，在战略上处于十分有利的地位。

等到关中及周边形势稳定了，自身实力得到拓展之后，李渊又适时制定了“经略中原”的战略目标。

这个目标是唐朝统一天下的重点和难点，因为中原处于天下之中心地位，谁掌握了中原，谁就获得了战略主动权。此时的中原盘踞着王世充、窦建德两大实力最雄厚的割据势力，不平定这两大拦路虎，统一则无从谈起。

一场旷日持久的激战在中原大地展开，战事的后期王世充和窦建德开始联兵对抗李世民，想迫使唐朝势力退出中原。但李世民的战略决心是不会有任何动摇的，他选择单挑二虎，并最终在虎牢关一举击溃并俘获窦建德，不久后王世充也献出洛阳投降。

啃下中原这块硬骨头后，“平定南北，廓清四野”，成为实现统一、开创伟业的终极战略目标。这个时候的唐朝已经具备了同时打赢两场高强度局部战争的实力。

南方的李孝恭、李靖兵出巴蜀，顺长江东下，很快占领江陵，平定萧铣。李世民、李建成先后征讨窦建德旧部刘黑闼，再次克定河北。随后收岭表，下江南，攻朔方，最终完成统一大业。

其次是战术执行上。准确清晰的战略目标也必须靠坚决灵活的战术执行力来实现。

在起兵之初，下定"代隋自立"的战略决心后，李渊在执行方面却体现了他的原则性与灵活性的相统一，他打的旗号并不是"反隋自立"，而是"忠于隋室，拥立杨侑"。这个旗号一举，很多仍然心系隋朝的人都跑过来辅佐，这大大减轻了李渊进取关中、定鼎长安时所遭受的阻力。

在开始征伐群雄、统一天下的过程中，有四个战术执行的关键节点发挥了至关重要的作用。

一是由盛彦师、任瑰驻守的熊州和榖州；二是由燕王罗艺镇守的幽州；三是由楚王杜伏威镇守的历阳；四是由淮安王李神通和李勣驻守的黎阳。从地图上可以看到，这四个节点正好位于南、北、西、东

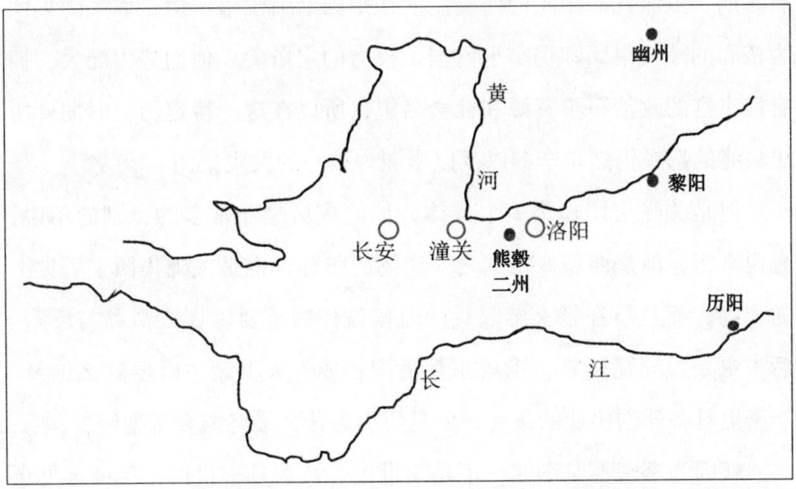


初唐军事态势示意图

四个方向，将隋的疆域牢牢掌握在其间。

这四个地方的将领和驻军也确实发挥了重要的作用。熊州和榖州抵御住了王世充的西进，使唐军的战略前线几乎推进到洛阳城下，从而获得了极大的战略优势和战场空间。

幽州的罗艺则先是牵制住了窦建德，延阻了窦建德和王世充的军事联盟，为李世民最终克定中原争取了宝贵的时间。其后又分别和李世民、李建成南北夹击刘黑闼，最终平定了整个河北。

历阳的杜伏威则替唐朝看守住了富庶的江南，使得李渊可以专心应对中原和河北的强大敌人。并且在李世民征讨王世充的时候，杜伏威在江南发兵响应，攻击王世充的侧翼，为李世民的中原作战提供了有效地策应。

位于河南、河北和山东交界的黎阳，则分割开了王世充、窦建德、徐圆朗等各大势力，深深地嵌在中原大地的心脏地带，由于地处四战之地，周围都是割据一方的虎狼之师，所以几度失手，又几度复得，甚至李神通和李勣都一度陷身敌手。

最后，也是最关键的原因，我认为是天下大势以及人的因素。隋唐时期，虽然九品中正的门阀制度在中国渐渐没落，但是以关陇集团为核心的军政集团却仍牢牢占据了权力的宝塔尖。他们势力庞大，拥有最丰富的政治军事资源和社会名望，所以在这一特定历史时期，历史最终的选择仍然是李渊以及以李渊为核心的关陇集团。

但是关陇集团作为一个集体，他的成员是非常多的，别的不说，光说李密，他是西魏八柱国之一李弼的曾孙，也是关陇集团宝塔尖上的人物，而且早在杨玄感起兵的时候就作为重要参谋人员参与反隋。后来更是领导瓦岗军，围攻东都洛阳，成为天下盟主。要这么论及，李密更具备开创伟业的条件，但是历史为什么最终抛弃了他呢？

就因为李密不是李渊，不是李世民。特别是李世民，他的远见卓识和英勇无畏确实无人出其右，他和他的父亲李渊都是唐朝建立并最终完成统一大业的策划者和执行人，而且李世民是最主要、最坚定的执行人。

## 二　谁的功劳最大——十大战将

再来分析一下谁的功劳最大并评选出十大战将。同样的，这次的出发点仍然是依战争的角度，考量的主要因素是战功。要分析谁的战功最大，要让数据来说话。先来看看大唐平定割据诸侯的情况，以及领军的主要将领情况。

**唐初平定主要割据势力一览表**

| 时间 | 地点 | 人物及主要事件 | 唐朝领军主将 |
|---|---|---|---|
| 武德元年(公元618年)十一月 | 高墌 | 平定薛氏父子 | 李世民 |
| 武德二年(公元619年)一月 | 熊耳山 | 李密叛唐被杀 | 盛彦师 |
| 武德二年(公元619年)五月 | 凉州 | 李轨被俘身死 | 安修仁、安兴贵 |
| 武德三年(公元620年) | 吴郡 | 沈法兴投江而死 | |
| 武德三年(公元620年)四月 | 晋阳 | 刘武周兵败身死 | 李世民 |
| 武德四年(公元621年)五月 | 虎牢 | 窦建德被俘身死 | 李世民 |
| 武德四年(公元621年)五月 | 洛阳 | 王世充投降被杀 | 李世民 |
| 武德四年(公元621年)十月 | 江陵 | 萧铣降唐被杀 | 李孝恭、李靖 |
| 武德五年(公元622年)七月 | 蓝田 | 李子通叛唐身死 | |
| 武德六年(公元623年)一月 | 饶阳 | 刘黑闼兵败身死 | 李世民、李建成 |
| 武德六年(公元623年)二月 | 兖州 | 徐圆朗兵败身死 | |
| 武德六年(公元623年)十二月 | 洪州 | 张善安兵败身死 | 李大亮 |
| 武德七年(公元624年)二月 | 渔阳 | 高开道自杀身死 | |
| 武德七年(公元624年)三月 | 丹阳 | 辅公祏兵败身死 | 李孝恭、李靖 |
| 贞观元年(公元627年)五月 | 马邑 | 苑君璋降唐 | |
| 贞观二年(公元628年)四月 | 朔方 | 梁师都兵败身死 | 柴绍、薛万均 |

表格列出了被平定的十六大割据势力，我们按照平定的方式将这

十六大割据势力划分为三类。

第一类，使用武力通过艰苦卓绝的战斗予以平定。包括薛氏父子、刘武周、窦建德、王世充、萧铣、刘黑闼与辅公祏等7人。

第二类，没有采用大规模征战方式而得以平定。包括李密、李轨、张善安、梁师都与徐圆朗等5人。

第三类，被其他割据势力消灭，或者以投降的方式归顺唐朝。包括沈法兴、李子通、高开道与苑君璋等4人。

由于在平定第二类和第三类势力的时候，唐军战场优势明显，领军主将在战功方面的表现并不突出，所以参加此次评选的仅限于平定第一类势力的领军主将。

**唐初平定第一类势力领军主将一览表**

| 割据势力 | 唐军领军主将 |
|---|---|
| 薛氏父子 | 李世民 |
| 刘武周 | 李世民 |
| 窦建德 | 李世民 |
| 王世充 | 李世民 |
| 萧铣 | 李孝恭、李靖 |
| 辅公祏 | 李孝恭、李靖 |
| 刘黑闼 | 李世民、李建成 |

非常直观，主将的战功排名为：1.李世民，2.李孝恭，3.李靖，4.李建成。

完成主将的排名后，我们继续进行其他战将的战功排名。在这里采用一种非常流行的分析方法——大数据分析法，来进行此项排名工作。具体做法是提炼出在本文中出现次数较多的主要将领，并按照出现次数的多少结合实际的战场表现来进行排序。

李勣：53次，屈突通：44次，秦叔宝：26次，罗士信：23次，安兴贵：18次，盛彦师：18次，程知节：17次，尉迟恭：16次，李神通：15次，史万宝：12，次任瑰：11次。

这里面，罗士信因为在进攻刘黑闼的时候战死洺州，死时年仅二十岁，他没能参与之后的统一战争故此忍痛放弃。安兴贵和盛彦师出现的次数相当，在这里我会选择安兴贵，因为他是剿灭李轨、智赚河西的主将，而盛彦师虽然在熊耳山斩杀李密立下大功，但后来因为王薄事件受牵连被李渊处死，之后的统一之战也没有参与。

所以，综合数据和战场表现分析，最后的战将排名为：1. 李勣，2. 屈突通，3. 秦叔宝，4. 安兴贵。加上前面4位主将，目前已经选出了八位将领。那最后两位是谁呢？我的答案是罗艺和杜伏威。

理由很简单，这两位被李渊封为异姓王的将领，罗艺占据幽州，抵抗住了高开道、窦建德和突厥军队的进攻，并在李世民、李建成经略河北的时候，于北部战场给予刘黑闼强力地打击；杜伏威则结束江南“三国”之争，保有了富庶的江南地区，并在李世民和王世充展开中原大战的时候，从侧后方提供了有力的军事支援。

虽然，罗艺和杜伏威最后的结局都不好，罗艺在贞观初年叛唐被诛，杜伏威则受到辅公祏反叛事件的牵连而暴亡于长安，但实事求是地讲，并不能因此抹杀二人为大唐统一所立下的功绩。

故此，十大战将排名：1.李世民，2.李孝恭，3.李靖，4.李建成，5.李勣，6.屈突通，7.秦叔宝，8.安兴贵，9.罗艺，10.杜伏威。

慨然抚长剑，济世岂邀名。
星旆纷电举，日羽肃天行。
遍野屯万骑，临原驻五营。
登山麾武节，背水纵神兵。

在昔戎戈动，今来宇宙平。

——李世民《还陕述怀》

“慨然抚长剑，济世岂邀名，在昔戎戈动，今来宇宙平。”大唐，在他的决策者、执行人李渊和李世民的带领下，在众多谋臣勇将的辅佐下，迎合人心思定的天下民意，通过明确清晰的战略决策和坚定不移的战术执行以及坚苦卓绝、顽强不屈的战斗，最终平定群雄，肃清宇内，完成了统一大业。

但这仅仅只是个起点，后面还有更加艰巨的历史任务和无上荣光等待大唐去承担、去实现，那就是征伐四方。

## 第六篇

# 翻越突厥

大唐完成了统一大业，但他并没有停下战斗的脚步。我们先来看看这个历史时期唐朝所处的周边环境。

北边有虎视眈眈的东突厥以及臣属于东突厥的铁勒诸部；东北方向有契丹、奚、靺鞨等部落，以及隋炀帝杨广历经三次征伐都未曾驯服的高句丽王国；西北方向有西突厥，有两汉时期的故土西域诸国；西边，在现在的青藏高原上，吐谷浑汗国占据着青海湖地区，更西边则是吐蕃王国。

而在更加遥远的西方，越过西域诸国，跨过葱岭（今帕米尔高原）则进入中西亚地区，那里有昭武九姓胡，剽悍的萨珊波斯以及更加强大的大食帝国。

四周诸强环绕，要伫立历史舞台的中央，站上世界之巅，就要敢于亮剑、勇于开拓，而大唐亮剑的第一个目标就指向了突厥。

突厥，魏晋南北朝时期崛起于塞北的草原民族。隋文帝时期，突厥汗国分裂为东西二部，以金山（今阿尔泰山）为界，东部称为东突厥，西部称为西突厥。

东突厥占据着塞北及漠南之地，漠北和瀚海的铁勒诸部，东北的契丹、奚、靺鞨等部落尽诸臣服于东突厥。西突厥则占据着今新疆天山以北以及中亚等地区，最西远达今里海沿岸，与来自西亚的萨珊波斯接壤，而天山以南的高昌、龟兹、于阗等西域诸国尽皆其藩属。

毫不夸张地讲，突厥是当时东亚乃至整个亚洲大陆最强盛的国家，其实力远远超过刚刚完成统一大业的唐朝，他就像一座高不可攀的大山横亘在新兴的大唐面前。所以，唐与突厥之间的战争可称为“翻山之战”。

# 第十七章　草原帝国——突厥

魏晋南北朝末期，在塞北草原上崛起了一个新的游牧民族——突厥。

我们都知道远在秦、汉时期，中原王朝最大的威胁来自于塞北的匈奴，但在两汉不停地攻击下，强悍的匈奴最终覆灭，销声匿迹于塞北草原。

匈奴之后，鲜卑族逐渐强盛，成为塞北草原的主人，并一步步入主中原，建立北魏，历史的脚步也随之进入魏晋南北朝时期。此时，突厥作为一个新的民族、一个新兴的部落联盟国家，逐渐强盛起来，慢慢占据了塞北草原，并在隋唐时期成为草原的主宰者，成为中原王朝的心腹大患。

## 一　突厥的起源与兴起

关于突厥族的由来，历史上有两种说法。一种说法是根据《周书》和《北史》的记载，突厥实为匈奴之别种，姓阿史那氏；另一种说法则来自《隋书·突厥传》，“突厥之先，平凉杂胡也，姓阿史那氏”。至于究竟是匈奴别种还是平凉杂胡，则史家未有定论。

匈奴别种说。突厥人的祖先最早居住在西海（即今中亚里海）西边，是匈奴的一个分支，但独自成为一个部落，以阿史那氏为姓。后来突厥人在一次作战中被邻国打败，族人全部被杀，仅余下一个小男孩，年龄在十岁左右。邻国的士兵看他年龄这么小，不忍心杀害他，就把他的手脚砍掉，扔到了草丛当中。《北史》载："有牝狼以肉饵之，及长，与狼交合，遂有孕焉。"

邻国的人听说这个小男孩还活着，于是又派人来杀他。本来杀手要将母狼一起杀掉，但冥冥之中好像有神灵相佑，杀手放过了母狼并把它扔在了西海的东边、高昌国西北的一座山中。这只母狼藏在一个山洞之中，生下了十个男孩，后来这十个男孩各自长大，娶妻生子，开枝散叶，并自为一姓。

阿史那氏就是其中最为贤能的一个支，于是大家就推举阿史那氏做了部落君长，并在部落的营门前树立狼头大旗，以表示自己是狼的传人。多年后，随着部落的发展，有一个叫阿贤设的人，率领突厥人走出大山，来到了塞北草原，做了柔然汗国的臣民。

平凉杂胡说。根据《隋书·突厥传》的记载，突厥族来自于平凉杂胡，非正宗的胡人，姓阿史那氏。魏太武帝拓跋焘消灭沮渠氏后，阿史那带领五百家投奔了柔然汗国，世代居住在金山南侧，是柔然人的铁匠。金山的形状像兜鍪（汉语发音近似"兜谋"），也就是头盔，俗称兜鍪为突厥，因此以突厥作为民族和国家的称号。

起初，突厥一直都臣服于柔然，但随着北魏分裂为东、西二魏以及柔然汗国的日渐衰弱，突厥快速崛起。特别是阿史那土门成为突厥酋长后，率部大败铁勒部落，铁勒部落五万余人投降归附了突厥，使得突厥实力大增。

击降铁勒、力量大增的阿史那土门此时自视甚高，于是向柔然国主请求通婚。哪曾想柔然国主阿那瓌不仅不同意，还派出使者辱骂阿史那土门说："你们突厥只不过是替我打铁的奴才，怎么敢说出这样的话！"阿史那土门听了之后大怒，便杀了柔然使者。

公元550年，阿史那土门宣布脱离柔然独立。公元552年，阿史那土门发兵进攻柔然，在怀荒之北大败柔然，占领了柔然北部之地。阿那瓌兵败自杀，其余众人拥立阿那瓌的叔父邓叔子为柔然国主。阿史那土门于是自称伊利可汗，成为第一任的突厥可汗。

伊利可汗死后，他的儿子（另一说是他的弟弟）阿史那科罗继位，号为逸可汗（又称作乙息可汗、阿逸可汗）。逸可汗继承他父亲伊利可汗的遗志，继续攻击柔然汗国，又在沃野之北的赖山打败邓叔子。但逸可汗继位没多久就死去了，他没有立他的儿子阿史那摄图为可汗，而是改立他的弟弟阿史那俟斤为突厥可汗，这就是第三任突厥可汗——木杆可汗。

突厥在木杆可汗的带领下进入了全面发展阶段。公元555年，木杆可汗率兵击败邓叔子，彻底攻灭了柔然汗国，邓叔子逃离漠北投奔了西魏。接着木杆可汗又打败、收降了众多部族，尽有了漠北之地。

攻灭柔然，尽占漠北之后，突厥的势力已经发展得十分强大，而且南部领地已经与西魏相接壤。木杆可汗自恃强盛，派遣使者赴西魏，多次催逼诛杀邓叔子。此时相对于强大的突厥，弱小的西魏根本无力抗拒，只能将邓叔子等人交付木杆可汗的使者处置，耀武扬威的木杆可汗使者就在长安城门外，将邓叔子等三千余人就地斩杀。

公元557年，北周取代西魏，而之前北齐也取代了东魏，中国的北朝进入北周和北齐相互对峙的时代，双方连年征战，打得不可开交。为了争取到突厥的支持，北周和北齐都争着向突厥进贡。突厥当然是乐意看到这样的局面，这样他们就可以长袖善舞、多方获利。

这种局面一直持续到木杆可汗死亡，他的弟弟阿史那佗钵继位，成为突厥的第四任可汗——佗钵可汗。佗钵可汗继位后曾不无得意地对他的属下说："只要使我在南边的两个儿子（指的是北齐和北周）孝顺，何必忧虑没有财物呢!"

可以看出，突厥从第一任伊利可汗开始，降铁勒、灭柔然，吞并漠北各部族，实力一天天强盛，到第四任可汗佗钵可汗继位，突厥据有了东到辽海（今渤海北岸），西至里海以东的乌浒水（既今之阿姆河），北到贝加尔湖，南至内蒙古，东西长达万里、南北宽五六千里的广袤疆域，后来突厥协助北周征伐北齐，甚至一度占据了并州（即今之山西太原）。

## 二　长孙晟计间突厥

突厥利用北周和北齐之间的敌对关系大搞平衡，大肆捞取实惠，但这种状况很快就被打破了。

公元577年，北周攻灭北齐，统一了北朝，突厥再也不能够利用两国的敌对关系而大获其利了。时间来到公元581年，这一年发生了两件大事，一是突厥佗钵可汗去世，二是隋文帝杨坚取代北周建立隋朝。

佗钵可汗去世后，突厥贵族之间产生了激烈的权力争斗，其结果是内部大小可汗林立。而隋文帝杨坚取代北周后，也改变了北周时期恭敬谨慎侍奉突厥的政策，转而采取强硬立场，并趁着突厥内部权力斗争而进行分化、瓦解。在这种内外夹击的形势下，强盛的突厥开始逐步走向分裂。

突厥汗国内部权斗。佗钵可汗去世前曾立下遗嘱，要将突厥可汗之位传给他哥哥、第三任可汗木杆可汗的儿子阿史那大逻便，而不传位给自己的儿子阿史那菴逻。于是在佗钵可汗去世后，突厥贵族们准备拥立阿史那大逻便为新的突厥可汗。但是阿史那大逻便的母亲出身贫寒，而突厥在继承人的选择上又特别看重母亲的出身，因此很多人都内心不服阿史那大逻便，想立母族高贵的阿史那菴逻为突厥可汗。

一边是前任可汗的遗嘱，一边是大多数族人内心的想法，两者之间的严重冲突，使得可汗的人选一时难以决定。这个时候有一个人的意见很关键，他就是第二任可汗逸可汗的儿子阿史那摄图。

阿史那摄图在突厥第三代贵族中年龄最大，而且雄健勇武，他明确地告知："如果阿史那菴逻继位，我自当率领兄弟们服从领导，如果是阿史那大逻便登位，我一定宣布脱离汗国，利刀长矛，战场上兵戎相见。"有了阿史那摄图一席话，阿史那菴逻便顺利继承了突厥汗位。

阿史那菴逻继位后，原本按照佗钵可汗遗嘱应该继承可汗之位的阿史那大逻便不干了，他天天派人到阿史那菴逻的牙帐进行辱骂，阿史那菴逻无法制止，于是索性将可汗的宝座让给阿史那摄图。

当然私相授受肯定是不行的，还得经过汗国最高酋长会议的认同。突厥当权贵族们商量后认为，既然阿史那菴逻和阿史那大逻便谁都不服谁，谁都做不成可汗，不如就将可汗之位交给最贤能的阿史那摄图。于是阿史那摄图继位，成为突厥第五任可汗沙钵略可汗。

沙钵略可汗继位后，将牙帐设在都斤山（今外蒙古杭爱山），不死心的阿史那大逻便仍然跑来质问沙钵略可汗："我和你一样都是前任可汗的儿子，你现在地位尊崇，而我却什么都没有，这是为什么呢？"

沙钵略可汗为了抚慰众兄弟，于是封阿史那大逻便为"阿波可汗"，继承他父亲的原有部落；封阿史那菴逻为"第二可汗"，迁居独洛水（今外蒙古土拉河）；又封族叔阿史那玷厥为"达头可汗"，留居汗国西部，各可汗各自统御自己的本部落。

沙钵略可汗这样分封的初心应该是想抚慰众人，平衡各方势力，增强突厥内部的凝聚力；但是事与愿违，这不仅成为隋文帝杨坚分化、打击突厥的抓手，而且最终导致了突厥帝国的分裂。

提起长孙晟大家可能不太熟悉，但是，如果提到李世民的长孙皇后，绝大多数人都不会陌生。没错，长孙晟就是唐太宗李世民的老丈人，他的三女儿便是唐太宗的文德皇后长孙皇后，而长孙晟的第四子便是唐朝开国功臣，一代名相长孙无忌。

长孙晟可以说是分化打击突厥，并最终促使突厥大分裂的第一功臣。

公元580年，还在北周宣帝年间，突厥的沙钵略可汗请求与北周通婚和亲，朝廷以千金公主嫁给他为妻，并派长孙晟护送千金公主前往突厥。

虽然是和亲，但双方也免不了互相炫耀一下实力。有一次长孙晟和沙钵略可汗外出打猎，看到有两只雕在空中飞着争肉吃，随行的士兵们争着用箭射，但雕飞得又高又快，谁也射不中。于是沙钵略可汗交给长孙晟两支箭，让他把两只雕射下来。长孙晟却只取了一支，弯弓搭箭，一箭射穿两雕，这就是成语“一箭双雕”的来历。

沙钵略可汗非常欣赏射箭技术精湛、相貌堂堂的长孙晟，就将他留在突厥整整一年，命皇族和贵族子弟跟他亲密交往，学习射箭技艺。

沙钵略可汗有个弟弟叫阿史那处罗侯，在突厥国内威望很高，颇受众人爱戴，因此沙钵略可汗对这个弟弟十分猜忌。阿史那处罗侯于是暗中与长孙晟秘密结盟，相约互为外援，并整天带着长孙晟四处游猎。长孙晟是一个很有心计的人，他利用经常出去狩猎的机会，仔细观察突厥的山川地形，把要塞、江河、道路都默默记了下来。同时，他也把突厥各部力量的强弱、互相之间的矛盾斗争也都了解得清清楚楚。

公元581年，隋朝取代北周。北周嫁到突厥的千金公主，痛恨杨坚灭亡了她的娘家，因此日夜请求沙钵略可汗进攻隋朝，为宇文皇族复仇。沙钵略可汗于是联合故北齐营州刺史高宝宁，共同发兵攻击隋境。隋国立国未久，国力尚弱，杨坚因为突厥的进攻相当烦恼，但也只能训令沿边地区增修长城、兴筑碉堡进行抵抗。

这个时候，熟知突厥事务的长孙晟上书杨坚，并呈上著名的《上书进离间突厥计》。

> 玷厥之于摄图，兵强而位下，外名相属，内隙已彰，鼓动其情，必将自战。又处罗侯者，摄图之弟，奸多而势弱，曲取于众心，国人爱之，因为摄图所忌，其心殊不自安，迹示弥缝，实怀疑惧。又阿波首鼠，介在其间，颇畏摄图，受其牵率，唯强是与，未有定心。今宜远交而近攻，离强而合弱，通使玷厥，说合阿波，十数年后，承衅讨之，必可一举而空其国矣。

长孙晟的奏章意思很明确，就是利用突厥内部大小可汗林立，各统强兵、内怀猜忌这一弱点，远交近攻，联合弱者，瓦解强者，这样十年之后，我们出动大军讨伐，可一战灭亡突厥。

杨坚看到长孙晟的奏章后非常的高兴，马上将长孙晟招到跟前进行详细地询问。长孙晟于是口述形势，手画山河，将突厥汗国的内部情况以及隋朝的克敌对策和盘托出。杨坚不但全部采纳，而且在今后与突厥的交往过程中予以坚定地贯彻执行。

## 三　帝国的分裂——东、西突厥

杨坚采纳了长孙晟的建议，对突厥汗国进行坚决地分化、打击。杨坚的打击目标就是突厥的大可汗——沙钵略可汗，拉拢的目标则是一众的小可汗，比如达头可汗、阿波可汗以及阿史那处罗侯等。

杨坚派遣使者进见达头可汗，赏赐他狼头大旗以示拉拢，并十分厚待达头可汗出使隋朝的使者。当达头可汗和沙钵略可汗的使者同时来朝的时候，杨坚往往让达头可汗的使者坐在沙钵略可汗使者的前面。这些让身为突厥大可汗的沙钵略可汗很不高兴，于是对达头可汗产生了怨恨。杨坚又任命长孙晟为车骑将军，让他多带金银珠宝，出使阿史那处罗侯的牙帐，进行封赏结交，一路上还拉拢奚、契丹等各部落。

杨坚的分化打击行动一经展开，迅速取得了预期效果，突厥汗国内部矛盾丛生，互相之间无端猜忌，之前团结一致的局面开始分崩离析。

**北伐突厥汗国**

经过对突厥汗国一系列的分化、打击和离间后，杨坚开始主动出击了。

公元583年4月，杨坚任命卫王杨爽为大元帅，从东中西三个方向大举北伐。

东路军从卢龙塞（今河北迁安县北）北出长城，攻击营州。一直坚守营州的高宝宁难以抵抗，只得向突厥求援。但与隋朝展开大战的突厥自顾不暇，无力出兵救援，高宝宁无奈之下只得放弃营州逃窜漠北，之后窜至契丹的高宝宁被他的部属诛杀。东路军大获全胜，顺利斩断突厥的左膀右臂。

中路军由杨爽亲自率领，从朔方（今山西朔州）出长城，寻找沙钵略可汗的主力进行决战。双方在白道（今内蒙古呼和浩特市武川县）展开了一场遭遇战。行军总管李充建议利用突厥军多年来习惯胜利，轻视我军的麻痹思想，采用精骑实施突击，攻敌于不备。虽然绝大部分将领对这个判断大表怀疑，但行军长史李徹坚决地支持李充。总管和长史都赞成此作战方案，身为大元帅的杨爽自然予以采纳，他交给李充五千精锐骑兵，向突厥展开了闪电袭击。

此一战突厥主力被打得溃不成军，伤亡惨重，沙钵略可汗也只得抛弃部众，狼狈逃往大漠深处。

西路军由凉州出发，攻击阿波可汗阿史那大逻便，并屡屡取得胜利。除了攻击，身为西路军行军副帅的长孙晟主要任务还是拉拢阿波可汗，长孙晟遣使对阿波可汗说：“沙钵略一定会将失败归罪于你，并着手消灭你，到时候你能抵挡得住吗？现在达头可汗已经和隋朝和解了，你难道不该联合达头一起对抗沙钵略吗？这样总比成为沙钵略的鱼肉要好得多吧！”

阿波可汗听闻后派出使者跟随长孙晟到长安进行朝见，投靠依附了隋朝。

高宝宁的覆灭，阿波可汗的背叛，再加上本部的溃败，使得沙钵略可汗感到极度地愤怒。他率军提前北返，袭击并占领了阿波可汗的牙帐，诛杀了阿波可汗的母亲及其他亲属，无家可还的阿波可汗只好西奔达头可汗。

从此以后，突厥的内战日益激烈，沙钵略、达头、阿波展开了你死我活的争斗，为了获取隋朝的支持，他们纷纷派使节前往长安，要求和解，请求支援。

**沙钵略可汗的归顺**

突厥内战不断，阿波可汗在达头可汗的帮助下，重新收拢部族成员，夺回了牙帐。彼时，突厥国内形成了沙钵略可汗占据南部，阿波可汗占据北部，达头可汗占据西部，且达头和阿波形成联盟共同攻击沙钵略这样一个局面。

公元584年，突厥的内战已持续了一年，沙钵略可汗在阿波、达头以及隋朝政府的联合攻击下，渐渐难以支撑。他于是向隋文帝杨坚请和，故北周的千金公主也主动申请改宇文姓为杨姓，并愿意当杨坚的女儿。

杨坚同意了沙钵略和解的请求，改封千金公主为隋大义公主。不知道杨坚改此称谓的时候，想到的是“大义灭亲”还是“深明大义”。但不管是哪一个，对大义公主来说，都一定是痛苦和可悲的，即使有着灭门的血海深仇，却依然要认“贼”作父。

当然这个时候，在沙钵略的眼里，虽然妻子改姓杨，自己也成为杨坚的女婿，在国书中也以“臣”自呼；但突厥只是向隋朝请和，两国是互不侵犯、相互尊重、世代友好的兄弟邻邦。

公元585年，由于不断受到达头可汗、阿波可汗和契丹等部落的攻击，沙钵略向隋朝求援。隋文帝杨坚命令晋王杨广带兵接应，并向沙钵略提供了大量的军资器物。接受援助后的沙钵略于是趁势攻击并大破阿波可汗。但没想到自己的老巢，突厥王庭（在今蒙古哈尔和林）却被阿拔国乘虚而入，他的老婆孩子也全部做了阿拔国的俘虏。得到消息的杨坚发兵击败阿拔国，救出了沙钵略的妻子儿女以及被俘虏的全部突厥人口和牲畜，并把他们还给了沙钵略可汗。从此以后，沙钵略诚心归附隋朝，愿永为藩属。

成为藩属后的沙钵略可汗，为了表达依附之心，在获得隋文帝杨坚同意的情况下，不断率众南迁，从漠北逐渐移至漠南。

公元587年，沙钵略可汗逝世，他的弟弟阿史那处罗侯继位为突厥第六任可汗莫何可汗。莫何可汗勇敢又有谋略，而且继承他哥哥的遗志，同样对隋朝臣服。他继位后很快击败并擒拿了阿波可汗，交由隋朝处置。可惜的是仅仅一年后，莫何可汗在一次战斗中身中流矢而亡，沙钵略可汗的儿子阿史那雍虞闾在突厥贵族的拥护下，继位为突厥的第七任可汗都蓝可汗。

### 大义公主之死

沙钵略可汗、莫何可汗相继去世后，大义公主按照突厥习俗又改嫁给了都蓝可汗，都蓝可汗和大义公主仍然视隋为宗主国，行藩属之礼。

公元592年，在经历了近7年的交好期后，两国之间的平静被打破，都蓝可汗背叛隋朝，大义公主也可怜地被杀身死，而且是被都蓝可汗以大义灭亲这样一种方式杀死，这一切的发生都是因为一个微不足道的小人物。

这个小人物叫杨钦，是一名普普通通的隋朝通缉犯。因为受到朝廷的缉拿，杨钦只能四处躲藏，最后实在没地方躲了，只有逃亡到突厥。杨钦这个人虽然只是个普通逃犯，但他胆特别大，特别会搞事情，跑到突厥后他冒充隋朝彭国公刘昶的密使觐见大义公主。那他为什么要冒充刘昶的使者呢？

原来啊，这个刘昶的妻子也是故北周的宇文公主，杨钦就利用这一点诈称刘昶准备和他的妻子一起发动政变，颠覆隋王朝，故特别派遣他为密使出使突厥，准备联合突厥，里应外合，共同起兵攻隋。

这么一个漏洞百出的谎言，只要派出一名使者到隋朝一查问就能搞清楚，大义公主和都蓝可汗却深信不疑。都蓝可汗更是停止向隋朝进贡，并时不时派出骑兵沿边进行袭扰。

摸不清突厥情况的杨坚三次派出长孙晟出使突厥。第一次出使，长孙晟通过秘密调查，很快发现杨钦的图谋，而且大义公主的情夫安西胡人安遂迦也参与其中。

第二次出使，长孙晟在都蓝可汗百般抵赖、拒不交出杨钦的情况下，通过贿赂突厥的一位高官，掌握了杨钦的藏匿之所，深夜突袭，活捉了杨钦。在事实面前，都蓝可汗不得不将同谋的安遂迦一并逮捕交由长孙晟处置。清除掉杨钦和安遂迦后，杨坚知道关键的祸根还是大义公主，毕竟她是北周的宗室女，还是心向宇文皇族的。

第三次，杨坚派遣长孙晟和裴矩一同出使突厥。恰好此时已死去的莫何可汗的儿子，也就是都蓝可汗的堂弟突利可汗阿史那染干向隋朝请求和亲。裴矩告诉突利可汗，你只要能够杀死大义公主，隋朝就一定会答应和亲。突利可汗遂在都蓝可汗面前，揭露大义公主与安遂迦的奸情，盛怒之下的都蓝亲手杀死了大义公主。

随着杨钦、安遂迦和大义公主的死去，都蓝可汗重新归顺，而且还请求隋文帝再赐一名公主下嫁给他。按理说隋朝应该利用这个机会挑选一名公主下嫁都蓝，以缓和与突厥之间的矛盾；但杨坚没有这么做，他没有理会都蓝的请求，反而将安义公主下嫁给突利可汗，并协助他南迁到更加靠近隋朝的都斤山定居。

突厥内部矛盾再一次被激化，愤怒的都蓝再一次停止对隋朝进贡，并开始沿边抢掠，而突利可汗每每收到消息都会派人及时奏报杨坚。

### 东、西突厥

公元599年二月，突利可汗向隋朝报告，都蓝可汗已不满足沿边劫掠，正在大造攻城器械，准备大举进攻大同城，杨坚于是决定联合突利可汗对突厥展开全面反击。

隋军兵分三路开始北伐，东路军由幽州出发，中路军由山西朔县出发，西路军由宁夏出发。东路军和中路军的主要攻击目标是都蓝可汗，西路军的主要攻击目标则为达头可汗。

都蓝可汗收到隋朝大举反攻的消息后，与达头可汗缔结盟约，共同抵抗隋朝，并对突利可汗展开了疯狂地进攻。突利可汗与都蓝可汗在长城脚下展开了殊死一战，结果突利可汗部队崩溃，大败而走，都蓝可汗将突利可汗的兄弟子侄全部杀光。无奈之下，突利只得逃奔长安，完全归附了隋朝。

都蓝与达头虽然击溃了突利，但是，面对隋朝三路大军的凶猛进攻，他们完全无法抵敌，都蓝越过阴山，向北溃逃七百余里，西路的达头更是身负重伤，向西逃得无影无踪，所属兵马几乎死伤殆尽。

公元599年年底，杨坚再次派出大军对都蓝可汗展开东西夹攻，部队还没有出塞，都蓝可汗就被部属刺杀，达头可汗于是自立为突厥大可汗。

而在这之前，杨坚已经册封归降的突利可汗为突厥汗国的启民大可汗，并兴筑“大利城”（在今内蒙古清水河县），划出河套地区收容启民可汗及前来归降的突厥军民。此时，安义公主已经过世，杨坚将义成公主下嫁启民可汗。

现时的突厥汗国存在两个大可汗，一个是居于汗国东部，归顺隋廷的启民可汗，另外一个则是占据汗国西部的达头可汗，这种东西对峙的局面持续了四年。公元603年，突厥汗国大乱，铁勒等十余部落背叛达头可汗，走投无路的达头投降了启民可汗。

似乎，这个时候启民可汗统一了整个突厥汗国，但是阿波可汗的余部在阿波可汗被俘虏后，拥护他的大臣阿史那鞅素的儿子（史书上没有记载他的名字）在汗国的西部继任为泥利可汗。泥利可汗去世后，他的儿子阿史那达漫继位，称处罗可汗。

处罗可汗占据了达头可汗原来的领地，建立西突厥汗国，处罗可汗也因此成为西突厥汗国的第一任大可汗。此时的突厥正式分裂为两个国家，虽然启民可汗仍然称呼他的汗国为突厥汗国，但为了与西突厥汗国进行区分，历史上将它称之为东突厥汗国。

# 第十八章　中原王朝的大患——东突厥

六世纪末，突厥汗国分裂为东、西二部，中原王朝也进入隋炀帝杨广的统治时期。没过多久，隋末大乱，隋唐交替，而东突厥由于距离中原王朝最近，且实力也最强大，成了中原王朝的心腹大患。

## 一　东突厥叛隋

隋炀帝时期，东突厥经历了两任可汗，分别是启民可汗和始毕可汗，而隋朝和东突厥之间也经历了两段不同的历史时期。一段是启民可汗在位时期，东突厥对隋朝彻底臣服，没有丝毫二心；另一段则是始毕可汗在位时期，东突厥与隋朝逐渐产生隔阂，并且随着隋末天下动荡，东突厥不再臣服，最终背叛隋朝。

### 隋炀帝北巡东突厥

大业三年（公元607年），爱折腾的杨广北巡东突厥，主要目的就一个，向启民可汗展示天子威仪。他计划从榆林郡（今内蒙古和林格尔）出塞，然后横跨整个东突厥领地，最后抵达涿郡。

六月，杨广抵达榆林郡，在出塞之前，他先派遣长孙晟到启民可汗的牙帐宣布谕旨。启民带领奚、室韦等所属部落的酋长数十人在牙帐内奉诏。

长孙晟看见牙帐内杂草丛生，很不高兴，认为这是对天子的不尊重，就想让启民可汗亲自除杂草，但他没有明言，而是指着这些杂草对启民说："这些草一定很香吧！"启民可汗不明就里，拔了一根草闻了闻，对长孙晟说："一点也不香啊！"长孙晟听后加重了语气："天子行幸所到之处，诸侯都要亲自打扫，开辟御路，以表示尊敬之心。我今天看到你牙帐内的杂草，还以为是你特意留的香草呢！"启民可汗听后恍然大悟，连连请罪，并拔出佩刀，亲自清除这些杂草，其他人看到首领都亲自干了，连忙争相动手。

这还不算完，启民可汗又役使全国民力修建了一条西起榆林北境，途经他的牙帐，东达涿郡，长三千余里、宽百步的御道，专门供杨广此次北巡使用。

做了这么多准备工作之后，启民可汗亲赴榆林行宫觐见杨广，并上表请求按照隋朝的样式改变东突厥的语言文字、着装服饰和生活习俗。这就不仅仅是归附了，简直就是全盘汉化，但杨广否决了启民的请求。

八月，杨广由榆林出发，开始了此次盛大的巡游。随行的甲士五十余万人，马匹十万匹，旌旗辎重，千里不绝。这还不够，杨广还命令宇文恺建造观风"行殿"，说白了就是可以移动的宫殿，底下安装轮轴，用以在御道上推动行走。行殿四周还建造长达两千步，雕梁画栋，亭台楼阁俱备的"行城"用来保卫行殿。声势之盛大，场面之宏伟，就连后来的唐太宗李世民都赞道："隋主入突厥，兵马之强，自古以来不过一两代耳。"

连李世民都赞不绝口，当时的东突厥民众更是惊以为神，每每看到行殿过来，十里之外就匍匐跪拜，没有一个胆敢骑马，启民可汗也早早在牙帐内等候御驾。杨广进入牙帐后，启民可汗跪伏在地给杨广斟茶倒酒，王侯以下的人都在帐前袒露出肩膀，割肩膀上的肉献给杨广，连抬头看一眼都不敢。

看到启民可汗如此卑恭，东突厥军民如此臣服，杨广在心理上获得极大满足。心花怒放的杨广即兴赋诗一首：“鹿塞鸿旗驻，龙庭翠辇回。毡帷望风举，穹庐向日开。呼韩顿颡至，屠耆接踵来。索辫擎膻肉，韦鞲献酒杯。何如汉天子，空上单于台。”表达自己巡幸塞外的历史功绩已超越历代帝王。

正当杨广在东突厥大肆炫耀，并沾沾自喜于自己“远超”历代帝王的威风之时，他不知道有一双眼睛正默默地注视着他。

启民可汗的儿子阿史那咄吉一言不发，冷眼旁观，杨广的奢侈无度、骄傲自负以及好大喜功、不惜民力在他的心里留下深深烙印，而叛隋的种子也于此刻在阿史那咄吉的心里生根发芽。

**雁门之围**

大业五年（公元609年），一心侍隋的启民可汗逝世，阿史那咄吉继位为始毕可汗，义成公主也按照突厥习俗，改嫁给始毕可汗，东突厥也在始毕可汗的带领下逐渐强盛。

此时长孙晟已经逝世，隋朝执掌外交工作的是裴矩。裴矩就想效法长孙晟再次对东突厥进行分化打击。裴矩请求隋炀帝将宗室女嫁给始毕可汗的弟弟叱吉设，并封叱吉设为南面可汗，但哪想到叱吉设恐兄弟失和，说什么也不肯接受。

始毕可汗知道这件事后，极为不满，认为隋朝是在有意离间。裴矩偷鸡不成蚀把米，非但没能拉拢叱吉设，分化东突厥，反而激起了始毕可汗的愤怒。

这还不够，裴矩认为始毕可汗有叛隋之心，都是史蜀胡悉（始毕可汗的宠臣，主持对隋贸易事务，是始毕可汗的左膀右臂）在给他出谋划策，于是设计诱杀了史蜀胡悉。始毕可汗获知后，彻底被激怒，从此以后就不再派人入朝进贡了。

大业十一年（公元615年）八月，此时天下已大乱，隋王朝处于风雨飘摇之中。就在这样的非常时期，隋炀帝仍然坚持出巡塞北，这是多爱折腾啊！但这一次的北巡带给杨广的不再是无限的风光，而是无尽的苦涩。

隋炀帝车驾巡游至雁门，始毕可汗亲率大军突袭，雁门郡所属的四十一座城池，已经被始毕可汗攻破了三十九座，只有雁门、崞县没有被攻下。东突厥军队将杨广团团围困在雁门，有些流箭都射到了杨广的脚边，吓得杨广六神无主，抱着小儿子赵王杨杲号啕大哭，连眼睛都哭肿了。

情况万分危殆，内史侍郎萧瑀向杨广献计：一是派人通知始毕可汗的妻子义成公主请求救援；二是诏令停止征伐辽东，息兵养民，并厚赏守城将士，坚守雁门；三是诏告天下兵马火速奔赴雁门勤王。

杨广全部采纳，亲自到城墙上巡视部队，并用高官厚禄激励守城将士拼死拒敌，同时遣使向义成公主求救。接到杨广的求救信后，义成公主派人到始毕可汗大营告急，谎称“北边有急”。始毕可汗恐怕汗国后方出现变故，又看到隋朝各路的勤王大军已陆续赶来，于是解除了雁门之围，率军返回。

## 二　李世民的“城下之盟”

雁门之围后没多久，杨广和他的隋朝消失在历史的烟尘当中，在天下纷乱中，历史跨入了唐朝。

唐朝在建立初期的主要任务是剿灭群雄，实现统一大业，所以这段时期唐朝对东突厥是臣服的，东突厥也在李渊夺取关中、定鼎长安的过程中提供了很大的帮助。当然在这一时期，诸如刘武周、梁师都、李轨、王世充、窦建德等地方群雄也纷纷依附于东突厥。始毕可汗当然乐于见到这种混乱的局面，中原越乱他获利就越多，所以对于前来依附的人是来者不拒。后来，随着唐朝逐渐强大，大有平定天下之势，东突厥也就不再和唐朝来往了，开始频繁进犯唐境，意图扼制唐朝势力快速发展。

武德二年（公元619年），始毕可汗联合梁师都、刘武周南下侵犯唐境，在出征之前始毕可汗亡故，他的弟弟处罗可汗继位。

武德三年（公元620年），处罗可汗大举进攻唐朝，在打算夺取并州的时候亡故，他的弟弟颉利可汗继位。

武德五年（公元622年），颉利可汗倾巢而出，兵分三路进犯唐朝，被李渊的外交攻势和坚决反击逼退。

连续三任可汗都对唐朝展开大规模地进攻，而且一次比一次疯狂，给新兴的唐朝带来了极大的压力。由于东突厥的连年侵扰，长安人心惶惶，李渊甚至动了迁都的念头，还派遣宇文士及到湖北襄阳和河南邓县，寻找可以定都的地方。李建成、李元吉以及裴寂都赞成迁都，只有李世民反对，由于李世民态度坚决，李渊最终打消了迁都的念头。

**五陇阪之和**

武德七年（公元624年），此时唐朝国内已逐渐安定，但是东突厥和唐朝的关系却越来越恶化。

八月，颉利可汗与他的侄子突利可汗联兵大举入寇，李世民率领大军北上御敌。因为正值盛夏，关中地区雨水经久不息，道路为大雨所阻断，粮食绝运。唐朝士卒由于经年征战，疲于征役，武器装备也损坏严重，所以朝廷上下都为此次的军事行动担忧。但是李世民不为所动，坚持主动出击，双方在豳州城西的五陇阪展开了遭遇战。

当时，东突厥势盛，唐军将士多有畏惧。李世民就对随同出征的李元吉说：“现在东突厥的骑兵占据险要地形，我们不可以向其示弱，应当与之一战。”哪知道李元吉害怕东突厥，不敢出战，李世民于是让李元吉留守大营，自己亲率一百名精骑出战。

大家可能会觉得，李世民太托大、太轻敌了，要知道此时的东突厥可是举全国之兵前来啊！而且是两名可汗亲自坐镇，李世民才带一百名骑兵出战，这不是以卵击石吗？李世民还真不是轻敌冒进，他本就没打算和东突厥硬拼。胸有成竹的他看出颉利可汗和突利可汗之间是存在矛盾的——只要善加利用，完全可以用计退敌。

冒着小雨，李世民在两军阵前高声喝道：“唐朝和东突厥两国是有盟约的，为何你们背弃誓约，深入我唐朝国境。我就是秦王李世民，可汗可否出阵来与我单打独斗？若是纵兵前来，我也只需要身边的这一百骑就足以抵御你们的大军。”

颉利没想到李世民敢出战，而且仅仅只带了一百名骑兵，一时之间搞不清楚李世民的意图，生怕中了李世民的计谋，故不敢轻举妄动，只是笑了笑而没有做出回应。看到颉利没有回应，李世民知道自己的计谋已经成功了一半，于是又策马向前，指责突利可汗：“你我曾经定下过盟约，相互救急，今次引大军相攻，真的不顾念兄弟之情吗？”突利听到后也没有作声。

李世民于是再次向前推进，并准备渡过沟堑。颉利看到李世民轻骑出战，又听到他与突利谈及兄弟之情，就怀疑李世民和突利之间有阴谋，担心李世民渡水后与突利两面夹攻自己，于是遣使制止李世民渡水进军，而他自己亦率领军队稍稍后撤，并重申愿与唐朝缔结盟约。

此时雨越下越大，李世民对诸将领说：“东突厥所倚重的就是他们的弓箭，现在雨下了这么久，他们弓箭上的筋胶肯定松动脱落了。失去了最厉害的武器，他们就好比飞鸟失去了翅膀，此时出其不意发动进攻，必能取胜。”于是率领骑兵冒雨前进。东突厥军队看到后大为惊慌。

趁着东突厥军心不稳，李世民遣使向突利晓以利害，突利心悦诚服表示愿意听命于李世民。这个时候颉利本打算出战，对李世民展开攻击，但是突利坚决不肯出兵。无奈之下，颉利只得派遣突利和阿史那思摩与李世民订立盟约，撤军而还。李世民还和突利结为兄弟。

**渭水之盟**

武德九年（公元626年）六月，发生了震动天下的玄武门之变，李世民诛杀李建成和李元吉。八月，唐高祖李渊禅位，唐太宗李世民继位。

颉利可汗和突利可汗听闻唐朝内部发生严重动乱，李世民刚刚继位，于是撕毁盟约，率领十余万大军大举南下，大有趁李世民继位不久、根基不稳之时，一战击溃唐军，迫使李世民臣服。东突厥的十数万大军一路南下，兵锋甚锐，沿途的唐军无力抵敌，很快东突厥大军就挺进至渭水便桥之北，兵临长安城下。

为了打探长安城内的虚实，颉利可汗派遣执失思力进入长安觐见李世民。执失思力在面见李世民后，夸口此次颉利和突利两位可汗带了百万雄兵前来，意图震慑住李世民。但见惯了大风大浪的李世民，如何会上他的当。李世民知道执失思力不过是虚张声势，于是厉声对他说："我与你们的可汗是当面立过盟约的，而且前后馈赠给你们的金银财帛无数。今天你们可汗背弃盟约，引兵相攻，难道就没感觉到愧疚吗？你们虽然是戎狄，但也是有良心的，这样忘恩负义还自夸强盛，不知羞耻，我今天就先斩了你！"

执失思力害怕极了，连忙请求饶命。萧瑀和封德彝也劝李世民，两国相争，不斩来使，还是礼送回去算了。李世民不同意，他认为将执失思力礼送回去，颉利可汗一定会认为他畏惧了，会越发猖狂嚣张，于是将执失思力囚禁了起来。

李世民与高士廉、房玄龄等六骑出玄武门，亲赴渭水边，与颉利可汗隔着渭水对话，指责他忘恩负义、背弃盟约。随后唐军各地的援兵纷至沓来，旌旗蔽野。颉利可汗看到执失思力去而不返，李世民又轻装而出，身后的部队也是军容严整，知道唐朝已做好了充分准备，因此面露惧色。

李世民也看出颉利出现了动摇，毕竟是举国而出，深入唐境，容不得半点闪失。

李世民于是挥退诸军，欲一个人前去与颉利可汗对话。萧瑀认为李世民太冒险了，在马前叩头谏阻，李世民安慰他说："东突厥之所以敢倾国而来，直抵长安城下，就是看到我国内部动乱，我又新近继位。如果我这个时候表现出丝毫的软弱，闭城不出，颉利可汗必然纵兵大掠，到时候就难以控制了。如果这个时候我轻骑独出，表现出对他们的轻视，同时炫耀军容，颉利肯定会犹豫不决。深入我们的国境，又犹豫不决，这个仗还怎么打呢？"

话音刚落没多久，颉利可汗就亲自过来请和，随后双方就在渭水的便桥上斩白马会盟，颉利可汗在索取大批赏赐后引兵退却。

渭水之盟，虽然李世民计退了东突厥，但确实是以贿赂的方式签下的"城下之盟"。所以这一事件在李世民心中留下屈辱的烙印，也让他看清东突厥忘义而好反的本性。接下来李世民唯一需要做的就是积蓄力量，等待时机，击溃颉利可汗，征服东突厥。而没过多久，李世民就等到了这个机会，对东突厥展开雷霆反击。

## 三　"战神"出击，旗开得胜

在经历了渭水之盟后，大唐王朝在李世民的带领下，国势蒸蒸日上，而东突厥在遭遇一系列的变故和打击下，国力日衰，两国之间的战略态势很快实现逆转。

郑元璹在贞观初年出使东突厥回来后，曾向李世民汇报东突厥的情况，他认为东突厥的灭亡不会超过三年时间，李世民深以为然，也许在这个时候，他已经在心里确定了三年灭亡东突厥的目标。

真的可以这么快，用三年的时间消灭东突厥吗？要知道不到一年前，强大的东突厥骑兵兵临长安城下，迫使李世民签署“城下之盟”，用贿赂、进贡的方式换取了颉利可汗的退兵，你现在告诉我用三年时间灭亡东突厥，这未免有点夸大其词吧！好吧，就让我们一起来看看，在这三年时间里到底发生了什么，让李世民笃定他能够完成这个看似不可能完成的任务。

贞观元年的三件事情。贞观元年（公元627年），发生了三件事，使得东突厥国力日弱。

一是赵德言擅权。作为一个游牧民族建立的国家，东突厥相对来讲民风淳朴，国家政令也相对简便，甚至有点随意，但后来受到中原王朝的影响，也开始变得繁文缛节起来。到了颉利可汗执政后期，颉利可汗更是重用汉人赵德言，赵德言也恃宠而骄，恃权擅政，改变东突厥的旧有风俗，各种政令也变得严苛，使得东突厥国内民怨沸腾。

二是遭遇极端恶劣天气情况。贞观元年的冬季，东突厥国内遭遇了罕见的风雪天气，造成国内大量的牲畜死亡，老百姓饥寒交迫，只能四处逃难。而这个时候，颉利可汗不想着怎么筹措物资，挽回损失，安抚百姓，反而向老百姓摊派更多的苛捐杂税，使得国内上下离心，叛乱纷起。

三是苑君璋的降唐。颉利可汗在之前数次入侵唐朝的时候，都是在唐朝国内其他割据势力的引领下展开的，他们互为犄角，联兵而动。到了贞观初，东突厥可倚仗的割据势力只剩下梁师都和苑君璋，而苑君璋于贞观元年（公元627年）五月率部归降了李世民。

贞观二年的三件事情。贞观二年（公元628年），同样发生了三件大事，使得东突厥内部分裂，彻底走向衰败。

一是梁师都的灭亡。李世民派遣柴绍和薛万均率兵征讨梁师都，在击退东突厥援军，围困朔方城后，终于剿灭了这最后一支割据势力，同时也断了东突厥最后一只可以仰仗的臂膀。

二是薛延陀的强盛。薛延陀是臣属于东突厥的铁勒诸部中的一支，随着颉利朝纲混乱、国力衰弱，薛延陀逐渐强盛，并脱离东突厥的控制。李世民趁机拉拢薛延陀，派遣乔师望择小路进见并册封薛延陀的俟斤夷男为真珠毗伽可汗。

三是突利可汗上表归降。在薛延陀反叛东突厥的时候，颉利可汗派遣突利率兵讨伐，结果突利被打得全军覆没，大败而回。怒不可遏的颉利可汗将突利拘禁起来，并鞭笞羞辱他，不堪忍受屈辱的突利可汗于是彻底与颉利可汗决裂，上表归附唐朝。

**阴山大决战**

仅仅两年，朝纲混乱、内部分裂、军民离心、藩属反叛，所有这一切预示着东突厥离覆灭不远了。贞观三年（公元629年），唐朝吹响了大决战的号角。

八月，代州都督张公谨上书唐太宗李世民，列举了六条东突厥必亡的原因：一、颉利可汗纵欲残暴，亲奸佞，诛忠良；二、薛延陀等之前臣服的各部落纷纷反叛；三、内部分裂，突利等不容于颉利可汗；四、连年天灾，牲畜冻毙，粮食绝收；五、颉利可汗疏远族人，唐军一到，内乱必生；六、早年北方战乱，汉人多避难于东突厥，时至今日，多有占据险地、聚众武装之人，可联络他们作为内部策应。

李世民采纳了张公谨的意见，着手准备与东突厥进行大决战。

这年冬季，李世民任命兵部尚书李靖为定襄道行军总管，并州都督李勣为通汉道行军总管，任城王李道宗为大同道行军总管，华州刺史柴绍为金河道行军总管，灵州都督薛万彻为畅武道行军总管，率领数十万大军，兵分六路，对东突厥展开了全面进攻，各路兵马都受李靖节制。

贞观四年（公元630年）正月，六路大军分进合击。而寻找颉利可汗主力进行大决战的任务，就落在了李靖和李勣两路大军身上，其中李靖军又是主攻方向，他的目标直指颉利可汗的牙帐——定襄城。

李靖率领三千骁骑从马邑出发，进驻恶阳岭。当天夜里，唐军未做任何休整，即对定襄城展开奇袭。颉利可汗根本没想到李靖出兵如此神速，竟然敢率领一支孤军深入他的王庭。未做任何防范的东突厥军被打得大败，颉利可汗又担心唐朝大军随后赶来，于是匆忙北撤，将牙帐搬迁至阴山。

这一仗不但迫使颉利可汗北逃，李靖还通过离间计，劝降了颉利可汗的亲信将领康苏密，康苏密携带隋朝萧皇后及隋炀帝的孙子杨政道一起归降。

再来看看李勣。李勣率军从云中城（今山西大同）出兵，攻击颉利可汗的侧翼，双方在白道展开大战。东突厥军队不支，放弃白道败逃，李靖和李勣在白道合军一处。

颉利可汗跑到阴山，派遣执失思力入朝谒见李世民，请求归附。李世民接受了颉利可汗的请求，命令各路大军暂停进攻，并派唐俭等人到颉利可汗的大营进行抚慰。其实这个时候，颉利可汗归附是假，行缓兵之计是真，他打算延阻唐军的进攻，自己好乘隙逃回漠北，重整旗鼓。

要么说李靖和李勣是唐初的一代“战神”呢！他们看穿了颉利可汗的意图，并且将计就计，共同谋划奇袭东突厥大营。因为这个时候，唐朝使者仍在东突厥大营，颉利可汗肯定猜不到唐军会不顾使者安危，发动突然进攻。

李靖挑选精锐骑兵一万人，轻装简从，连夜向颉利可汗的牙帐进发。李勣随后进军碛口（位于今内蒙古二连浩特境内），准备切断颉利返回漠北的退路。

李靖星夜赶赴阴山，颉利可汗果然未做防备，一路上只碰到数千东突厥卫兵，李靖全部俘获并让他们随唐军一起出征。行至阴山，李靖派遣苏定方带领二百名骑兵作为前锋，乘大雾秘密进军。他们来到距离颉利牙帐只有七里的地方，东突厥士兵才发觉，已为时晚矣。苏定方展开迅猛突袭，李靖率领大军随后赶至，东突厥军队大败，颉利可汗仓皇北逃，又在碛口遇到李勣，只得向西逃窜。

阴山一战，颉利可汗打光了所有的家当，东突厥士兵死伤殆尽，数十万人做了唐朝的俘虏，隋朝的义成公主也在这一仗中被杀身死。

颉利可汗逃奔苏尼失，打算继续依附吐谷浑。李道宗领兵尾随而至，包围苏尼失的营帐，逼迫苏尼失交出颉利可汗。无奈之下，苏尼失举兵投降，颉利可汗乘夜逃跑，躲入荒山之中，后被唐军俘获，东突厥随之灭亡。

## 四　天可汗

前方传来剿灭东突厥、俘获颉利可汗的消息后，整个唐廷震动，举国欢庆。这个强大的对手，这个曾经压在大唐头顶，让李渊和李世民遭受无尽屈辱的凶悍邻邦，就这样迅速地灭亡了。

四月，颉利被押解至长安，李世民在顺天门城楼举行了盛大的献俘仪式，京城长安万人空巷，大家都想一睹这个曾经不可一世的东突厥可汗的尊容。李世民当面数落颉利的五条罪状：“凭借父兄立下的功业，骄奢淫逸自取灭亡，其罪一；多次与我订立盟约而反复悖约，其罪二；自恃强大崇武好战，导致白骨遍野，其罪三；践踏我大唐国土，掠夺我大唐子民，其罪四；数次拖延不来朝拜，其罪五。但念你渭水之盟后，没再大规模侵犯唐境，故免你一死。”颉利痛哭谢罪。

太上皇李渊听说擒获了颉利可汗后，更是高兴地无以复加，自己曾经称臣东突厥的屈辱终于得以了雪耻。李渊于是召集李世民与一众文武大臣，以及诸王、王妃、公主等，在凌烟阁大摆宴席。酒酣处，大家也顾不上君臣之礼，李渊亲自弹奏琵琶，李世民则大跳胡舞，公卿大臣争相道贺，直至深夜。

还有更高兴的事，消灭了东突厥这个强大的对手，大唐声威远播，四夷首领共同诣阙请上唐太宗尊号“天可汗”。李世民说道：“我已做了大唐天子，又要做四方的天可汗吗？”文武群臣以及四夷族长都山呼万岁。自此以后，李世民以玺书赐各部落的酋长，都是以天可汗的名义。

中国的皇帝同时又是北方游牧民族的可汗，是隋唐时期的一大历史特色（隋文帝杨坚就被尊称为“圣人可汗”），唐太宗李世民更是将这一历史特色发挥得淋漓尽致。

天可汗，它不仅仅是一种荣誉头衔、一种身份象征，更是一种制度，一种实实在在的、类似军事联盟的国际组织。作为天可汗的李世民，作为盟主的唐朝，在这个组织里享有的权利和义务，主要包括：1.各国的合法继承人由天可汗下诏册立；2.各国之间的争执由天可汗派员仲裁；3.若成员国受到攻击，天可汗需给予援助；4.天可汗可以调动各国军队组成联军，征伐违反同盟利益的国家。

唐太宗李世民成为天可汗，成为四方共主，而且之后历任的大唐皇帝也都继承了这份政治遗产，继承了天可汗这个称号。

# 第十九章　西突厥汗国

西突厥的兴起可以追溯到突厥第一任伊利可汗时期。伊利可汗阿史那土门的弟弟阿史那室点密率军西征，征服了西域铁勒诸部。公元557年，阿史那室点密联合萨珊波斯（今伊朗）在布哈拉之战中击败嚈哒帝国（今阿富汗），将突厥势力扩展到中亚地区。

突厥第五任沙钵略可汗，封他的族叔阿史那玷厥为达头可汗，留居汗国西部。之后，达头可汗投降东突厥的启民可汗，阿史那达漫则接收了达头可汗原来的领地，建立西突厥汗国，成为西突厥汗国第一任大可汗处罗可汗。

隋炀帝时期，处罗可汗投降归顺了隋朝，并率领族人内附，长期留居在长安，曾经跟随隋炀帝杨广征高丽，巡江都。李渊建立唐朝后，处罗可汗归附唐朝，后被东突厥的始毕可汗派人杀死。

处罗可汗内附后，射匮可汗（达头可汗之孙）继续统领西突厥。射匮去世后，其弟统叶护继位，西突厥汗国逐渐强盛。其版图西接波斯，南接葱岭，东边隔着金山（阿尔泰山）与东突厥相邻，在石国（位于今乌兹别克斯坦）北的千泉设立王庭，西域诸国皆臣服于西突厥。

唐高祖武德年间，由于唐朝与西突厥并不接壤，双方没有直接的利益冲突，所以这段时间，两国的关系是比较友好的；而且由于此时，唐朝最主要、最直接的外部威胁是来自北方的东突厥，于是唐高祖李渊多方结好西突厥，想利用西突厥的力量来牵制东突厥。武德三年（公元620年），唐朝与西突厥约定于武德五年冬季对东突厥展开联合攻击，收到消息的颉利可汗大为惊恐，连忙派遣使者赴西突厥与统叶护讲和，才化解了此次军事危机。

## 一　东西五箭——西突厥的分裂

贞观二年（公元628年），统叶护为其伯父所杀，其伯父自立为莫贺咄侯屈利俟毗可汗，但西突厥的国人都不服其统治，共同迎立统叶护可汗的儿子咥力特勒继位西突厥可汗，是为乙毗钵罗肆叶护可汗。

肆叶护和莫贺咄互相之间攻击不断，他们均向唐朝请求通婚，但都被唐太宗李世民拒绝了。

贞观四年（公元630年），肆叶护击败莫贺咄，成为西突厥的大可汗。但肆叶护为人阴狠猜忌，很快众叛亲离，只能逃奔康居。贞观六年（公元632年），泥孰莫贺设继位为西突厥的咄陆可汗。贞观八年（公元634年），咄陆可汗病死，其弟同娥设继位，是为咥利失可汗。

咥利失可汗将西突厥汗国分为十箭，分属于汗国东、西二部，各统五箭。东部五箭号五弩失毕，置五大俟斤；西部五箭号五咄陆，置五大啜。不过由于咥利失可汗将西突厥汗国分为东、西二部，最终导致了西突厥的分裂。贞观十二年（公元638年），咥利失统治东部五箭，自称沙钵罗咥利失可汗，欲谷设统治西部五箭，自称乙毗咄陆可汗，双方以伊丽水（今伊犁河）为界，分地而治。

贞观十三年（公元639年），沙钵罗咥利失可汗因大臣叛变而死，东部五箭迎立他的侄子薄布特勒为沙钵罗叶护可汗。贞观十五年（公元641年），乙毗咄陆可汗联合石国，击败并擒杀了沙钵罗叶护可汗，统一了东、西二部，并自恃强大，扣留唐使，侵略西域。

贞观十六年（公元642年），安西都护郭孝恪率领精骑两千进攻乙毗咄陆，乙毗咄陆不敌只能向西迁徙，东部五箭于是废黜乙毗咄陆可汗，重新立莫贺咄的儿子为乙毗射匮可汗，西突厥再次陷入分裂，国力日衰。

## 二　苏定方二征西突厥

贞观二十二年（公元648年），西突厥的叶护阿史那贺鲁率众归降唐朝，被李世民安置在庭州（今新疆吉木萨尔县），并任命为左骁卫将军、泥伏沙钵罗叶护。

贞观二十三年（公元649年），李世民置瑶池都督府，任命阿史那贺鲁为瑶池都督。瑶池的地界在新疆吐鲁番以北约一千多里的地方，可谓是天高皇帝远，李世民能够做出这样的人事安排，除了对阿史那贺鲁的信任外，还有就是对大唐的绝对自信，但阿史那贺鲁辜负了这份信任。

不久后，唐太宗李世民驾崩，唐高宗李治继位，阿史那贺鲁偷偷召集西突厥旧部，势力逐渐强大，于是密谋袭取西州和庭州，在被唐廷发现后没有得逞。由于李治新近继位，朝廷内外的情势还不稳定，李治事后并未追究阿史那贺鲁。

唐高宗永徽二年（公元651年），阿史那贺鲁正式脱离唐朝统治，率部西走，在千泉重建王庭，并重新统一了西突厥东西二部，自号沙钵罗可汗。复国成功的阿史那贺鲁羽翼逐渐丰满，西突厥国力也逐渐恢复，于是入寇唐境，西域诸国多依附之。

唐高宗显庆二年（公元657年）冬季，李治任命右屯卫将军苏定方为伊丽道行军总管，率领燕然都护任雅相、副都护萧嗣业，并征发铁勒诸部兵马，对西突厥发动了歼灭战。

其实，在发动这次总攻的前一年，苏定方曾跟随程知节和王文度征讨过西突厥，并在鹰娑川大败西突厥；但由于主帅程知节无能，副帅王文度无耻，这次西征草草收场。

### 鹰娑川之战

显庆元年（公元656年），葱山道行军总管程知节和副大总管王文度率军讨伐西突厥。程知节引军来到鹰娑川，与西突厥四万余精锐骑兵展开遭遇战。骁勇善战的前军总管苏定方，仅仅率领五百骑兵疾驰进击，西突厥军队大溃，苏定方追袭二十里，杀死俘获一千五百余人，缴获车马器械无数。

王文度嫉妒苏定方的功劳，向程知节进谗言："虽然苏定方击溃了西突厥，但我军亦有死伤，现在不宜急进，应当结为方阵，将辎重留在方阵内，坚守待敌。"同时又矫称得到皇帝密诏，由王文度节度所有兵马，于是收军不战。

此时正是严冬时节，战士们整天跨马披甲，结阵以待，士气十分疲顿。苏定方实在无法忍耐，就对程知节说："现在坐困自守，士气委顿，如果西突厥来攻，必败。皇上既然任命您为总管，怎么还会让王文度节度兵马，此事肯定不实。应当将王文度抓起来，然后再飞马报知朝廷。"

但是程知节年老胆怯，失去了当年随李世民东征西讨的豪气，没有同意苏定方的做法。后来大军来到恒笃城，有胡人前来归附，王文度却尽杀这些人，抢夺他们的财物，甚至就地予以瓜分。苏定方悲怆不已，没有接受这些不义之财。

回军返朝后，此事事泄，王文度矫诏被处死，程知节也因为追击不力被免官，但因为是元老重臣，所以被李治免死。史书上虽然没有写明程知节是否参与了瓜分钱财，但记载有一句话："独定方不受。"也就是唯有苏定方没有接受钱财，所以不言自明。

### 曳咥河之战

鹰娑川之战后的第二年，李治授命苏定方为主帅，再次西征西突厥。

苏定方首先在金山以北击降了西突厥处木昆部，随后又采纳右领军郎将薛仁贵的建议，抚慰招降了泥孰部，两大部落都跟随苏定方一起西击，讨伐阿史那贺鲁。双方在曳咥河（今伊犁河）展开了大决战。

阿史那贺鲁率领十万兵马前来会战，苏定方率领唐军及铁勒诸部兵马共万余人迎战。阿史那贺鲁看到苏定方兵少，于是命令全军对苏定方展开合围。苏定方在观察战场形势后，命令步兵抢占南原，布成方阵，所有的枪槊都朝向外面进行防御，苏定方自己亲率骑兵埋伏在北原。

阿史那贺鲁首先对苏定方的步军方阵展开攻击，由于唐军防御阵形坚固，阿史那贺鲁冲了三次都没有成功，军心受到了很大打击。苏定方看到西突厥兵士气低落，率领骑兵突然从北原冲出，步军在此时也由防御转为进攻，阿史那贺鲁不敌，大败西逃。

此时正是隆冬时节，天降大雪，地面的积雪有两尺多厚，兵马行军特别困难，诸将领都请求等雪停放晴后再展开追击。苏定方却认为，这个时候更应该展开追击，因为阿史那贺鲁同样会因为雪深而行军困难，同样会认为唐军会因为恶劣天气放弃追击，所以他肯定会借机休整兵马，我们正好可以出其不意。

苏定方率军昼夜兼程，冒雪追击。来到双河（今新疆博尔塔拉）的时候，与右卫大将军阿史那弥射和左屯卫大将军阿史那步真的军队会师，随后对阿史那贺鲁的牙帐展开了猛烈地进攻。阿史那贺鲁难以抵敌，仅仅带领数骑逃脱，投奔了石国。苏定方命令萧嗣业领兵继续追击，一直追到石国。石国人慑于大唐军队的声威，只能绑缚阿史那贺鲁送交萧嗣业。

这一次西征，苏定方大获全胜，携带阿史那贺鲁返回长安。李治赦免了阿史那贺鲁的死罪，并在西突厥的领地上设置濛池、昆陵二都护府，隶属于安西都护府。同时任命阿史那弥射为昆陵都护、兴昔亡可汗，统领西部五箭；任命阿史那步真为濛池都护、继往绝可汗，统领东部五箭。

## 三　西突厥的灭亡

唐高宗龙朔二年（公元662年），风海道总管苏海政征调兴昔亡可汗和继往绝可汗，带兵随军出征西域。继往绝可汗素来与兴昔亡可汗不和，于是在苏海政面前诬告兴昔亡可汗谋反，苏海政与继往绝可汗密谋诱杀了兴昔亡可汗。西突厥各部落的酋长都认为兴昔亡可汗死得太冤了，对继往绝可汗的做法非常不满，遂与之离心离德。

没过多久，继往绝可汗死去，西突厥十箭无主。阿史那都支与李遮匐趁机掌控西突厥，并依附吐蕃，侵略庭州。

唐高宗调露元年（公元679年），阿史那都支与李遮匐联兵吐蕃，侵逼安西都护府，李治欲征发大军进行讨伐。吏部侍郎裴行俭（裴仁基之子）认为不可。因为这个时候大唐和吐蕃在青海地区干戈不息，相互之间攻伐不断，唐朝并没有讨得多少便宜，反而连左卫大将军刘审礼和王孝杰都被吐蕃俘虏了，这个时候肯定是不能和西突厥再起战事的。

裴行俭献计高宗说："现今波斯（今伊朗）国王刚刚过世，他的儿子泥洹师在京师作人质，我们可以派遣使者送其归国，并以此麻痹阿史那都支和李遮匐，然后在路过西突厥的时候便宜行事，当可兵不血刃地除掉二人。"

唐高宗同意了裴行俭的计策，任命裴行俭为安抚大食使，王方翼为副使，率军护送泥洹师返回波斯。

裴行俭曾经在西州（今新疆吐鲁番）做过长史，现在奉诣路过西州，当时的故旧好友都到郊外来迎接他。这个时候正值七月，暑气正盛，裴行俭对外放出口风，声明时值盛夏，酷热难当，不能够远赴波斯，等到天气转凉后再行出发，阿史那都支和李遮匐听闻后不再防备。

闲暇无事，裴行俭召集西域诸部落的酋长说："当年我在西州的时候，大家纵酒行猎甚是快乐，现在反正也没事，你们谁愿意和我一同出猎游玩呢?"

诸部落子弟于是争相请从，裴行俭获众数万人。之后，裴行俭以打猎的名义率众西行，来到离阿史那都支牙帐十余里的地方，并派人征召阿史那都支相见。阿史那都支根本没想到裴行俭会来得这么快，他本来和李遮匐商量好，估计裴行俭会等到秋天再西行，到那个时候再共同抗拒唐军，可哪里知道裴行俭会突然出现在他的眼前，未做任何准备的阿史那都支只能率领族人投降。

裴行俭不费一兵一卒就擒拿了阿史那都支，同时派出精骑，昼夜兼程掩杀李遮匐。刚好在途中抓获李遮匐派往阿史那都支的使者，裴行俭放归了使者，让他告诉李遮匐阿史那都支已就擒。看到大势已去，李遮匐也投降了裴行俭。

裴行俭囚禁阿史那都支和李遮匐返回长安，让泥洹师自行返回波斯，并留下王方翼修筑碎叶城，安置西突厥降众。从此以后西突厥衰败，不能再为患唐朝。

垂拱年间（公元685年至公元688年），此时的武则天以皇太后的身份执掌朝纲。她以兴昔亡可汗之子阿史那元庆为左玉钤卫将军，兼昆陵都护，袭兴昔亡可汗，统领东部五箭；以继往绝可汗之子阿史那斛瑟罗为右玉钤卫将军，兼濛池都护，袭继往绝可汗，统领西部五箭。

但这个时候，后突厥（下一章会详细介绍）的默啜可汗势力正盛，西突厥部众被默啜侵略得几乎散亡殆尽。武则天天授元年（公元690年），继往绝可汗率领西突厥残部入居内地，武则天任命其为左卫大将军，改号竭忠事主可汗，后让其率族人出镇碎叶，但没过几年就被突骑施攻占，继往绝可汗只身逃回长安。

及至唐玄宗开元二十八年（公元740年），李隆基立阿史那昕为西突厥十箭可汗，统率西突厥余众。但很快他也被突骑施所杀，至此，西突厥部众星散，彻底退出了历史舞台。

# 第二十章　后突厥汗国

后突厥汗国又称“后东突厥汗国”“突厥第二汗国”，是灭亡后的东突厥后裔在原领地上，再次复兴建立的汗国，可以看成是“东突厥汗国”的延续。历史上为了与原“东突厥汗国”区别开来，称之为后突厥汗国。

为什么会产生后突厥汗国？这个问题要回溯至颉利可汗被擒，“东突厥汗国”覆灭之时，唐太宗李世民对东突厥余部的处理方式上来。

当时对于东突厥归附余部的处理，唐廷内有两种意见：一种是以魏徵为主要倡议者的“遣返归国派”，一种是以温彦博为主要谏议者的“内附安置派”。

魏徵认为：“宜纵之使还故土，不可留之中国。”并以西晋时期的五胡乱华为事例，劝谏李世民将东突厥余众遣返故土，以免今后遗祸中原。

温彦博认为：“今突厥穷来归我，奈何弃之而不受乎！若救其死亡，授以生业，教之礼义，数年之后，悉为吾民。”温彦博认为此一时，彼一时，应该将东突厥余部迁徙内附，这样既可以拱卫边塞，还可以用礼仪教化他们，使他们最终成为大唐的子民。

李世民采纳了温彦博的建议，让东突厥余部内迁，但没想到李世民的这个决定，后来还真的印证了魏徵的判断，并为李世民诏命东突厥北归漠南埋下了伏笔。

当然，李世民采纳温彦博的建议，不能说是他的决策失误，因为北方游牧民族对中原王朝最大的威胁来自他们的居无定所、来去飘忽，强盛时则入寇，衰弱时则远遁。所以李世民这样处理东突厥降众，最大的可能应该是想消除东突厥的游牧属性，让他们沿边定居，这样就可以展开有效的管治和监控。

## 一 “东突厥”北归

颉利可汗被擒获后，李世民采纳温彦博的建议，将东突厥的部众内迁，安置在从河北到甘肃的唐朝北疆地带，并任命颉利可汗的族人阿史那思摩（降唐后赐姓李，即李思摩）为都督，统率东突厥部众。东突厥其他各部落酋长也都被委以都督、刺史、总管等职务。当时，授五品官职以上的东突厥人达到一百多人，更是有近万人内迁并长期留居长安。

这就埋下了两个隐患：一是由于东突厥内迁，东突厥故地漠南地区荒无人烟，很快就被兴盛的薛延陀汗国侵占；二是内迁及居留在长安城的东突厥人逐渐增多，给京城的稳定带来了很大的不确定性。

贞观十三年（公元639年），突利可汗的弟弟阿史那结社率在长安城谋反，杀死皇宫卫士数十人，事败，阿史那结社率伏诛。但这件事情给唐朝君臣带来很大的震动，于是李世民诏命李思摩率领东突厥部众还居故土。但李思摩还居漠南没多久，就被薛延陀汗国侵逼，只得再次南迁。李世民没有办法只好将他们又安置在唐境内，直到薛延陀汗国被征灭，东突厥才得以北归，重返漠南。

在唐太宗贞观年间，重新北归的东突厥各部基本稳定。但进入唐高宗朝，特别是唐高宗朝末期和武后时期，情况发生了很大的变化。

贞观末，东突厥的车鼻可汗逐渐骄纵，李世民征其入朝他都不肯听命，于是李世民派遣右骁卫郎将高侃征发铁勒诸部讨伐车鼻可汗。之后，李世民去世，唐高宗李治继位，高侃生擒车鼻可汗，东突厥各部落相继归降。

李治在漠南设置单于、瀚海二都护府，同时将东突厥领地分成各都督府和羁縻州，任命东突厥各部酋长为都督、刺史，统一归单于、瀚海二都护府管辖。

时间来到唐高宗李治统治末期。调露元年（公元679年），单于都护府下属的突厥酋长阿史德温傅、奉职率所辖二部叛唐，立阿史那泥熟匐为可汗，各地的其他突厥酋长起兵响应，部众多达数十万，声势浩大。

单于都护府长史萧嗣业奉命征讨，不克，唐军大败。李治于是任命裴行俭为定襄道行军总管，率领检校丰州都督程务挺（名将程名振的儿子）和幽州都督李文暕共三十万大军讨伐。

永隆元年（公元680年），裴行俭大破突厥军于黑山（今内蒙古自治区包头市西北），奉职被擒，泥熟匐也被其部下所杀。东突厥叛军余众退守狼山（今内蒙古自治区杭锦后旗西北）。

开耀元年（公元681年），颉利可汗族侄阿史那伏念自立为可汗，与阿史德温傅联兵进攻原州、庆州，裴行俭施展反间计，逼迫阿史那伏念逮捕阿史德温傅，前来投降。裴行俭答应保阿史那伏念不死，但返回长安后，当朝宰相裴炎妒忌裴行俭功大，唆使李治杀死了阿史那伏念。裴行俭慨叹朝廷不应该杀死降者，从此后称病，闭门不出。

## 二　后突厥的崛起

阿史那伏念的被杀不但没有彻底压服东突厥族人，反而带来更大的反叛，也最终导致后突厥汗国的建立及逐步兴盛。

后突厥的建立及兴盛大致经过两个阶段，历任两任可汗。一是颉跌利施可汗阿史那骨咄禄，二是默啜可汗阿史那环。

**骨咄禄时期——后突厥的建立**

唐高宗永淳元年（公元682年），颉利可汗族人阿史那骨咄禄召集阿史那伏念亡散部队，并占据黑沙城（今内蒙古自治区呼和浩特市北），反叛唐朝，隶属于单于都护府的突厥酋长阿史德元珍亦投降了阿史那骨咄禄。

随后，阿史那骨咄禄势力逐渐强盛，自立为颉跌利施可汗，建立后突厥汗国，并开始大举入寇唐境。弘道元年（公元683年）三月，阿史那骨咄禄兵围单于都护府，擒杀了司马张行师。五月，阿史那骨咄禄等入寇蔚州（今河北张家口蔚县），杀死蔚州刺史李思俭，丰州（今内蒙古五原县南）都督崔智辩带兵出击，也兵败被擒。面对骨咄禄的强大兵势，唐廷商议废置丰州，并将丰州城的百姓迁徙至灵州和夏州，后被丰州司马唐休璟严词谏止。

十一月，唐朝任命右武卫将军程务挺为单于道安抚大使，招讨阿史那骨咄禄，后突厥的攻势才被抑制住。但很快，由于宰相裴炎谋反案的牵连，程务挺被武则天诛杀，后突厥势力遂失去控制，越发壮大。

前方军情紧急，武则天为什么会在这个时候临阵斩杀大将呢？我们一起来看看事情的经过。

唐高宗李治去世后，武则天把持朝政。光宅元年（公元684年），徐敬业（李勣之孙）起兵反武，受高宗遗诏辅理朝政的裴炎趁机进言武则天，让她还政于唐睿宗。这还得了啊！这完全是赤裸裸想剥夺武则天权力的举动啊！

因为此事，裴炎彻底激怒了武则天，最终下狱被杀。而程务挺在裴炎被关押期间，上密表为裴炎申辩。程务挺也确实只是一介武将，没有政治辨识能力——你这个时候上书为裴炎申诉，那还能有什么好结果?!

果不其然，有人上告程务挺勾结裴炎、徐敬业，意图谋反，武则天也毫不犹豫地下旨诛杀了程务挺，而且就连素来与程务挺亲善，同样是抗击突厥、兴筑碎叶城的得力大将王方翼，也被武则天下狱，后流放崖州而死。当然也不排除武则天是借故杀害王方翼，因为王方翼就是唐高宗时期“废王立武”案中，被武则天废掉的王皇后的族兄。

后突厥听闻程务挺被诛杀，举国欢庆，但英雄相惜，他们为勇武绝伦的程务挺建立祠堂，而且每次出师，都必到祠堂前祭祷。

没有了程务挺、王方翼等大将的抗边，后突厥益发猖獗，频繁地寇边犯边。攻代州，寇昌平，击朔州，使得唐朝北境烽火连天，武则天怒斥骨咄禄为“不卒禄”，就是怎么还不去死的意思。

骨咄禄东征西讨，频繁出击。据突厥文《阙特勤碑》记载，他进攻唐朝北境、铁勒诸部、契丹和奚，前后共计四十余次，奠定了后突厥汗国强盛的根基。武则天延载元年（公元694年），骨咄禄病卒，其弟继位，是为默啜可汗。

**默啜时期——后突厥的兴盛**

默啜可汗继位之初，入寇灵州，武则天派遣右鹰扬卫大将军李多祚率领二十万大军征讨，默啜惧而退兵。之后，为了巩固汗位，默啜调整了对唐朝的外交策略，改侵略为结好。

武则天天册万岁元年（公元695年），默啜可汗遣使请降，这时的武则天已经自立称帝，建立了武周朝。看到默啜请降，武则天非常高兴，册封默啜可汗为左卫大将军、归国公。

万岁通天元年（公元696年），契丹人李尽忠、归诚州刺史孙万荣起兵叛唐，攻陷营州。默啜可汗自请为武则天的干儿子，并率领其部众帮助武则天讨伐契丹。武则天册封默啜为迁善可汗，不久，又晋封为立功报国可汗。

神功元年（公元697年），默啜可汗向武则天请求接收唐高宗咸亨年间被安置在丰州、胜州、灵州、夏州、朔州、代州等六州投降的突厥族人，以及单于都护府所拥之地，并且索要谷种、缯帛、农器、铁等各类物资。

武则天由于契丹尚未平定，遂答应了默啜的请求，将六州突厥降户送交默啜可汗，同时赐给默啜谷种4万斛、杂彩5万缎、农具3千件、铁4万斤。后突厥于是国力大增，并向东西两方扩张，西达西域，东至大海，东西长逾万里，几乎恢复了东突厥强盛时期的版图，北方各部族也都纷纷归附，强盛起来的默啜也不再臣服于武周了。

圣历元年（公元698年），武则天命令淮阳王武延秀出使后突厥，并求娶默啜可汗的女儿为妃。没想到默啜可汗却一口拒绝，并申明："我的女儿要嫁也要嫁给李唐宗氏，怎么可能嫁给武氏呢！"之后，默啜不但将武延秀扣留，而且扬言要用武力帮助李氏恢复唐朝。

在历史上，默啜可汗也确实在很大程度上帮助了李唐复国。武则天晚年，在立武氏还是立李氏为继任者的问题上犹豫不决，思虑再三的她最终接受狄仁杰等大臣的建议，将李显从流放地接回了洛阳。

而默啜接下来的举动无异于在复立李氏的问题上再助推了一把，默啜申明："我突厥世受李氏恩，闻李氏尽灭，唯两儿在，我今将兵辅立之。"而且说到做到，发兵进攻武周。武则天看到默啜打着复立李唐的旗号出兵，于是任命李显为皇太子，狄仁杰为副元帅，将兵讨伐后突厥。

默啜可汗看到被立为太子的李显带兵前来，自己已失去出兵的理由，而且面对已做好准备的唐军，战机已逝，于是选择主动退兵。

## 三　后突厥的灭亡

时间来到景龙元年（公元707年），此时武则天已经去世，唐中宗李显继位，李显任命左屯卫大将军张仁愿为朔方道大总管，进击后突厥。

之前，朔方军与后突厥以黄河为界。张仁愿趁着默啜可汗西征突骑施的机会，乘势而入，夺取了漠南等广大地区，

景龙二年（公元708年），张仁愿在黄河以北修筑三座受降城。西受降城位于今内蒙古巴彦淖尔市，中受降城位于今内蒙古包头市，东受降城位于今内蒙古呼和浩特市。三城首尾相连，控制了漠南地区，使得后突厥汗国的根据地成为唐朝北疆的战略核心地区。三受降城的设立严重地削弱了后突厥的军事实力，也阻截了后突厥南侵唐境的道路。

时间来到唐玄宗李隆基开元年间，默啜可汗日益衰老、日渐昏聩，后突厥汗国也是朝纲混乱，所属各部相继归顺大唐。

开元四年（公元716年）六月，默啜可汗北伐铁勒诸部的拔曳固部，在独乐水（即独洛河，今蒙古国土拉河）大破该部。默啜恃胜而骄，在返回的时候未做任何防备，途遇拔曳固溃兵，被击身亡。

默啜死后，他的儿子小可汗继位，但被骨咄禄之子阙特勒击杀，而且连同默啜的其他诸子和亲信全部被杀。阙特勒拥立其兄默棘连为后突厥汗国可汗，是为毗伽可汗。

毗伽可汗任命他的岳父暾欲谷为谋主。在毗伽可汗的掌管以及多谋善断的暾欲谷的辅佐下，后突厥逐渐安定，而且与唐朝维持了十余年的良好关系。

开元九年（公元721年）毗伽可汗派遣使者到长安，向唐玄宗“请父事天子”，至此后每年都派遣使臣赴唐朝觐见。

开元十五年（公元727年），吐蕃寄书信给毗伽可汗，约他一起共

同发兵侵略唐境。毗伽可汗不但予以拒绝，还将吐蕃的来信送交唐朝，唐玄宗很是赞许。

开元二十二年（公元734年），毗伽可汗被其部下毒杀，其子伊然可汗继位。没过多久，伊然可汗病死，他的弟弟继位为登利可汗。登利年幼，无法控制朝政，后突厥的兵马大权掌握在他的两个叔叔手中，这两个叔叔各自掌管东西二部，号为左右杀。

开元二十九年（741年），登利忌惮他的两位叔叔权势过大，与母亲合谋，将右杀诱骗至牙帐斩杀，夺取了右杀全部的兵马。左杀阙特勒害怕再遭毒手，于是先发制人，杀了登利可汗，立毗伽可汗另外的一个儿子为可汗，但是新可汗继位没多久就被骨咄叶护杀死，骨咄叶护自立为后突厥汗国可汗。

经这么一折腾，整个后突厥汗国日益衰败。

唐玄宗天宝元年（公元742年），拔悉密、回纥、葛逻禄三部联合攻杀骨咄叶护。后突厥余众共立阙特勒之子为乌苏米施可汗。李隆基遣使劝说乌苏米施可汗归附，但乌苏米施没有接受。李隆基于是任命王忠嗣征发拔悉密、回纥、葛逻禄等部进攻后突厥汗国，乌苏米施大败逃走。

天宝三年（公元744年），拔悉密部攻杀乌苏米施可汗，传首级至长安。后突厥残部拥立乌苏米施的弟弟鹘陇匐白眉特勒继位，是为白眉可汗。李隆基命令王忠嗣再次出击，在萨河内山攻破后突厥。天宝四年（745年），回纥部击杀白眉可汗，传其首级至长安，后突厥的余众归降唐朝，后突厥汗国至此国灭。

随着后突厥汗国的灭亡，强盛一时的突厥帝国、强大的阿史那王朝便告终结，消失在历史烟云当中。

# 第七篇
# 平靖漠北

大唐在翻越突厥这座大山后，接下来的目标就指向了一直依附于突厥的铁勒诸部。

铁勒又称敕勒、高车、丁零，被认为是匈奴的苗裔，它的语言大致和匈奴语相同。关于铁勒的起源，有一种说法认为他们是匈奴人的外甥。

相传匈奴单于生有二女，长得非常漂亮，国人都认为是神女下凡。单于就说：“我的这两个女儿是不能够许配给凡人的，只有天上的神仙才有资格娶她们。”于是，单于就在北方一个荒无人烟的地方建了一所高台，把两个女儿安置在上面，等上天来迎娶她们。转眼就过了三年，两姐妹的母亲想接她们回来，但是单于不同意，认为距离上天迎娶的日期还未到，就这样又过了一年。

有一匹老狼，一直守着高台嚎叫，不愿离开。小女儿就对姐姐说：“父亲把我们放在这里，想把我们嫁给上天，如今这匹老狼一直守在这儿，看来这是上天的安排。”于是走下高台和这匹老狼结为夫妻，生儿育女，繁衍生息，后来就形成了铁勒这个部落。所以铁勒人喜欢引吭高歌，声似狼嚎。

历史上，铁勒是一个部落组合的总称，这些部落居住在漠北一带，由薛延陀、回纥、都播、骨利幹、多览葛（多滥葛）、同罗、仆固（仆骨）、拔曳固、思结、浑、奚结、阿跌、契苾、白霫、斛薛等十五个部落组成，每个部落基本上都是以姓氏作为部落名称，唐朝名将契苾何力、仆固怀恩就是来自铁勒的契苾和仆固部落。

到了隋唐时期，由于突厥的强大，铁勒诸部都依附于突厥。后来突厥分裂为东、西二部，铁勒诸部遂在东、西突厥之间摇摆，时而依附东突厥，时而依附西突厥。

铁勒诸部的风俗习惯大抵上与突厥相同，从地理方位上来看，铁勒诸部位于漠北，东突厥位于漠南，双方以大沙漠为界。在铁勒诸部中，尤以薛延陀和回纥最为强大。

唐灭东突厥后，铁勒诸部逐渐强盛，当中的薛延陀和回纥更是建立强大的汗国，并先后由漠北南下，占据东突厥故土，成为大唐北部边疆最主要的威胁。所以我以为唐与铁勒之间的战争可称为“靖北之战”。

# 第二十一章　风起漠北——薛延陀汗国

薛延陀，由薛和延陀两部组成。隋朝年间，当西突厥第一任可汗处罗可汗强大的时候，薛延陀等铁勒诸部都臣服于处罗可汗。但处罗可汗横征暴敛，导致铁勒诸部相继叛变，它们共推契苾部落的契苾哥楞为易勿真莫贺可汗，居住在贪于山之北，又推举薛延陀的乙失钵为也咥小可汗，居住在燕末山之北。

西突厥处罗可汗入隋后，射匮可汗继位。西突厥汗国在射匮可汗的带领下，益发强大。薛延陀、契苾二部于是去掉可汗称号重新称臣于西突厥。

唐太宗贞观初年，西突厥统叶护可汗被其伯父所杀，西突厥汗国陷入内乱。乙失钵的孙子夷男率领七万余薛延陀族人，脱离西突厥归附东突厥。但是没过多久，东突厥遭遇天灾人祸，颉利可汗朝政崩乱，薛延陀与回纥、拔曳固等诸部起兵反抗东突厥颉利可汗的统治，颉利可汗无法控制。

贞观二年（公元628年），薛延陀逐渐强盛，漠北的诸部落纷纷归顺薛延陀，共同推举夷男为可汗。这个时候的夷男还慑于颉利的余威，不敢接受可汗的称号。恰好，唐太宗李世民下定了征伐颉利可汗的决心，并派遣乔师望抄小路赴薛延陀，册封夷男为真珠毗伽可汗，赐以鼓纛，并让其发兵共同攻击颉利可汗。

夷男大喜，欣然接受可汗封号，派遣使者入朝长安进贡，并发兵协助唐军攻击东突厥。

颉利可汗被擒，东突厥国灭后，薛延陀益发强盛，控制了东至靺鞨（今松花江下游一带），西至西突厥，南接大沙漠，北至俱伦水（今鄂尔浑河）的大片领土，回纥、拔曳固、阿跌、同罗、仆固等铁勒诸部皆臣属于薛延陀。夷男于是建牙帐于郁督军山（今蒙古杭爱山），建立薛延陀汗国，成为唐朝的一个附属藩国。

## 一　风起漠北

按照李世民的设想，东突厥部众内附，薛延陀汗国藩属，整个漠南漠北将完全平定。但是设想很好，现实中却由于东突厥部众内迁唐境，漠南出现了真空地带，而产生两个让李世民十分头疼的问题：一是内迁的东突厥部众的“反叛”，二是薛延陀汗国的不断扩张。

东突厥的“反叛”。贞观十三年（公元639年）四月，留居长安的突利可汗的弟弟阿史那结社率，偷偷地纠集故众四十余人，拥立突利可汗的儿子贺逻鹘为可汗，夜犯李世民行宫，杀死御营卫士数十人，但被折冲孙武开奋勇击退。事败后，阿史那结社率等盗取御厩马匹二十余匹，渡过渭水北走，想投奔其他部落，被唐军追上斩杀，贺逻鹘则仓皇逃奔岭南，失去踪影。这件发生在长安城，发生在李世民眼皮底下的反叛事件，给唐廷带来相当大的震动。

薛延陀汗国的扩张。由于东突厥部众的内迁，广袤的漠南地区成为杳无人烟的地带，强盛起来的薛延陀汗国逐步进入漠南地区，夷男也将汗国的王庭由郁督军山迁至独逻河（今蒙古国图拉河流域）。此时的薛延陀拥有精兵二十万，汗国进入了全盛时期。于是，强盛起来的北方游牧民族不再臣服中原王朝的历史再一次重演，薛延陀汗国开始南侵，入寇唐境。

鉴于这种情形，李世民调整了对薛延陀汗国和东突厥的政策。

一是分化薛延陀汗国。贞观十二年，李世民下诏封夷男的两个儿子拔灼、颉利苾为小可汗，并分别赐给鼓纛，让他们分别统领薛延陀汗国的南、北两部此举貌似特别优崇薛延陀汗国，实则是为分化其势力。二是诏命东突厥部族重返故土。贞观十三年（公元639年）七月，李世民册封李思摩为乙弥泥孰俟利苾可汗，命他率东突厥部众北归故土漠南地区，并作为藩屏，长保大唐北境的安宁。

同时，李世民赐下诏书，命令夷男与李思摩各守疆土，和平相处，薛延陀居漠北，李思摩居漠南，不得相互侵犯，如有违反，各问其罪。

夷男虽然受诏，但心里是极端的不服气。他认为他帮助唐朝攻灭东突厥，劳苦功高；但现在唐朝不但帮东突厥“复国”，而且还对薛延陀进行分化打击，明显偏向于东突厥。夷男于是阳奉阴违，开始不断攻击李思摩。

## 二　诺真水之战

薛延陀汗国不断袭扰李思摩，这在大唐眼里已经几乎等同于反叛了，李世民也就此做出了相应的战争准备，开始大力加强北部边防建设，着重提升营州、幽州、并州、灵州、凉州等军事重镇的实力，并为这些重镇安排当时最具威名的将领镇守。特别是并州大都督长史一职，一直由“战神”李勣担任（并州大都督一职由晋王李治遥领）。

贞观十五年（公元641年），夷男听闻李世民将要到泰山进行封禅，就对他的属下说：“天可汗要到泰山封禅，必定要带统很多兵马跟随，边境的防备必然空虚，如果这个时候我们攻取李思摩，则易如反掌。”

于是夷男命领他的儿子大度设征发仆固、回纥、靺鞨等部落兵马，一共二十余万，渡过漠南，驻屯白道川，占据善阳岭，对李思摩展开了全面进攻。李思摩难以抗御，率领部落退入长城，并遣使向李世民告急。

李世民很快做出了回应：任命营州都督张俭率领所部骑兵以及奚、契丹等部落兵马攻击薛延陀的东境；任命李勣为朔州道行军总管，率领六万步骑兵驻屯羽方；任命右卫大将军李大亮为灵州道行军总管，率领步骑军四万驻屯灵武；任命右屯卫大将军张士贵为庆州道行军总管，领兵一万七千，出云中；任命凉州都督李袭誉为凉州道行军总管，攻击薛延陀的西境。

在诸路兵马展开攻击前，李世民向这些身经百战的将领提了三点意见：一、薛延陀自负强大，穿越沙漠，千里奔袭，肯定人困马乏。二、李思摩退保长城，薛延陀已经失去攻击目标，而且我已经命令李思摩在撤退的时候烧光草原上的秋草，薛延陀的粮秣供应将难以为继。三、你们应当与李思摩共为犄角，不必追求快速决战，等到薛延陀退兵的时候，再展开追击。

其后战况的发展正如李世民所言。大度设率领兵马追击李思摩，李思摩退入长城，大度设展开数次攻击，都无功而返。按理说这个时候，你已经失去攻击目标，粮草也即将耗尽，应该快速退兵才是。但是大度设不但不退兵，仍然继续进攻。这个时候，李勣带领大队唐军赶到。大度设看到“战神”出战，自己部队又缺乏粮草，战斗意志瞬间瓦解，率军仓皇北逃。

看到大度设退兵了，李勣没有放过这个大好时机，派遣六千精骑作为先锋迅速进行追击。唐军逾白道川，跨青山，一直追到诺真水（今内蒙古达尔罕茂明安联合旗的艾不盖河）。大度设一看跑不掉了，就掉转马头迎战。唐军先锋失利败退，大度设乘胜追赶，结果和李勣率领的唐军主力迎头相撞。

双方展开了大决战。薛延陀万箭齐发，李勣命令所有士兵都下马步战，手执长槊直冲敌阵，大度设难以抵御。

薛延陀部队在作战的时候采用了一种独特的战法，他们将五名士兵编为一伍，其中四人在前步战，一人负责在后牵马。行军副总管薛万彻见此情形便带领数千骑兵，擒拿薛延陀军队中的牵马者，并抢夺战马。薛延陀部队失去了战马，一个个都不知所措。唐军再次展开攻击，薛延陀部队大溃，大度设率领残部逃返漠北。

## 三 参天可汗道——薛延陀汗国的灭亡

李勣于诺真水大败薛延陀，夷男畏服，遣使入贡，但是薛延陀汗国的实力依然还在，依然盘踞在漠北，给大唐边境造成很大的军事压力。

贞观十九年（公元645年），李世民准备东征高句丽，他担心薛延陀趁着大军出征、边塞空虚的时候，勾结高句丽联兵入寇，于是让薛延陀的使者带话给夷男，明确地告诉他："我现今准备亲征高句丽，如果你想犯边入寇，尽管放马过来。"

一席话说得夷男惊惧不已，哪里还敢有犯边的念想。夷男不但不敢发兵寇边，还要求跟随李世民一同出征高句丽。就算是高句丽用厚利引诱夷男，夷男都不敢有所动作。

没过多久，夷男逝世，他的儿子拔灼继位，自立为颉利俱利薛沙多弥可汗。多弥可汗这个人不但性格偏激、猜忌无度，而且完全弃用他父亲侍唐的政策，趁着李世民身在辽东，用兵高句丽的时候，发大军进攻夏州。

李世民之前对夷男的警告可不仅仅只停留在口头上，他做了充足的战争准备。

夷男逝世，李世民一边遣使赴薛延陀告慰，一边命令江夏王李道宗发朔州、并州、汾州等九州兵马驻屯朔州，右卫大将军薛万彻、左骁卫大将军阿史那社尔发胜州、夏州、银州等十州兵马驻屯胜州，左武候将军薛孤吴发灵州、原州、宁州等五州兵马驻屯灵州；同时，又命令右领军大将军执失思力发灵州、胜州等二州的东突厥兵马，与李道宗等相呼应。

看到这套防守阵型，这么多当世威名的胡、汉名将，别说打了，就是听到这些人名都要躲得远远的。多弥却悍不畏死，率兵前来，但哪里能在这些名将手里讨到便宜。

贞观二十年（公元646年），夏州都督乔师望和右领军大将军执失思力对多弥展开了反击。多弥溃退，轻骑遁走漠北。此时，薛延陀国内的矛盾也开始凸显，回纥首领吐迷度率领仆固、同罗等部落脱离多弥的统治，并开始攻击薛延陀。

李世民诏命江夏王李道宗、左骁卫大将军阿史那社尔为瀚海安抚大使，同时派遣右领军大将军执失思力率领东突厥兵马，右骁卫大将军契苾何力率领凉州兵马及当地的胡兵，右卫大将军薛万彻、营州都督张俭各率所部兵马，联同回纥等铁勒诸部，分道并进，对薛延陀汗国展开了全面反攻。

薛延陀汗国举国震惊，一片混乱，纷纷大叫："唐兵至矣，唐兵至矣！"甚至连抵抗的想法都没有。多弥引数千骑兵逃走，后被回纥兵所杀，宗族亦被屠戮殆尽。

薛延陀余部七万多人西走，迎立夷男的侄子咄摩支为伊特勿失可汗，并且遣使上表请降，请求还归漠北，留居郁督军山之北。但是此时的李世民已经下定了"彻底降服薛延陀，收附铁勒诸部，夷定漠北"的战略决心。

李世民派遣李勣与铁勒诸部共同进击薛延陀。李勣率军至郁督军山，咄摩支归降，被送至长安。薛延陀的其余部众仍然负隅顽抗，李勣纵兵追击，斩首五千余级，俘获男女三万人。至此，薛延陀汗国彻底覆亡。

薛延陀汗国灭亡后，李世民亲赴灵州抚慰铁勒诸部，各部酋长纷纷上表归降，当时归附的有回纥、同罗、仆固、多览葛、思结、阿跌、契苾等十一个大小部落。这些酋长们都在李世民面前高呼："愿誓死报效天可汗，子子孙孙做大唐的臣民。"李世民大喜，勒石于灵州。

贞观二十一年（公元647年），铁勒诸部酋长同入长安，李世民在回纥、仆固、同罗、多览葛等地设置都督府和羁縻州，并任命铁勒诸部各酋长为都督和州刺史，各赐金银缯帛及锦袍。铁勒诸部大喜，共请于回纥之南开辟一条直通长安的大道，以便每年南下朝拜李世民——大道修好后取名为"参天可汗道"。不久后，李世民又在漠北设置燕然都护府统领铁勒诸部。

# 第二十二章　回纥部落的崛起

贞观二十二年（公元648年），薛延陀汗国覆灭后，回纥部落在其酋长吐迷度的带领下逐渐强盛，占据了薛延陀汗国的故土漠北地区。后来，吐迷度的侄子乌纥与婶母私通，害怕被吐迷度发现，于是勾结后突厥的车鼻可汗，袭杀了吐迷度。燕然副都护元礼臣得到消息后，假意授乌纥为瀚海都督，将他诱至大营斩杀。

吐迷度死后，李世民担心回纥部众就此离散、分裂，于是派遣兵部尚书崔敦礼前往漠北安抚，并任命吐迷度的儿子婆闰为左骁卫大将军、瀚海都督，继续统领回纥部落。回纥也在婆闰的带领下继续藩属唐朝。

## 一　薛仁贵“三箭定天山”

唐高宗李治龙朔元年（公元661年）冬季，回纥酋长婆闰逝世，他的侄子比粟毒成为新一任回纥酋长。比粟毒继位后没多久，就改变婆闰的侍唐政策，他不再听命于唐朝，还联合同罗、仆固等部落开始屡犯唐境。李治于是任命左武卫大将军郑仁泰为铁勒道行军大总管、左武卫将军薛仁贵为副总管，率兵讨伐比粟毒。

龙朔二年（公元662年），唐军进至天山（位于今内蒙古阿鲁科尔沁旗一带，非今之新疆天山），以回纥为首的铁勒诸部集合十余万人共拒唐军，并选出数十名勇士出来挑战。

薛仁贵箭术高明，在出征回纥前，李治曾经赐宴各位领军将军，席间薛仁贵奉李治之命，一箭射穿五层盔甲，引得李治连声赞叹。这次面对回纥军队的挑衅，薛仁贵从容来至阵前，弯弓搭箭，一连射出三箭射死三名回纥勇士，铁勒诸部大惧，纷纷请降。

首战告捷后，唐军兵分两路继续展开进攻。薛仁贵率领一军渡过沙漠，进入漠北攻击回纥，回纥军大败。薛仁贵擒获回纥叶护兄弟三人，得胜而还。在回军的路上，唐军将士们雄赳赳、气昂昂地高唱："将军三箭定天山，战士长歌入汉关。"在艰苦的沙漠地带行军作战，将士们还可以高唱凯旋的战歌返回故乡，这是对将军薛仁贵的最大敬意，也是对薛仁贵武勇的最高褒奖。

薛仁贵这一路大获全胜，但是另一路大军却在主将郑仁泰的率领下出师不利，损兵折将。思结、多览葛等铁勒诸部先是拒保天山，听闻郑仁泰率部前来，纷纷出阵请降。郑仁泰对这些降众，不但没有尽力安抚，反而纵兵击杀，抢掠钱财。投降的铁勒诸部又惊又怕，相继叛变北逃。郑仁泰展开追击，可不但未找到敌踪，反而遭遇大雪，大量士兵被冻伤冻死，回到边塞时只剩下八百人。

## 二　安北都护府

虽然薛仁贵取得了天山大捷，但是铁勒诸部的余众逃回漠北继续对抗唐朝。李治于是改派右骁卫大将军契苾何力为铁勒道安抚大使、左卫将军姜恪为副使，前往漠北招抚铁勒诸部。

契苾何力本身就是铁勒契苾部落的酋长，他仅仅挑选了精骑五百名，轻装驰入铁勒诸部。铁勒部众惊惧不已，不知契苾何力的虚实。契苾何力告诫诸部酋长说："朝廷知道你们都是被回纥胁迫的，皇上已经赦免了你们的罪过；但是叛乱的首领必须治罪，我今日就是来擒拿他们的。"铁勒部众听闻后非常高兴，共同抓捕了那些带头叛乱的首领送交契苾何力。

契苾何力历数这些首领的罪过，并就地处决。接下来，契苾何力对铁勒诸部大力抚慰，深受感动的铁勒诸部再次归服唐朝，漠北遂告平定。

龙朔三年（公元663年），为了更好地管理回纥等铁勒诸部，更好地管控漠北地区，唐高宗李治下诏将燕然都护府迁徙至回纥，更名为瀚海都护府（治所在今蒙古国哈尔和林）。而原来的瀚海都护府则迁至云中古城原单于都护府的治所（在今内蒙古和林格尔）。这两个都护府以大沙漠为界，漠南地区属单于都护府管辖，漠北地区则属瀚海都护府管辖。

唐高宗总章二年（公元669年），瀚海都护府更名为安北都护府。

最后，我们再花点篇幅介绍一下回纥最后的归属。武则天时期，后突厥势力强盛，回纥曾臣属于后突厥。唐玄宗李隆基开元时期，回纥逐渐强盛，开始入寇唐境，曾经进攻甘州（今甘肃张掖市），并切断了安西诸国与长安间的通路。李隆基命令将领展开讨伐，回纥退保乌德鞬山（今蒙古国鄂尔浑河附近）。开元末年，后突厥内乱，唐朝招谕回纥等部落共同攻击后突厥。

唐玄宗天宝三年（公元744年），回纥酋长骨力裴罗建立回纥汗国，设王庭于乌德鞬山，自立为骨咄禄毗伽阙可汗，并遣使入朝，李隆基封骨力裴罗为怀仁可汗。天宝四年（公元745年），回纥的怀仁可汗帮助唐朝击杀后突厥的白眉可汗，灭亡了后突厥。

回纥汗国自唐玄宗天宝年间建立后，一直与唐朝保持着友好关系，不但没有大举侵犯，还帮助唐朝平定了安史之乱。

公元788年，回纥汗国更名为回鹘汗国。不过没多久，回鹘汗国开始衰弱，并逐渐分裂。分裂后的回鹘一部分南迁进入华北，融入中原王朝当中；一部分则西迁，进入西域及中亚，而这一部分族人当中的一支，进入西州（今新疆吐鲁番），建立西州回鹘政权。

## 第八篇

# 略定青海

翻过了突厥这座大山，平靖了薛延陀、回纥等铁勒诸部，大唐的北部边境完全平定了，而且疆域范围跨过长城和阴山，深入漠南，更远至贝加尔湖、西伯利亚等地区。

此时的唐朝，声威远播，周边诸国纷纷遣使来朝，特别是之前由于隋唐交替，天下大乱，一度与中原王朝中断联系的西域诸国，又再次派遣使节、商队和唐朝展开了朝贡和贸易往来。但是，大唐与西域之间的通路经常受到沿途各国的阻挠和攻击，使得双方的联系时断时续，这里面尤其以盘踞在青海湖沿岸一带的吐谷浑汗国为甚。

之前，我们介绍过河西走廊，它是中原王朝与西域诸国联通的主要通路，而建国在今青海的吐谷浑汗国就位于河西走廊之侧，且占据战略高地，对河西走廊形成直接威胁。吐谷浑汗国借助地理环境的优势，时常纵兵侵扰河西，阻隔大唐与西域的联系，所以唐与吐谷浑之间的战争称为“清障”之战。

# 第二十三章　慕容鲜卑

吐谷浑，是魏晋隋唐时期，中国西北青海、甘南以及川西地区的一个游牧民族汗国。

可能大部分人会认为吐谷浑是古羌人建立的部落制国家，其实不然，吐谷浑的先祖是来自辽东的鲜卑慕容氏，与建立各种燕国的慕容鲜卑同宗同源。

公元四世纪初，鲜卑族其中一支的酋长慕容涉归，分给他的庶长子慕容吐谷浑1700余户人口，让他带领这些族人到别的地方进行游牧。慕容涉归死后，他的嫡子慕容廆继承酋长之位，与庶出的大哥慕容吐谷浑因为群马相斗产生了龃龉。慕容吐谷浑于是率领自己的部众西迁陇右，在枹罕（今甘肃省临夏县）定居了下来。

慕容吐谷浑死后，长子吐延继位，被昂城（今四川阿坝）羌人酋长刺死，其子叶延继位。叶延在沙州（今青海省贵南县）建立慕克川总部，并以其祖父的名字“吐谷浑”作为族名及国号，吐谷浑汗国至此建立。

时间来到五胡十六国时期，此时中国北部战乱绵连，吐谷浑酋长树洛干借机大拓疆域，实控东至大积石山（今甘肃临夏等甘肃东南部地区），西达赤水、白兰（青海都兰县巴隆河流域），北界黄河，南至洮河、龙固（今四川省阿坝松潘县）的广大疆域，并自称大单于、吐谷浑王。

公元420年左右，树洛干传位他的弟弟阿才，阿才兼并青海四周的氐族、羌族等部落，拓地数千里，并通过长江源头，开拓直达长江下游建康（今南京）的水路。

阿才死后，传位于他的弟弟慕瞶，慕瞶死后又传弟慕利延，此时的中原地区进入魏晋南北朝时期，吐谷浑汗国派遣使者同时向南朝的刘宋和北朝的北魏政权朝贡，也同时接受刘宋和北魏的册封（刘宋册封为陇西王，北魏册封为西秦王）。

在刘宋和北魏之间大搞外交平衡的吐谷浑获利颇丰，汗国疆域更是远远超出了今青海省，同时据有新疆东南部的鄯善、且末等地，以及金城（甘肃兰州）、陇西（今甘肃东南部）等郡县。南北朝末期，吐谷浑酋长夷吕开始自称可汗，定都伏俟城（今青海湖西岸），吐谷浑成为一个独立的王国。

时间进入北周，随着实力的增强，此时的吐谷浑可汗吕夸（也称夸吕）开始寇掠北周边境。这种情况一直持续到杨坚取代北周，建立隋朝。

## 一　兵犯河西

公元581年，这一年杨坚取代北周建立隋朝。吐谷浑可汗吕夸趁着隋朝新立，国基尚浅，率领大军兵犯凉州（今甘肃武威）。凉州是河西走廊的关键节点，也是魏晋隋唐时期西北方向经济、军事以及行政中心，战略地位极其重要。吕夸这个时候进犯凉州，意图很明显，就是想趁着隋朝立足未稳，掐断隋朝与外界的联系，获取最大的政治、经济和军事利益。

作为开国帝王的隋文帝是何许人也，他怎么会容许吐谷浑如此肆无忌惮地侵犯他的核心利益。就算是国家新立，困难重重，杨坚仍然任命元谐为行军元帅，率领马步军数万迎击吕夸。

元谐没有直接赴援凉州，而是出鄯州（今青海乐都），直趋青海湖，抄截吐谷浑军的后路。吕夸听闻后急忙撤军回援，双方在丰利山（位于今青海湖东）遭遇，一场大战就此展开，结果吕夸军队大溃。吐谷浑太子可博汗匆忙间率领5万劲骑前来增援，元谐领军再次迎击，并大败可博汗，斩杀数万骑。

丰利山一战，吐谷浑举国震骇，各部酋长纷纷率所部前来归降，吕夸则率领亲兵远循。隋文帝杨坚封吐谷浑的高宁王移兹裒为河南王，并让他统领吐谷浑降众，同时诏命元谐担任宁州刺史，防御、监控吐谷浑部众。

吕夸虽然远遁，但由于之后隋朝忙于征讨南陈，无暇西顾，吕夸仍然经常带兵骚扰隋境，一直到隋朝平定南陈，完成南北一统，吕夸这才不敢寇边犯境。

光化公主下嫁。隋文帝开皇十一年（公元591年），吕夸死，他的儿子世伏被国人立为可汗。世伏遣使到长安奉表称藩，并请求和隋朝通婚，希望杨坚赐宗室女以充实他的后宫。让隋杨宗室女儿给你当小老婆，这怎么可能呢！杨坚当时坚决地予以拒绝。

一直到开皇十六年（公元596年），隋文帝杨坚才以光化公主下嫁世伏作为妻子。世伏为了表示对隋朝公主的重视，上表杨坚请封公主为天后（看到天后两字大家是不是觉得非常眼熟，没错，一代女皇武则天在称帝前，就被册封为天后，与唐高宗李治并称“二圣”）。不过杨坚没有答应。

开皇十七年（公元597年），吐谷浑汗国内乱，世伏死于乱军当中，他的弟弟伏允继立为吐谷浑可汗。杨坚依照游牧民族习俗，将光化公主再嫁于伏允为妻。从此以后，吐谷浑年年朝贡。伏允对隋朝也是一片忠心。

## 二　青海四郡

伏允在隋文帝杨坚时期侍隋甚恭，及至杨广继位，伏允开始错误地估计形势，有所图谋。他认为杨广新君继位，国内的局势肯定不稳定，于是经常派人打探隋朝消息，这引起了隋炀帝极大地不满。

隋炀帝大业四年（公元608年），铁勒诸部侵略隋境，被隋军打败，向隋求降，隋炀帝便命裴矩游说铁勒诸部，让他们发兵攻击吐谷浑。铁勒诸部大破吐谷浑军，伏允遣使向隋炀帝请降并请求救援。

杨广派遣宇文述出西平（今青海乐都）前往迎降伏允，宇文述领军行至临羌城（今青海湟源县），伏允看到宇文述兵力强盛，心生畏惧，不敢前来投降，率领他的余众向西遁逃。宇文述领兵追杀，斩首三千余级，俘虏王公以下二百余人以及男女四千余口，班师而还。

伏允率领余众退保覆袁川（即今青海祁连县境黑河上源八宝河），杨广诏命内史元寿、兵部尚书段文振、太仆卿杨义臣和大将军张寿分别南驻金山，北屯北雪山，东据琵琶峡，西守泥岭，将伏允团团包围。伏允率领数十骑利用熟悉地形的优势跳出包围圈，其余吐谷浑部众继续据守车我真山（位于今青海祁连县东南）。

随后，杨广诏命右屯卫大将军张定和率军进攻，张定和十分轻视吐谷浑军，不披铠甲就挺身登山，结果被吐谷浑的伏兵射杀，多亏他的副将柳武建奋勇迎击，这才大破吐谷浑军。吐谷浑的仙头王势穷力蹙，率领十余万部众投降。卫尉卿刘权继续追击逃窜的吐谷浑余部，虏获男女千余口，并直抵吐谷浑汗国的都城伏俟城。

伏允弃众西走，投奔党项。吐谷浑汗国东西四千里、南北两千里的土地全部被隋朝据有。杨广在其地设置西海、河源、鄯善、且末四郡，这是中原王朝第一次把青海高原划入帝国版图。

同时，杨广立伏允的儿子顺（伏允曾派遣顺入朝，被杨广留在了长安）为吐谷浑可汗，任命尼洛周为辅政大臣，并派兵护送他们由长安回归吐谷浑，但是才走到西平，尼洛周就被部下杀死，顺无奈只得返回长安。

# 第二十四章　李靖挂帅

隋末，天下大乱，吐谷浑可汗伏允复国成功，留在长安做人质的顺跟随隋炀帝杨广“巡幸”江都。后来隋炀帝江都被弑，李渊在长安接受杨侑禅让，建立唐朝，顺则由江都返回长安。

此时的李渊刚刚完成“定鼎长安”，亟须稳定关中以及关中周边的形势，而盘踞在河西走廊的李轨则成为现时他的主要威胁。李渊于是派遣使节赴吐谷浑与伏允连和，并答应送还顺，以此拉拢伏允共同出兵攻击李轨。伏允非常高兴，派兵攻打李轨，并遣使赴长安朝贡，李渊于是派遣使臣护送顺返回吐谷浑。

在整个唐高祖武德年间，吐谷浑汗国和唐朝的关系相当友好，双方之间没有发生大规模的征战。

时间来到了贞观年间，唐高祖李渊已逊位，李世民继位。此时的伏允日渐衰老昏聩，他再次误判形势，听信手下大臣天柱王的谗言，开始屡屡冒犯唐朝。

贞观八年（公元634年），伏允派遣使者入朝进贡，结果在回国的时候大掠鄯州（今青海西宁一带）而去。伏允又上表为他的儿子尊王请婚，李世民答应了这门婚事，让尊王亲自到长安迎亲，但是尊王又没来，于是这门婚事告吹。

也许在我们现代人看来，一桩婚事吹就吹呗，大不了咱重新再找个更好的，反正“皇帝的女儿不愁嫁”。但是换作古代，约好的婚事，特别是这种皇室之间的政治联姻告吹，是头等的政治事件，这意味着对唐朝皇室极大地不尊重。更过分的是，伏允不但没表示一点悔意，反而派兵劫掠兰州和廓州（今青海贵德县），严重威胁到河西走廊的安危。

李世民遣使征伏允入朝，伏允称疾不来，还扣压了唐朝使者。李世民亲自晓谕吐谷浑使者，让他回国后向伏允晓以利害祸福。但伏允毫无悔意。

仁至义尽的李世民决定要惩罚吐谷浑，他任命左骁卫大将军段志玄为西海道行军总管，并征调契苾部落和党项部落的军队，共同进击伏允。段志玄在青海湖一带大破吐谷浑军队，追袭八百余里。

## 一　老将出征

受到李世民惩罚的伏允仍然不思悔改，反而变本加厉地攻击凉州。李世民不再忍让，决定大举征讨伏允，剿灭吐谷浑。

在主帅的人选上，李世民首选想到的就是平灭东突厥的“战神”李靖。这个时候李靖已经六十三岁了，是名副其实的老将，而且之前已经称疾退休，赋闲在家了。但是，听到李世民想重新请他出山，挂帅西征，李靖毫不犹豫答应了。

李世民大悦，任命李靖为西海道行军大总管，节度诸军，兵部尚书侯君集为积石道行军总管，刑部尚书任城王李道宗为鄯善道行军总管，凉州都督李大亮为且末道行军总管，岷州都督李道彦为赤水道行军总管，利州刺史高甑生为盐泽道行军总管，并联同突厥、契苾等部落，共击吐谷浑。

贞观九年（公元635年）夏季，经过近一年的战争准备，征讨吐谷浑一役正式打响。

任城王李道宗在库山（又名嶂山，一说在今青海湟源县西南日月山一带，一说为今青海天峻县南库库诺尔岭）击败吐谷浑军。伏允为抵御唐军的进击，不惜一把火烧毁草原，并率领轻骑退入沙漠。

在接下来的军事会议上，唐军诸将领都认为草原被毁，战马缺少草料，不宜深入敌境行军作战。

侯君集表示反对，他认为去年段志玄追击吐谷浑八百余里还军，但才进入鄯州，伏允就跟踪而至，兵临鄯州城下。出现这种情况就是因为没有深入追击敌军，使得敌军实力得到保存。如果这次我们不吸取教训，不给吐谷浑以致命一击，事后我们必将再次后悔。

李靖听从了侯君集的意见，将全军分为南北两路。李靖自己与薛万均兄弟、李大亮由北路进军，侯君集与任城王李道宗由南路进军。南北两路分进合击，夹击吐谷浑。

北路，李靖大败吐谷浑军于曼头山（在今青海共和县西南），斩其名王，俘获大批牲畜。李靖、李大亮等又先后在牛心堆（又名牛心山，在今青海湟中县东南，南川河西），赤水原（今青海兴海县东南）击败吐谷浑。薛万均、薛万彻兄弟则在寺海击败天柱王。

南路，侯君集、李道宗引兵在无人地带行军二千余里，此时虽是盛夏，但由于青海海拔高，夏天竟然降下霜冻。军队行经破逻真谷（今青海共和县西南），该地既无水源又无草场，唐军将士只能饮冰止渴，战马也只能啖雪充饥。终于，侯君集、李道宗在乌海（在今青海湖之南）追上伏允，并大败伏允。

## 二　突伦川之战

唐军继续予以深入追击。李大亮在蜀浑山（亦作浊浑山，在今青海共和县西）击败吐谷浑军，俘获其名王二十人，将军执失思力大败吐谷浑于居茹川（即今青海共和县西北之沙珠玉河）。

伏允仓皇西窜，一直跑到突伦川一带（又称作突沦川、图伦碛，在今新疆维吾尔自治区塔克拉玛干沙漠南缘），这里已经是吐谷浑汗国的最西境，进入今新疆地界了。伏允准备投奔西域的于阗国。

契苾何力准备一鼓作气，直趋突伦川，一举歼灭吐谷浑。但是薛万均却因为之前吃过败仗，认为穷寇莫追。契苾何力坚决不同意，他说道："吐谷浑是逐水草而居的游牧民族，没有固定的城郭，如果此时不趁其族人聚集在一起，毕其功于一役，到时一朝云散，如何彻底消灭他们!"

契苾何力亲自率领一千名骁骑，轻装急袭突伦川。沙漠中缺水，而由于轻装急进，也没带足够的饮用水，将士们刺破马匹，取马血饮用，就这样，契苾何力强渡沙漠，突然出现在伏允面前。结果不难预计，契苾何力袭破伏允的牙帐，斩首数千级，俘获牛马等二十余万头。伏允率残兵脱身而走，他的妻子儿女来不及撤退，做了唐军的俘虏。

侯君集也大获全胜，进军星宿川（今黄河源头的星宿海，位于青海省果洛藏族自治州玛多县），直达柏海（古湖泊名，近黄河源，即今青海鄂陵湖或札陵湖），肃清吐谷浑余部，随后，还军与李靖汇合。

没几日，部众几乎溃散殆尽的伏允被左右所杀。

突伦川一役唐军大破吐谷浑汗国，关于此一役需要重点介绍一下领军将领契苾何力；因为从契苾何力身上能够看出大唐胡、汉将领之间的关系，以及番邦将领对唐朝的深深认同，对天可汗李世民的一片忠心，而这正是大唐雄风之所在。

契苾何力，铁勒契苾部酋长。贞观六年（公元632年），契苾何力与母亲率领部族投降唐朝。唐太宗李世民下诏任命契苾何力为左领军将军，并将契苾部族安置在甘、凉二州。

突伦川之战前，薛万均、薛万彻在赤水原轻骑追击吐谷浑，不承想却被吐谷浑伏兵所围，兄弟两人都在战斗中中枪落马，只能弃马步战，情况十分危急。契苾何力见状后，带领数百名骑兵奋力将兄弟二人解救出吐谷浑的包围圈。

按理说兄弟两人应该感谢契苾何力的拼死相救才对，但是，在李世民遣使慰劳众将领的时候，薛万均却因为耻于赤水原被围，想通过诋毁契苾何力来掩盖自己的过失。契苾何力非常气愤，当时就拔刀而起，想要杀掉薛万均，幸亏被众将及时劝止。

李世民在听闻此事，并详细了解前因后果后勃然大怒，想要解除薛万均的官职并将之授给契苾何力，契苾何力却执意推辞道："陛下若解除薛万均的官职并将之授给我，其他不知详情的胡族将领，以为陛下重视胡人而轻视汉人，这样以讹传讹，胡汉将领之间的争斗必将愈演愈烈。而且，就算是知情的胡将也肯定会因此事对汉将心生轻视之意，从而埋下不可预估的后患。"

说句实话，看到契苾何力这番说辞，能够感觉到番邦将领对大唐的深深认同感。这些弥合胡汉之间差异，加强内部团结的事情应该是唐太宗李世民需要认真思索、考虑和处理的，而此时却从一名受到诋毁的胡族将领口中脱口而出，这既是契苾何力的个人品质使然，更是大唐内在气质的体现。

李世民非常赞许契苾何力，他厚赏了契苾何力，并将宗室之女临洮县主下嫁给他。

伏允死后，他的儿子顺被李世民立为趉故吕乌甘豆可汗，并被任命为西平郡王，统领吐谷浑汗国。顺斩杀了在伏允面前大进谗言的天柱王。李世民担心顺不能服众，仍然命令李大亮率领数千精兵声援顺。

李世民的担心不是多余的，由于顺在隋炀帝时期就留居长安，汉化得太深，在吐谷浑国内根基也浅，所以没过多久竟然被他的臣下所杀。顺死后，他的儿子诺曷钵继立，因为年纪尚幼难以服众，加之众大臣争权夺利，导致吐谷浑国内大乱。李世民于是命令侯君集率大军至吐谷浑坐镇，并赋予侯君集便宜行事，随宜征讨的权利，这样才稳定住了吐谷浑国内的形势。

贞观十三年（公元639年），诺曷钵入朝，并娶弘化公主为妻，从此以后，吐谷浑汗国真正臣属于唐朝。

## 第九篇

# 复土西域

贞观十三年，随着吐谷浑汗国的彻底臣服，河西走廊面临的直接威胁也彻底解除，连通西域的道路从此畅通无阻，大唐的目光投向了帝国的西陲——西域。

现在提起西域，大家肯定想到的是新疆，但是汉唐时期的西域可不仅仅指的是新疆，还包括现今的中亚五国、阿富汗、巴基斯坦以及咸海、里海等地区，甚至远到今伊朗、伊拉克等地区。东汉的甘英曾经奉班超命令出使大秦（东汉王朝对罗马帝国的称呼），跨安息（今伊朗），经条支（今伊拉克），最远抵达今波斯湾沿岸。不过，本篇所述及的西域，仍是现今的新疆地区。

两汉时期，张骞和班超先后开通、经略西域，而且两汉王朝不仅仅满足和西域互派使者，并使之称臣纳贡，而是设置西域都护府将整个西域地区纳入了王朝版图。所以，当时间来至唐朝，大唐对西域的征伐相当于收复中华故土，故称“复土”之战。

# 第二十五章　重开西域，置府安西

西域作为中原王朝一部分被纳入疆域范围的时间是比较晚的。而且这部分国土也极不稳定，经常伴随着中原王朝的更替，国力的兴衰，在得与失之间易手。

## 一　四断四续的西域故土

汉武帝时期，张骞出使西域，西汉王朝首次开通西域。当时的西域，小国林立，共有三十六个国家，之后又分裂为五十五个大小不同的国家。汉宣帝时期，于今新疆轮台设置西域都护府，中原王朝第一次将西域纳入国家版图。但是，到了西汉末期，王莽篡夺西汉政权建立新朝，就断绝了与西域的往来。

及至东汉，投笔从戎的班超奉命出使西域，在三十一年时间里，遍访了西域五十多个国家，最远到达西海（即今里海），并复设西域都护府，才使得整个西域又重回中原王朝的怀抱。之后，由于东汉政权逐渐衰弱，统治者认为通西域极大地耗费财力和物力，但又不能完全放弃，所以中原和西域之间的联系时断时续，西域都护府派驻的官员也是时设时废。

这种情况一直持续到东汉末年三国时期，此时魏、蜀、吴三国争霸，中原地区动荡不安，但北方的曹魏政权仍然努力维系着对西域的管控。

时间进入五胡十六国，中国的北部已经被南下的游牧民族完全占据，羯、氐、羌等各民族建立的政权也是“你方唱罢我登场”，情况一片混战，国家四分五裂，自然也就无暇西顾，西域也再次脱离了中原王朝的管控。

这里要特别提一件事，虽然五胡十六国时期，中原王朝失去了西域故土，但是氐族人在长安建立了强大的前秦帝国，他的国主苻坚派遣大将吕光征伐西域。吕光大败西域联军，占据龟兹，收附西域诸国，但这次短暂地收复行动很快就随着苻坚淝水之战失利，前秦帝国土崩瓦解而失败，吕光随后弃守西域。

北魏太武帝拓跋焘结束了五胡十六国混乱的局面，统一了中国北部，建立北魏，时间也进入魏晋南北朝时期。此时，北魏国力强盛，威名远振，西域的龟兹、乌孙、鄯善、焉耆、车师等诸多国家慕名遣使前来朝贡。

拓跋焘一开始并不想答应互通使节，他认为西域诸国早在汉代就和中原互相往来，但他们的目的往往不纯，中原王朝强大时，他们为了贪图利益，遣使入朝；中原王朝衰弱时，他们无利可图，又自认为地处偏远，王朝大军难以抵达，则断绝往来。但是，拓跋焘手下的官员们却不这么想，他们认为西域诸国不怕艰险，前来朝贡是对北魏的尊重，因此劝谏太武帝与西域互通使节。

太武帝最终接受了谏议，派遣董琬和高明出使西域进行招抚。董琬和高明不辞艰险，遍访西域诸国宣谕皇恩，并大加封赏。于是西域诸国尽皆上表，称臣纳贡。董琬、高明完成出使任务后东归，随行一同归国入朝的有乌孙、鄯善等十六个国家的使者，从此以后，北魏和西域每年使节不断。

董琬和高明出使西域除了带回来各国使者，连通了西域诸国之外，还勘查了四条中原与西域连通的道路，为后世重开西域奠定了基础。

北魏末年，北魏王朝分裂为东、西二魏，相互之间征伐不断，中原与西域的连通第三次中断。这段时期，在中国的史书上也见不到任何有关西域诸国的记载，这种状况一直持续到隋朝的建立。

及至隋炀帝杨广大业年间，黄门侍郎裴矩使胡商遍访西域风土人情、山川河流，撰写《西域图记》三篇，并谏议杨广经略西域，这自然是投好大喜功以超越秦皇汉武为己任的杨广所好。杨广命令裴矩西赴张掖，用厚利进行引诱，引导西域诸国入京朝贡。之后，双方互派使节，展开互市，重新恢复了中断已久的联系。

当然，除了互通使节，展开外交联络之外，隋炀帝也不忘展示肌肉，使用武力经略西域。

大业四年（公元608年），杨广任命右翊卫将军薛世雄为玉门道行军大将军，与东突厥的启民可汗连兵攻击伊吾（今新疆哈密）。薛世雄领军西出玉门关，但启民可汗却没有按照约定前来，薛世雄并没有因为启民可汗爽约而放弃此次军事行动，反而是率领孤军深入大沙漠，对伊吾展开突袭。

伊吾的守军探知启民可汗未能前来，都认为隋军也不会实施攻击，于是不再戒备，但当听闻薛世雄已率军渡过大沙漠后，抵抗之心尽皆瓦解，于是献城投降。薛世雄在汉之故地伊吾城东筑城，并留下甲士数千人驻守。

大业末年，杨广经略西域的雄心壮志随着他自己江都被弑、隋朝灭亡而灰飞烟灭。此时天下大乱、群雄并起，西域第四次和中原失去了联系。

时间进入唐高祖武德年间，由于西突厥汗国的强大，西域诸国皆臣属于西突厥，此时的大唐国力还难以辐射及此。但是，随着李世民的继位，唐朝完成统一大业，西突厥分裂为东西二部以及吐谷浑汗国的彻底臣服，所有这一切都为再次连通、经略西域创造了有利的条件，李世民当然不会错过这个大好时机。

唐朝的势力开始逐步向西域扩张，但面对的是一个全新的，已经不是两汉时期城邦林立的西域。现在的西域只剩下几个大国，高昌王国、焉耆王国、龟兹王国、于阗王国和疏勒王国等，他们之间也相互用兵，争夺霸权。

唐朝进入西域总体上是顺畅的，只对其中实力较强的高昌、焉耆和龟兹用过兵。高昌、焉耆和龟兹位于今新疆吐鲁番市、焉耆回族自治县和库车县，从东至西横跨了整个西域。

## 二　安西都护府

大唐收复故土的第一枪指向高昌王国。

高昌，其辖境在今新疆吐鲁番地区，位于天山南北两路的出口位置，东边紧邻着进出关陇的河西走廊，是古代中西交流要道丝绸之路的必经之地。自汉代以来，中原王朝就不遗余力地经营这个军事和交通要地。

汉时，高昌称为车师，又称作姑师。晋代曾在此地设置高昌郡。北魏太武帝时，阚爽自任高昌太守，后被柔然汗国所吞并。柔然改立阚伯昌为高昌王，于是高昌又由郡自立为国。魏晋南北朝时期，高昌国先后历经阚氏高昌、张氏高昌、马氏高昌以及麴氏高昌，这些都是汉族人在高昌建立的独立政权。

可以看出，高昌国是个以汉人为主体的地方割据政权，而且长期受到中原王朝政治、经济、军事、文化的影响。高昌国不仅采用中原王朝的政治制度，而且风俗习惯、语言文字，就连宗教信仰（高昌国笃信佛教，当时的西域诸国基本上都信奉佛教）都与中原一般无二。

唐高祖武德二年（公元619年）高昌王麴伯雅遣使入贡，高昌第一次和唐朝建立了联系。不久后，麴伯雅逝世，他的儿子麴文泰继位。

唐太宗贞观四年（公元630年），唐平灭东突厥，声威大震，伊吾内附被李世民设置为伊州。麴文泰亲至长安入朝觐见，李世民赐麴文泰李姓。在太宗朝前期，高昌与唐朝维持了十分友好的关系，唐朝也通过高昌再次打开了与西域诸国互通的大门。但是，随着西突厥的崛起，乙毗咄陆可汗派遣大臣入高昌国监督麴文泰。在乙毗咄陆可汗的威逼利诱下，高昌国逐渐背离唐朝，投入西突厥的怀抱，并纵兵抢劫丝绸之路上的过往商队，阻隔唐朝和西域的连通。

贞观六年（公元632年），李世民准许焉耆王开辟新的道路抵达长安，而这条道路是不经过高昌国的，这样一来双方的矛盾就更加深了。大为不满的麴文泰彻底断绝了与唐朝之间的联系，并勾结西突厥大举进攻焉耆。焉耆派遣使者赴唐朝求救。

李世民致书麴文泰，示之以利害，晓之以祸福，并征其入朝。麴文泰称病不来，继续依恃西突厥的军事力量，发兵阻隔大唐与西域的商道，任意扣留往来使者，抢夺货物，并变本加厉地攻击伊州和焉耆。

贞观十三年（公元639年）底，也就是弘化公主下嫁诺曷钵，吐谷浑汗国彻底臣服的那一年，李世民下定决心平定高昌。

李世民任命吏部尚书侯君集为交河道行军总管、左屯卫大将军薛万均和姜确为副总管将兵出征。高昌王麴文泰一开始听闻李世民兴兵讨伐，他一点儿都没放在心上，因为他认为这根本就是件不可能完成的任务。

麴文泰安慰他的国人说："唐朝离我们有七千里远，中间还隔着二千多里的沙漠，冬天寒霜似剑，夏天热浪滚滚，大军怎么能够通过！现如今唐朝劳师远征，所带兵马多则粮草不济，所带兵马少则力有不逮。我们只要坚壁清野，以逸待劳，就可以坐等唐军士卒困顿、粮草断绝、仓皇退军，然后我们再衔尾追击，必将大获全胜，所以我们有什么可忧虑的呢!”

说句实在话，当时的麴文泰确实没什么可忧虑的，唐军远在万里之遥，而且路途艰险，西突厥大军又驻屯可汗浮图城（今新疆吉木萨尔）作为外援。何忧之有啊！但是事与愿违，麴文泰怎么也没料到，事情的进展完全超出他的预想，唐兵在侯君集的带领下很快就穿越沙漠，在麴文泰未做准备的情况下，闪电般杀入高昌国界。

“没什么可忧虑的”麴文泰此时竟然忧惧交加，一病不起，最后一命呜呼。麴文泰死后，他的儿子麴智盛继位。

高昌国举国为麴文泰发丧，唐军诸将领都请求趁这个时机予以突袭，侯君集拒绝了：“圣上就是因为高昌国的无礼，才派遣我们出师讨伐的，现在他们正在举行国葬，这个时候发动攻击，我们岂不变成无礼之师了。”

侯君集等到麴文泰丧礼举行完毕后展开攻击，大军趁夜直抵高昌城下。

麴智盛致书侯君集，代表他的父亲麴文泰表达了深深的忏悔之意，希望借此能够打动侯君集，换来唐军的退兵。但现在后悔肯定是来不及了。侯君集回书一封，让麴智盛出城投降。接到侯君集的回书后，麴智盛兀自犹豫不决。

侯君集也不给麴智盛多余的考虑时间，随即命令大军展开全面攻城。顿时，喊杀震天、箭如雨下。副总管姜确曾经担任过将作少匠，精通各种器械制造，为了此次攻城，姜确建造了一种高十余丈的巢车，士兵们登上巢车俯瞰城中发射飞石，使得城中守军惊惧不已，斗志丧失。作为高昌国外援，驻守在可汗浮图城的西突厥大军，也在侯君集大军来到的时候献城投降了。

此时的麴智盛智穷力蹙，只得大开城门，出城投降。侯君集再接再厉，继续分兵略地，尽数攻破高昌国三州五县共二十二座城池。贞观十四年（公元640年），经过历时半年的西征，高昌国被彻底平定，侯君集俘虏麴智盛胜利还朝。

虽然征伐高昌大获全胜，但接下来如何治理高昌故地和高昌臣民才是对李世民气魄和能力的考验。对于这个问题，魏徵的意见是“存其社稷，复立其子，则威德远被，四夷皆服”，也就是保留高昌国。但是，李世民这次没有采纳魏徵的意见。高瞻远瞩、立志收复整个西域的他，放弃了保存高昌国并使其成为藩属的这样一种惯常做法，而是在其地上设置州县，将高昌国划入唐王朝版图。

李世民将高昌设为西州，可汗浮图城设为庭州，同时，在交河城（今新疆吐鲁番西北）设置安西都护府，任命都护、长史等官员镇守。

# 第二十六章　经略西域，设立四镇

平定高昌，设置安西都护府之后，唐朝继续向西挺进，经略西域。它的下一个目标对准了焉耆。焉耆，原名焉支，位于高昌国的西部，其地在博斯腾湖的西北岸，辖境包括今新疆焉耆、库尔勒、和硕与尉犁等地。

在《西游记》当中，焉耆被称为乌鸡国，国王好善斋僧，却因为开罪文殊菩萨，如来派狮猁怪下界，化身道士将国王推入井下水浸三年，狮猁怪自己则变作国王模样，霸占了乌鸡国。

虽然《西游记》只是神魔小说，但这个故事从侧面反映出焉耆是一个崇信佛法的国家，佛教艺术曾经繁盛灿烂。可以看出唐朝时期的西域，是由众多佛教国家组成的，各种风俗习惯也与中华文明一脉相承，只是到了唐以后，随着中华文明对周边辐射和影响力的衰退，西域才逐渐伊斯兰化。

焉耆与唐朝的邦交一向稳固，双方经常互派使节，并在贞观初期开通商路，展开互市贸易；但由于这条商路绕过了高昌，使得高昌王麴文泰大为光火，高昌于是联合西突厥共同攻打焉耆。

焉耆王龙突骑支向李世民求援，并在侯君集征伐高昌的时候，派兵支援。高昌国被平定后，龙突骑支还亲自到侯君集大营道贺。之后的焉耆完全臣服于大唐，双方的关系步入了一个蜜月期。

焉耆臣服于大唐，高昌国又被并入唐朝版图，这使得西突厥在西域的势力大为萎缩。不甘心失败的西突厥开始通过结亲、厚赏等各种方式极力拉拢焉耆。面对西突厥的各种拉拢利诱，焉耆王逐渐倒向西突厥，到后来更是断绝与唐朝的往来，并一再扣留过境的大唐和其他西域诸国使节。

## 一 两征焉耆

由于焉耆王龙突骑支彻底倒向西突厥，并阻绝了西域与唐朝互通的商道，安西都护郭孝恪向李世民请旨征讨焉耆。

郭孝恪一征焉耆。贞观十八年（公元644年），李世民下诏任命郭孝恪为西州道行军总管，统帅三千马步军西击焉耆。焉耆王的弟弟栗婆准向郭孝恪投降，并引导郭孝恪的大军西进。

由于焉耆城四面环水，易守难攻，焉耆王龙突骑支并没将郭孝恪所率领的三千兵马放在眼里，倚仗城防天险也没做任何抵御的准备。

郭孝恪趁其不备，星夜兼程，在栗婆准的引领下很快抵达焉耆城下，并浮水夜渡。拂晓，当城内的守军还在睡梦当中的时候，郭孝恪指挥士兵登城，随后打开城门，冲入焉耆王庭，抓获了龙突骑支及他的妻儿、臣属七千余人。当西突厥反应过来的时候，郭孝恪已经留下栗婆准统摄焉耆，自己则押解着龙突骑支及其妻儿胜利班师，而这些已经是西突厥收到消息三天以前发生的事情了。

郭孝恪在西征焉耆前曾奏报李世民“八月十一日往击焉耆，二十日应至，二十二日必定击破之”，也就是三天攻破焉耆。但是事实上，郭孝恪攻破焉耆根本就没用去三天时间，基本上是当日至，当日即破城。对于此次领军的安西都护郭孝恪，李世民也有如下评价：“功立威行，深付所委。”

郭孝恪此次西征，仅带三千余士卒，战斗时长仅一日，就大破焉耆，并擒其王室，对西域其他国家的震动是可想而知的。

后知后觉的西突厥为了在西域诸国面前挽回颜面，派遣五千精骑追击郭孝恪，想解救焉耆王龙突骑支。追至银山，郭孝恪回军迎击，大败西突厥，并追逐溃众数十里，但由于所带兵马实在太少，恐后继乏力，只好放弃深入追逐。

在郭孝恪身上吃了瘪的西突厥，将气全部撒在焉耆身上，他们纵兵进攻焉耆，擒拿了栗婆准。随后，西突厥派遣大臣进驻焉耆城，并意欲强行占领焉耆国。李世民诏见西突厥使臣警告说："我发兵击败焉耆，你们哪个胆敢占据。"

面对李世民的警告，西突厥彻底畏惧了，慌忙将派往焉耆的大臣召回。焉耆国人于是拥立栗婆准的堂哥龙薛婆阿那支为新的焉耆王。由于龙薛婆阿那支畏惧西突厥，所以焉耆仍然依附于西突厥。

阿史那社尔二征焉耆。郭孝恪击破焉耆，擒获焉耆王龙突骑支，但由于兵力所限以及西突厥的赴援，唐军无法长期驻守焉耆。但四年之后，贞观二十二年（公元648年），情况发生了很大改变，此时的西突厥逐渐衰弱，已无力再和唐朝在西域展开争锋，于是李世民诏命左骁卫大将军阿史那社尔再次征讨焉耆。

其实，说是再次征讨焉耆有点不恰当，阿史那社尔此次征讨的目标实际上是位于焉耆西边的龟兹，阿史那社尔是在行军路过焉耆的时候"顺路"把焉耆给解决掉了。阿史那社尔领兵从焉耆西境经过，并公开对外宣称他此行的目的地是龟兹，焉耆王龙薛婆阿那支被阿史那社尔所迷惑，因此未做任何准备。阿史那社尔出其不意地发动攻击，龙薛婆阿那支完全无法抵御，只能弃城西逃，阿史那社尔随后展开追击，并最终将龙薛婆阿那支抓获斩杀。

龙薛婆阿那支死后，李世民册封他的堂弟先那准为焉耆王，而这一次唐军也不再撤走，就地驻扎了下来，焉耆遂并入了唐朝版图。

## 二　安西四镇

贞观二十一年（公元647年），唐太宗李世民任命左骁卫大将军阿史那社尔为昆丘道行军大总管、右骁卫大将军契苾何力为副大总管，与安西都护郭孝恪一起，联兵征讨龟兹。同时，诏命铁勒诸部、吐蕃以及吐谷浑共同发兵进讨。

龟兹位于焉耆之西，是西域诸国中经济文化水平较高、农耕和游牧并举、佛法昌盛、军事实力较强的大国，面积约十万平方公里，拥有七百余个城镇，辖境相当于今新疆轮台、库车、沙雅、拜城、阿克苏与新和等地区，首都伊逻卢城（今新疆库车）。

龟兹地理位置十分重要，是今新疆进出中亚陆路交通的必经之地，因此唐朝对龟兹的态度十分重视。

唐高祖李渊时期，龟兹王苏伐勃曾派遣使者到长安朝贡。苏伐勃死后，他的儿子苏伐叠继位，继续向唐朝进贡。这段时期，唐朝和龟兹的关系是十分友好的。苏伐叠死后，他的弟弟诃黎布失毕继位，开始不再臣服唐朝，并且四处出击，侵扰领国。

### 移镇龟兹

贞观二十二年（公元648年），阿史那社尔在做好充分的作战准备后，兵分五路进攻龟兹，也就是在这次进攻前，在行军路过焉耆的时候，阿史那社尔“顺手”攻灭焉耆，击斩焉耆王龙薛婆阿那支。

龟兹国君臣听闻焉耆国灭后朝野震动，各地守城将领畏惧唐兵军盛，纷纷弃城逃走。阿史那社尔未遭遇任何抵抗就进屯至距离龟兹都城三百里的碛口（位于今新疆轮台地区）。

龟兹王诃黎布失毕亲自率领宰相那利、羯猎颠以及五万兵马前来迎战，阿史那社尔则派遣伊州刺史韩威率领数千骑兵作为前锋，骁卫将军曹继叔随后跟进接应。两军在多褐城（今新疆库车县东）迎头相遇，一场遭遇战随即展开。

双方甫一交锋，韩威即佯装败退，引兵遁走。龟兹王诃黎布失毕不知是计，率领全军进行追赶。追出三十里地，韩威与随后赶来接应的曹继叔合军一处，突然调转马头，回军攻击龟兹追兵。龟兹军队大惧，溃败。龟兹王诃黎布失毕退保都城，但遭到唐军围攻。难以支撑的诃黎布失毕弃城西走，阿史那社尔遂占领龟兹都城。

阿史那社尔留下郭孝恪据守龟兹都城，自己则率领沙州刺史苏海政、尚辇奉御薛万备以及精锐骑兵追击诃黎布失毕，追出六百里。诃黎布失毕军队势窘，无路可走，只能进入拨换城（今新疆阿克苏市）自保。阿史那社尔率军围攻，城破，龟兹王诃黎布失毕及羯猎颠被俘。

那利侥幸逃脱，偷偷地邀引数万西突厥兵马袭击郭孝恪，想重新夺回龟兹都城。

此刻，郭孝恪仅仅率领数千士兵驻扎在龟兹都城外，当那利率领西突厥兵马悄无声息掩杀过来的时候，郭孝恪已经来不及退入城中守卫了。那利趁势登城并与城中龟兹人一起，共同攻击郭孝恪。由于手上兵马太少，威震西域的一代名将就这样战死于龟兹。

郭孝恪力战身死，眼看龟兹都城就要重新落入那利手中，危急时刻，仓部郎中崔义超，一名掌管粮食贮藏和发放的文官勇敢地站了出来。他在城中招募到二百人保卫军资财物，并与那利的部队在城中展开巷战。驻扎在城外的唐军也开始反攻。经过一晚上的战斗，那利败退，龟兹都城方安定下来。之后，不甘心失败的那利，又率领数万部队前来攻城，再次被唐军守将击败，士卒也损失殆尽，那利单骑逃走，但随即就被抓送至唐营。

平定了那利后，阿史那社尔就地进行招抚，龟兹国所属七百余城纷纷请降，龟兹国遂纳入唐朝版图。唐高宗显庆三年（公元658年），李治将安西都护府由西州的交河城迁移至龟兹，龟兹也就成了安西都护府的府治所在地。

**安西四镇**

阿史那社尔平定焉耆和龟兹，整个西域都为之震动。疏勒、于阗等天山以南的西域诸国纷纷上表请降。

于阗，辖境在今新疆和田地区，位于龟兹南部偏西位置，其南方是今西藏阿里地区（隋唐时期属于吐蕃国境），西方则紧邻着现今的克什米尔地区。疏勒，辖境在今新疆喀什地区，位于龟兹西部，是现今中国的最西境，紧邻着中亚的塔吉克斯坦和吉尔吉斯斯坦（隋唐时期，其地属于昭武九姓胡）。

于阗、疏勒两个王国和龟兹王国面积相当，同样崇信佛教，文化习俗也类似。龟兹国灭后，于阗和疏勒没有经过战争就向大唐投降了。

至此，西域的焉耆、龟兹、疏勒、于阗尽皆归入大唐版图，李世民也得偿所愿，恢复了汉时故土，而且与两汉时期统治西域不同，这次唐朝在西域获得的是完整的胜利。两汉时期在西域的统治方式限于移植屯垦，主要是为斩断匈奴的臂膀，瓦解匈奴与西域诸国的军事联盟，而唐朝却是设置州县，将西域纳入国家行政系统，成为正式的大唐领土。

李世民在焉耆、龟兹、疏勒、于阗设立四个军事重镇，驻守重兵，这就是著名的“安西四镇”，隶属于安西都护府管辖。唐高宗调露元年（公元679年），李治以碎叶取代焉耆，自此以后，碎叶、龟兹、于阗、疏勒成为新的“安西四镇”，同样隶属于安西都护府。

# 第十篇
# 威服东北

现在，我们再将目光从西北方向转到东北方向，转到现今的内蒙古东部和东北三省西部等地区，这里盘踞着两个主要的部族——契丹和奚。

提起契丹，在中国历史上可是大名鼎鼎，特别是唐朝末年以及五代十国时期，契丹人耶律阿保机建立名噪一时的大辽国。之后，辽国逐渐兴盛，后晋的“儿皇帝”石敬瑭割让燕云十六州给辽国。

北宋建立后，他的第二任皇帝宋太宗赵光义两次北伐，企图收复燕云十六州，但都被辽军打得大败而回。至此开始，北宋面对辽国军事积弱的局面终北宋一朝都难以扭转，只能签下屈辱的“澶渊之盟”，以岁岁纳贡的形式换取和平。辽国的强盛使得那个时代的西方世界都是使用“契丹”来指代中国。

当然，唐朝时期的契丹，还只是部落形式，军事实力也比较弱小。

提起奚部落，虽然在中国历史上没有契丹这么出名，但其实这两个部落实属同宗同源。而且，在隋唐时期，奚就像个小老弟一样“亦步亦趋”地跟在契丹后面，虽然不能算是臣属于契丹，但绝对是唯契丹马首是瞻。

根据史书记载，契丹和奚都起源于东胡，但关于东胡的描述，历史上众说纷纭，没有统一的定论。有一种说法是，契丹和奚都起源于鲜卑宇文部。鲜卑宇文部被慕容部击溃后，它的一个分支迁离故土，因为迁徙路线的不同，之后分化为奚和契丹两个部落。

隋朝时期，特别是隋文帝杨坚在位时期，隋朝国力强盛，就连东突厥的启民可汗都完全臣服，契丹和奚自然更是成为隋朝的藩属。但是，随着隋炀帝杨广的继位，各种倒行逆施，使得隋朝国力日衰。契丹和奚在逐渐强盛的东突厥的威逼利诱下，自然无法抵抗，只能背弃隋朝，依附东突厥，而这种局面也一直持续到隋朝灭亡，唐朝建立。

契丹和奚就这样一直夹在巨人之间，只能像墙头草一样，谁的威力强大就倒向谁，所以发生在契丹和奚身上的战争被称为“威服之战”。

# 第二十七章　大辽的前身——契丹

契丹，曹魏时游猎于潢水（今西拉木伦河，为西辽河的北源）和老哈河（又称老河或土河，老哈的契丹语是“铁”的意思）之畔。西晋时期，契丹举族向南迁徙，定居在辽水以西，北魏时开始自称为契丹，即为“镔铁”的意思。

## 一　韦云起“一人灭一国”

说起中国历史上的“一人灭一国”，最有名的当属唐太宗贞观末年，王玄策未动用大唐一兵一卒，仅仅靠着临时征调的吐蕃和泥婆罗（今尼泊尔）士兵，就攻灭了中天竺。这场战争暂且不提，先来看看早在隋朝时期，韦云起是如何单枪匹马消灭契丹，完成“一人灭一国”这看似不可能完成的任务。

韦云起，京兆万年人（今陕西西安人）。大业元年（公元605年），契丹屡次侵犯营州，隋炀帝杨广诏命通事谒者（说白了就是名外交官）韦云起征调东突厥兵马前去讨伐。外交官韦云起孤身一人出使东突厥，说服东突厥的启民可汗派遣二万名骑兵跟随他一起出征讨伐契丹。

韦云起治军极其严谨，他把两万名骑兵分作二十营，每营相距一里，不得相互混杂，同时将这二十营分成四路一同进发，闻鼓声而行，闻角声而止，行军之时，除非紧急公事，任何人不能骑马。

有一次在行军途中，一名东突厥将领违犯了韦云起的军令，韦云起二话不说，斩杀了这名将领，并枭首示众。东突厥的兵将看到韦云起治军如此严整，心生畏服，之后，再也没人敢违反韦云起的军令了。

契丹本来就和东突厥交好，而且并不知道韦云起身在其中，所以对东突厥骑兵的到来并没有多少防范之心。韦云起为了进一步打消契丹的疑虑，在率军进入契丹境内后，让东突厥士兵对外宣称是借道去柳城与高句丽进行互市，并严令不得泄露营中有隋朝使者的情况，否则斩立决。这下，契丹人就更加不设防备了。

韦云起率军来到距离契丹营地只有五十里的地方，突然展开袭击，毫无防备的契丹全军尽墨。此一战，韦云起尽获契丹男女四万余口，以及众多牛马畜产。韦云起将所获战利品分一半赏赐给东突厥，其余尽数带回隋朝国内。韦云起胜利班师回朝，隋炀帝杨广闻讯后大喜过望，召集百官高兴地说："韦云起用东突厥兵而平定契丹，真是文武兼备。"

## 二　松漠都督府

时间来到唐高祖武德年间，看到唐朝的主要精力放在统一全国上，东突厥便屡度犯边，而作为东突厥臣属的契丹也数次跟随东突厥侵扰唐境。武德二年（公元619年），契丹酋长大贺咄罗率军跟随东突厥处罗可汗进攻幽州；武德五年（公元622年），契丹再次兵寇幽州。

唐太宗李世民贞观二年（公元628年），此时的唐朝已基本完成了统一，国力渐盛，而东突厥此刻却是内乱不止、自顾不暇，契丹酋长摩会于是脱离东突厥的统治，率领部众前来投靠大唐。

东突厥的颉利可汗当然不乐意见到契丹依附于唐朝，这样会给臣属于东突厥的其他部族造成很大影响，于是颉利可汗提出愿意交出梁师都来换回契丹。

李世民坚决不答应，并义正凛然地指出，梁师都就如鱼游釜中的“弃子”，是大唐的叛徒，而大唐决不拿归附的契丹族人交换叛徒。契丹族人听闻后对李世民深为感服，自此后向唐朝称臣，朝贡不绝。

贞观四年（公元630年），颉利可汗被擒，东突厥国灭。契丹酋长贪没折晓谕东北各部族，并带领奚、室韦等十余部落前来归附。贞观十五年（公元641年），契丹应征跟随兵部尚书李勣和营州都督张俭征伐薛延陀汗国。之后，李世民亲征高句丽，契丹也悉发其众跟随李世民亲征。

贞观二十二年（公元648年）十一月，李世民在契丹属地设置松漠都督府，隶属于营州都督府管辖，以契丹酋长窟哥为松漠都督，并赐姓李，是为李窟哥。而随着松漠都督府的设置，契丹也正式并入唐朝版图。

# 第二十八章　时叛时降的契丹

唐高宗李治时期，契丹总体上臣服于唐朝，虽偶尔叛乱，但很快都被平定。时间来到武周朝，营州都督赵文翙负责管理契丹。但是赵文翙行事傲慢固执，很瞧不起契丹，把他们的首领当作奴仆看待，而且在契丹闹饥荒的时候，不采取措施赈济灾民，这引起了契丹部族极大的怨忿。

## 一　契丹的反叛

武则天万岁通天元年（公元696年）五月，松漠都督李尽忠（窟哥的孙子）和归诚州刺史孙万荣举兵反叛，攻陷营州。

收到前方契丹叛乱的消息，武则天将李尽忠改名为李尽灭，孙万荣改名为孙万斩以示侮辱（武则天还真的是挺喜欢帮别人“改名字”，就在几年前，因为后突厥可汗骨咄禄时常寇边，武则天将骨咄禄称为“不卒禄”）。

口头侮辱当然不会有任何战场效果，只能得到对方更激烈的战斗回应。

李尽忠自称无上可汗，据守营州，以孙万荣为前锋，四处出击，所到之处尽皆攻破，很快兵力就发展至数万，并进围檀州（今北京密云），兵锋直指北疆重镇——幽州。

**硖石谷之败**

武则天派遣左鹰扬卫将军曹仁师、右金吾卫大将军张玄遇、左威卫大将军李多祚和司农少卿麻仁节等二十八位将领讨伐契丹。

就在武周大军浩浩荡荡行至硖石谷（今河北迁安东北）时，早已收到消息的李尽忠提前在武周军队行军的必经之地黄麞谷（又名黄獐谷）埋伏下精锐部队。为了诱骗武周军队继续深入，李尽忠还巧妙地设计了一番以麻痹曹仁师等人。

李尽忠在攻陷营州后，曾经将数百名武周军俘虏囚禁在地牢中。当听说曹仁师率领官军前来征讨后，李尽忠欺骗这些俘虏说："我们这些人反叛都是因为没吃没穿，无法生存下去才不得不为。只要官军一到，我们一定会投降。"说完这些话后，李尽忠把所有俘虏释放了。

俘虏们逃归幽州后，便把李尽忠缺衣少粮，以及官军一来即刻投降的情况报知了曹仁师等人。曹仁师等人毫不怀疑，而且认为这次出征是一份活少，任务轻，又能够轻松立功受奖、捞取美名的美差。这样的便宜谁不想捞啊！于是众将领争先恐后展开进军，唯恐这现成的便宜被别人抢了先。

武周军队行至黄麞谷西，李尽忠派遣老弱之兵佯装出降，又故意遗留下些老牛瘦马之类的置于道路两旁，以迷惑武周军队。曹仁师等人见状，遂舍弃行军缓慢的步兵，率领骑兵快速挺进谷内。李尽忠看到官军已进入包围圈，便率领伏兵展开猛烈攻击。官军猝不及防，全军覆没。张玄遇、麻仁节等则被李尽忠擒获。

随后，李尽忠又用缴获的军印伪造军牒，强迫被俘的张玄遇和麻仁节等将领在军牒上署名，诱骗殿后部队昼夜急进，李尽忠再次设伏一举全歼了武周军队。

硖石谷一役之后，李尽忠威名远振，四处出击，给武周的北部边疆带来严重威胁。武则天甚至想颁布诏命，免去天下囚徒的罪责，赎买士庶官宦的家奴，让这些人前去征剿契丹，但被右拾遗陈子昂（千古名篇“前不见古人，后不见来者，念天地之悠悠，独怆然而涕下”的作者）力谏劝止。

正当武则天一筹莫展的时候，李尽忠死掉了，但是契丹余众在孙万荣的带领下，继续攻击武周。

**契丹依附后突厥**

为了剿灭孙万荣，神功元年（公元697年）三月，清边道总管王孝杰将兵十七万与孙万荣战于东硖石谷，结果武周军大败，王孝杰战死。取得大捷的孙万荣在柳城（今辽宁朝阳市凌源市）西北凭险修筑新城，并将老弱军队留在城中看护军资器械，自己则继续率军进攻武周。

五月，武则天任命武懿宗为神兵道行军大总管、娄师德为清边道副大总管，将兵二十万，并联合后突厥的默啜可汗共同攻击孙万荣。

武懿宗大军才走到赵州（今河北石家庄赵县），听闻契丹先锋骆务整率领数千骑已经突进至冀州（今河北衡水市）。仅仅数千骑兵就让武懿宗害怕不已，他慌忙撤军退据相州（今河南安阳），途中丢弃军资器械无数，契丹军队随后攻破赵州，并尽屠赵州而还。这个时候，孙万荣已经不是寇边了，他的前锋部队都已经深入到河北腹地，快要踏入河南地界了。

但就在孙万荣兵锋正盛之时，他却犯下一个致命的错误。孙万荣亲率精兵攻打幽州，但他担心后突厥的默啜可汗袭击他的大后方，于是派遣使者赴默啜牙帐，请求共取幽州。孙万荣的本意其实并不一定要和默啜联兵，只是希望他在进攻幽州的时候，默啜不在他的后背捅刀子就行。

孙万荣没有想到默啜之前已经收受武则天的好处，准备发兵攻击他，而且更加没想到他的两个使者被默啜买通，透露他的所有后勤物资贮存在新城，而且只有老弱残兵看护的情况。随后，默啜以这两名使者为向导，发兵攻取新城，尽数夺取了孙万荣的军资器械。

当时，孙万荣正在幽州与武周军队鏖战，听闻后方基地被毁，物资被夺，军队一片哗然。跟随孙万荣起兵的奚族人反叛，攻击契丹后军，武周军队则乘势对孙万荣的前军展开攻击。孙万荣大败，率领数千轻骑向东逃走，后被他的手下斩杀。

平定了孙万荣，武懿宗奉诣招抚契丹。哪知道打仗不行的武懿宗招抚百姓也不行。他残酷虐待契丹降众，连被契丹胁迫的武周百姓都不放过，这激起了极大的民怨，契丹部众于是再次反叛并投靠逐渐壮大的后突厥。

## 二　复设松漠都督府

一代女皇武则天死后，唐祚恢复。在中宗、睿宗期间，依附于后突厥的契丹时常侵犯幽州。这一时期，唐朝在东北地区的属地已尽被契丹、奚等部落占据，包括营州都督府，以及下辖的松漠都督府、饶乐都督府等尽皆废置。

唐玄宗李隆基开元二年（公元714年），并州长史薛讷将兵六万出檀州攻打契丹，以期恢复营州都督府，但被契丹打得大败，折损将士十之八九，仅薛讷与数十名骑兵突围幸免。这仗薛讷败得狼狈不堪，契丹人轻蔑地称他为“薛婆”。

也许大家会认为薛讷是个庸碌的将领，其实不然，他是薛仁贵的长子（也是《薛丁山征西》故事里薛丁山的历史原型），是被唐玄宗盛赞为“有周亚夫之风”的大唐边关名将。薛讷为人沉着勇悍、不苟言笑，曾经作为幽州大都督镇守幽州二十余年，治军严整，吏治民安，使得契丹和奚不敢前来犯边，后因谗言才被徙为并州长史。但是，在这次进攻契丹失败后，薛讷被削官为民。

开元四年（公元716年），后突厥的默啜可汗被杀，后突厥汗国国力渐衰。依附于后突厥的契丹顿时失去靠山，契丹部众在其酋长李失活（李尽忠堂弟）的率领下投降唐朝。

李隆基在契丹故地重置松漠都督府，并册封李失活为松漠都督，其他契丹各部酋长也都任命为刺史。开元五年（公元717年），李失活入朝，唐玄宗以永乐公主下嫁李失活，又复置营州都督府统辖契丹各部。

开元六年（公元718年），李失活逝世，他的弟弟李娑固继任松漠都督。和他的哥哥李失活一样，李娑固亲自入朝觐见，侍唐甚恭。随后还响应大唐征召，与奚、拔悉密等部共同讨伐后突厥。开元八年（公元720年），契丹牙官可突干因受到李娑固的猜忌，举兵击杀李娑固，契丹陷入了内部纷乱。

可突干立李娑固堂弟郁干为契丹酋长，同时遣使赴长安上表请罪。李隆基赦免了可突干的罪过，仍然任命郁干为松漠都督。开元十一年（公元723年），郁干逝世，他的弟弟吐干继位。吐干因与可突干相互猜忌，无法控制契丹部众，于是逃奔长安。

随后，可突干立李尽忠的弟弟李邵固为契丹酋长并上表李隆基，李隆基册封李邵固为松漠郡王，并以东华公主下嫁李邵固。

## 三　契丹的复叛

从唐玄宗李隆基复设松漠都督府，到加封李邵固为松漠郡王，这段时期虽然可突干专擅契丹朝政，时而行废立之事，但契丹总体上对唐朝是恭奉和臣服的，可随后没多久，情况发生了变化，契丹在可突干的胁迫下再次叛唐。

开元十八年（公元730年），契丹酋长李邵固派遣可突干入朝朝贡，受到宰相李元纮的无礼对待。可突干怀恨在心，返回契丹后竟然弑杀了李邵固，率领契丹并胁迫奚族人起兵叛唐。随之，整个东北狼烟遍地。

唐玄宗任命忠王李浚（唐玄宗李隆基的第三个儿子，也就是后来的唐肃宗李亨）为河北道行军元帅，率领十八总管讨伐契丹和奚。可突干寇犯平卢（即营州，唐玄宗将营州改为平卢），先锋使乌承玼在捺禄山（今辽宁兴城境内）大破可突干。

开元二十年（公元732年），唐玄宗任命信安王李祎（唐朝宗室名将，唐太宗李世民曾孙，吴王李恪之孙）为河东、河北道行军大总管率军攻打可突干，可突干大败远遁。

开元二十一年（公元733年），可突干连兵后突厥共侵幽州，节度使薛楚玉（薛讷之弟）、幽州道副总管郭英杰等率众万余在榆关（今山海关）攻击可突干。郭英杰阵亡，唐军战至最后一人。

持续数年的可突干之乱终于在开元二十二年（公元734年）得以平定。时任幽州节度使张守珪屡次大破契丹，可突干势穷，被其牙官李过折斩杀。李过折率领契丹余部前来投降，被封为北平王，检校松漠都督。

随着可突干叛乱的平定，契丹和奚等部落也重新归附了大唐，唐朝东北方向的形势也再次得以稳定。

但之后，由于安禄山将契丹、奚等部落当作自己捞取军功、积累个人名望和政治资本的工具，时常发兵征讨，上表报功，这使得契丹和奚时降时叛。直到“安史之乱”暴发前，安禄山才获得决定性胜利，彻底解决了契丹和奚。但这次的胜利已不能归于唐朝了，因为这完全是出于安禄山的个人目的和政治野心。

安禄山在完全降服契丹和奚，消除他们和唐廷联合攻击自己后方的可能性后，掉转枪口，发动了足以影响唐朝历史，甚至是整个中国历史的“安史之乱”，而在安禄山起兵的行伍中就有众多投靠他的契丹和奚族军士。

最后，再来说说奚部落。奚和契丹同宗同源，北魏时自称库莫奚，到隋代，将库莫去掉，只称为奚。作为契丹的小弟，奚基本上和契丹保持着相同的步调。

贞观二十二年（公元648年），契丹酋长窟哥和奚酋长可度者共同率领所属部众内附。李世民在契丹属地设置松漠都督府，以窟哥为松漠都督。在奚部落属地设置饶乐都督府，以可度者为饶乐都督。二者都隶属于营州都督府。

武则天万岁通天元年（公元696年）五月，李尽忠、孙万荣举兵反叛，奚部落亦举兵响应。及至李尽忠、孙万荣兵败身死，奚与契丹又同时依附后突厥。

开元四年（公元716年），契丹酋长李失活、奚部落酋长李大酺共同来降。李隆基重置松漠都督府和饶乐都督府，并任命李失活为松漠都督、李大酺为饶乐都督。

之后，契丹可突干胁迫奚部落一起反叛，可突干平定后，奚和契丹又重新归附大唐，时叛时降，直至最后被安禄山彻底降服，并和契丹一起成为安禄山发动“安史之乱”的胁从力量。

## 第十一篇

# 置府安东

征服了契丹、奚等东北各部后，大唐的目光继续向东延伸，一直延伸到今天的朝鲜半岛地区。在当时，这个地区包括三个国家，分别是高句丽王国、百济王国和新罗王国，而高句丽王国又是他们当中的主角。

提起高句丽，首先就要说一说朝鲜，远在中国周朝时期，朝鲜这个国名就已经存在了。周武王伐纣的时候，纣王的叔父箕子带领五千殷商遗民远迁朝鲜半岛，建立箕子朝鲜，并接受周天子的册封，成为周朝的一个封国。秦朝末年，旧燕国人卫满攻灭箕子朝鲜建立卫满朝鲜。

汉武帝元封三年（公元前108年），汉朝攻灭卫满朝鲜，并在其地设立乐浪、玄菟、真番及临屯四郡（也称汉四郡），将朝鲜纳入了汉朝的版图，而此时的高句丽（位于今辽宁省新宾县）只是作为一个县归玄菟郡管辖。

据史书记载，高句丽的始祖来自扶余国。公元前37年，扶余王子朱蒙因在国内受到排挤，南下鸭绿江沿岸卒本川建立卒本扶余。公元前34年，朱蒙定都纥升骨城（位于今中朝边境的辽宁省桓仁县），建国名高句丽。

建国之后，高句丽逐渐强大，慢慢便脱离了汉朝的统治，并多次侵犯汉四郡以及辽东等地。随着汉朝的灭亡，后世的曹魏、西晋等朝代都派出军队对高句丽进行征讨，双方打打停停、战战和和，高句丽虽然几次被灭，国都被毁，但最后都复国成功，中原王朝始终无法完全征服高句丽。而且，西晋之后，中原离乱，战火纷飞，高句丽趁机大开疆土，侵占玄菟、乐浪、辽东等郡，攻灭扶余国。

到了北魏太武帝时期，高句丽上表称臣，并且请求国家讳称。太武帝于是下诏赐下帝系、名讳，册封为辽东郡公、高句丽王。之后北齐、北周、隋朝，虽然中原王朝更迭，但高句丽国王一直领受辽东郡公、高句丽王的称号，接受藩属国的地位。虽然名为藩属，但实则是一个独立的王国。

及至隋唐时期，高句丽国东到新罗，西拥辽东，南连百济，北领靺鞨，东西长两千余里、南北宽一千多里，成为当时朝鲜半岛地区实力最强大的国家，同样位于朝鲜半岛的新罗、百济都受其控制。

可以看出，高句丽不但曾经属于汉时故地，更是与中原王朝有千丝万缕，斩不断、理还乱的联系，是同属于中华文明圈，同属于一个文化系统。

对于既是故土又是亲同，时而臣服时而叛乱的高句丽，中原王朝是既爱又恨，数次进行征讨，而且不乏御驾亲征，比如隋炀帝杨广和唐太宗李世民都曾展开亲征。双方之间的战争不但规模大，而且战争跨度长（到隋唐时期，高句丽已经立国七百余年，如果算上箕子朝鲜和卫满朝鲜，则已历千余年历史，也就是说双方的仗打了千余年），范围广（即有陆战，又有海战），就连单个战斗的持续过程也是经年累月，成系列、成规模，所以唐朝和高句丽之间的战争可称为“系统之战”。

# 第二十九章　辽东粪土臣元

南北朝时期，高句丽据有朝鲜半岛北部（南部则是百济和新罗），同时还囊括辽水以东的广阔疆域，都城位于平壤。

此时的中国南北分治，高句丽和南朝、北朝都有来往，虽然高句丽接受北魏及之后北周册封的“辽东郡公”“高句丽王”等称号，其实高句丽对北朝还是抗拒的，不能接受北朝的强大，更不能接受南北中国的统一，所以高句丽与南朝也保持着密切的联络，并接受南梁册封的“抚东大将军”称号。

隋代北周之后，高句丽虽然仍旧称臣于隋朝，但对隋朝的逐渐强大心生畏惧，时常兴兵侵扰辽西地区，更是和南陈保持着频繁的使节来往，梦想在隋朝和南陈之间保持战略平衡，从中获取渔翁之利。

时间来到了隋文帝开皇十七年（公元597年），此时的隋朝已经攻灭南陈，完成了统一大业，而且国力强盛、兵马精良。之前和南陈暗通款曲、不时寇边的高句丽王高汤感到了害怕，他担心会成为杨坚下一个大举征伐的目标。高汤于是高筑城、广积粮，秣马治兵，严阵以待。

也许是平定南陈的时间还不太长，国内情势仍需进一步稳固，也许是突厥的都蓝可汗断绝朝贡，经常犯边，使得隋朝的北部边境局势紧张，隋文帝并没有打算征伐高汤，而是下了一道胡萝卜加大棒的玺书，历数高句丽的四件过失。一是出兵侵略隋朝的藩属靺鞨和契丹，二是私自建造兵器，三是不让隋朝使者在高句丽四处巡察，四是杀害隋朝边民。并指责、威吓高汤，让他好自为之，否则将派遣大将取其国。高汤收到杨坚的玺书后，诚惶诚恐，上表谢罪称臣。

一封书信就降服一个国家，应该来讲杨坚的目的达到了，但是这种情况没有持续多久。很快，高汤就病死了，他的儿子高元继位，杨坚拜高元为上开府仪同三司，袭爵辽东郡公，敕封高句丽王。

新继位的高元年轻气盛，联合靺鞨兵马进犯营州。杨坚听到这个消息后大怒不已，很快就下诏罢黜高元的官爵，同时任命汉王杨谅为行军元帅，率领水陆大军三十万讨伐高句丽。

汉王杨谅率领陆军刚出临渝关（即今之山海关），就碰上大雨和水灾，冲毁了后勤补给道路，使得军中粮草断绝。之后又碰上军中瘟疫横行，遭受了大规模的非战斗减员。水军这边的情况也不妙，战船从东莱（今山东莱州）出海直趋朝鲜半岛，但遭到飓风袭击，大量的战船倾覆于海上。

就是这样，隋军连高句丽的照面都没打上，将士就死亡了十之八九。无奈之下，杨坚只能诏令还师。

虽然杨坚这次征伐辽东的军事行动无果而终，但对于高句丽王高元来讲亦是个极大的震动。惊惧之下，高元连忙遣使上表谢罪，表章上自称“辽东粪土臣元”，不但称臣，还自比作垃圾，对隋朝的态度极为卑微。

杨坚收到表章后自然满意，不再考虑对高句丽用兵，而且恢复了高元的所有爵位，并待之如初。终隋文帝一朝，杨坚都没有再对高句丽用兵。

隋文帝死后，隋炀帝杨广继位。前文我们多次提到过，杨广的三征高句丽成为压垮隋帝国的最后一根稻草。现在就来具体了解下，好大喜功的隋炀帝杨广是如何通过这三次征伐，将一个盛世王朝给折腾没了。

## 一　这一次的不期而遇

要说隋炀帝杨广兴起东征高句丽的原因，其实也是很偶然的。

大业三年，杨广北巡东突厥，在启民可汗的牙帐里，碰巧遇到当时正出使东突厥的高句丽使者。启民可汗不敢隐瞒这件事，便将高句丽的使者引见给隋炀帝。

本来这是一件很正常的事情，但黄门侍郎裴矩太了解隋炀帝好大喜功的性格了，他对隋炀帝杨广说："高句丽本来是箕子所封之地，汉代和晋代的时候都是中国的郡县，现在却成了一个独立的国家。先帝在世的时候，早就有意征服，可惜汉王杨谅没能成功。现在陛下继位大统，四海升平，怎么可以不取回故土呢？现在高句丽的使者亲见东突厥全国奉从大隋的教化，一定很恐惧，可以乘机胁迫高句丽王入朝。"

裴矩一席话深深打动了时常自比秦皇汉武的隋炀帝。杨广立马命令高句丽的使者在回国后通知高元，明年他将前往涿郡巡视，让高元尽早前来朝见，而且要像启民可汗一样遵从大隋教化，尽到人臣之礼。但是，兴致勃勃的杨广被打脸了，他在脑海中憧憬过无数次的高元谦卑来朝的画面没有出现。

这计响亮的耳光无疑让极其自负和爱面子的杨广感到羞辱，于是，大业六年，隋炀帝杨广开始进行讨伐高句丽的各项准备工作，而对于这次的东征高句丽，杨广可以说是倾全国之力。

杨广向全国的富人课以重税，用于购买马匹和军械，命令官员在东莱海口役使工匠赶造战船三百艘。工匠们昼夜不停地站在水中施工，因为长时间水中作业，腰部以下都生满蛆虫，工匠因此劳累而死的达到十之三四。

杨广诏命天下兵马，无论距离远近，全部到涿郡会合，同时又征调江淮以南的水手一万人、弓弩手三万人、岭南排镩手三万人，于是全国各地到处都是兵马在调动。

为了保障大军的粮草供应，杨广征发民夫数十万人运输黎阳、洛口等地仓库的粮食到涿郡，运粮的车队和船队排列了千余里，那些夫役因昼夜工作、劳累过度而死的不计其数。

经过近两年的军事准备，大业八年（公元612年）正月，全国的兵马都云集涿郡，隋炀帝杨广便在涿郡亲自下令出发。

这次出征规模极大，水陆两军同时并进，《资治通鉴》形容此次的出兵是“近古出师之盛，未之有也”。隋炀帝亲自指挥陆军，将军队分为左路十二军、右路十二军，总共一百一十三万三千八百人，军队旗帜鲜明，鼓角相闻，旌旗排列达到九百六十里。此外，隋炀帝亲自率领的御营，分内、外、前、后、左、右六军，排列长达八十里，诸军分道进发，浩浩荡荡地由涿郡杀奔高句丽。水军则由右骁卫大将军来护儿任行军总管，由山东泛海直接攻击朝鲜半岛。

先来看看水军的作战情况。来护儿率领水军一路泛海到达高句丽，在距离平壤城六十里处的地方遭遇高句丽军队，来护儿纵兵攻击，大败高句丽军。随后，来护儿乘胜率领四万精兵攻入平壤城，但由于进展太快造成孤军深入，隋兵入城后的军纪又太坏，四处劫掠，连基本的战斗队形都集合不起来。平壤城中的高句丽伏兵趁机展开反击，大败隋军，并将隋军赶出了平壤城，来护儿仅仅带领数千残兵逃回海边。

高句丽军继续展开攻击，来护儿在岸上无力坚守，只好撤退至海上舟舰，等待陆军前来会合。

陆军方面，隋炀帝亲率大军进至辽水，高句丽军团倚仗辽水隔岸拒守，双方隔水形成东西对峙的局面。杨广命令宇文恺在辽水西岸建造三座浮桥。但是浮桥建得太短，离东岸尚有几丈的距离，隋军士兵只能跳入水中，蹈水接战。高句丽兵居高临下，由岸边冲下，隋兵无法登岸，大部分将士战死于水中。

隋炀帝吸取了此仗的教训，将浮桥加长，并命令诸军次第过桥。隋朝大军终于渡过辽水，和高句丽军团在东岸展开了大会战。

高句丽兵大败，死者数以万计。隋军乘胜进围高句丽的军事重镇——辽东城（今之辽宁辽阳）。隋炀帝的车驾也渡过辽水，亲赴辽东城下指挥攻城。

面对城垣高阔、高句丽驻扎重兵防守的辽东城，隋炀帝杨广志在必得。这可是他父亲隋文帝杨坚都未能企及之地，而且一旦拿下辽东城，中原王朝失去经年的故土，就在他触手可及的前方了。自负满满的杨广为了展示天朝上国的威仪下了一道诏命："如果辽东城投降，诸将领不得自行处置，要立刻停止进攻，并上报给他。"

辽东攻坚战展开了，在隋朝大军的猛烈攻击下，城墙很快被打开了一个缺口，高句丽守军难以坚守，城中军民遂请求投降。隋朝的诸将领因为之前奉了隋炀帝的旨意，不敢擅作主张，于是下令停止攻城，并派人奔赴杨广的大营汇报，受领下一步的作战命令。

正是这片刻的停战间隙让高句丽获得了喘息之机，城中军民利用这一段间隙期快速修复破损的城墙，并继续坚守拒战，隋军则不得不再次展开艰苦的攻城战。之后，这种情况又重复出现了三次，隋军攻城部队士气因此大受影响，进攻锐气全失，在辽东城下陷入了旷日持久的苦战当中。

看到辽东城久攻不下，杨广不耐烦了，他一边将过错都推给前线拼死鏖战的将领和士卒，一边决定放弃辽东城，转而直取高句丽的都城平壤。

杨广命令右翊卫大将军于仲文出乐浪道，左翊卫大将军宇文述出扶馀道，右翊卫将军薛世雄出沃沮道，右屯卫将军辛世雄出玄菟道，率领三十万兵马汇聚鸭绿江西岸，意欲强渡鸭绿江，直取平壤城。但是此时的隋军已经在外征战数月，水陆两军尽皆失利，士气低落，思归心切；更要命的是，连粮草都难以为继了。而且在直取平壤的军事行动上，于仲文和宇文述也产生了严重的分歧。

宇文述认为粮草已耗尽，大军应速速返回，但是于仲文因为之前放走了前来诈降的高句丽大臣乙支文德，忤逆了隋炀帝的密旨而心生惊惧，一心只想着跨过鸭绿江，追击擒拿乙支文德将功抵过。由于于仲文是此次军事行动的总节度，故隋军在于仲文的坚持下，渡过鸭绿江，对乙支文德展开了追击，并直趋平壤。

乙支文德因为之前诈降来过隋营，知道隋军已经粮绝，将士士气低落，于是采取诱敌、疲敌的策略，且战且退，将隋朝大军诱至距离平壤三十里的地方，才依山结阵、安营扎寨。接下来乙支文德再一次使用诈降的计谋。他向宇文述承诺，只要隋军退兵，高元将亲到杨广的行营朝见。

宇文述看到士卒疲敝，已无力再战，而且平壤城墙险固，不是一时之间就能攻取的，于是答应了乙支文德的请求，下令退军。

因为深入高句丽国境，隋军这一退可不得了，高句丽军四面出击阻截，宇文述且战且走退至萨水（今清川江），渡河的时候，高句丽军在后背发动猛攻，左屯卫将军辛世雄战死，隋军大溃，慌不择路奔返辽东。三十万兵马出征，返回辽东的只有二千七百人，军资器械更是损失殆尽。

面对这样惨痛的失败，自大的隋炀帝也无力再战了，只能灰头土脸地退军返还。而这次损兵折将、耗费糜多的征辽，杨广唯一得到的就是高句丽位于辽水之西的武厉逻城（今辽宁新民），好面子的杨广在该城置辽东郡，但这样的做法对隋朝来讲反而是个极大的讽刺。

## 二　辽东，辽东

第一次亲征高句丽以大溃败告终，而且军力、民力与物力损失惨重，按理说这个时候最应该止戈蓄民，休养生息，恢复国力，但隋炀帝偏不！

转过年，即大业九年（公元613年）的正月，也就是距离第一次亲征失败不足半年时间，隋炀帝又征诏天下兵马齐集涿郡，以宇文述主持军务，水军仍然以右骁卫大将军来护儿为统领，集结在东莱。四月，当所有兵马和物资准备完毕后，杨广展开了第二次亲征高句丽。

不难猜到，极好面子的杨广为了报上次的一箭之仇，这第二次亲征在兵力动员的规模、物资器械的储备、民夫工匠的役力，甚至出征的排场气势上，和第一次相比必定是有过之而无不及。

隋军渡过辽水，再次兵临辽东城下，这次隋炀帝杨广吸取了上一次的经验教训，不再要求各军的行动需要事先奏报并等待他的裁决，而是告诉诸将可以根据战场态势自主抉择，便宜行事。

隋炀帝命令宇文述、杨义臣等分道合击，围攻辽东城。诸将在获得前线指挥权后，作战的主观能动性也大大加强，各种飞楼、云梯、地道等战术齐出。高句丽也吸取了第一次战斗的经验，面对隋军大张旗鼓地围攻，高句丽军做了充分的应对和全面的准备。双方在辽东城下僵持了二十余天，日夜激战不停，战况惨烈，死伤甚众。

辽东城久攻不下，隋炀帝命人赶制了一百余万个大布袋，袋内装满泥土，用其堆积成一条阔三十步，和辽东城墙一样高的道路，隋军战士可以踏着这条泥土布袋路攀登城墙。同时又命令工程部队制作可以快速移动的楼车，楼车高过辽东城墙，隋军将士可以站在楼车上，居高临下，用弓箭射击城内的守军，以配合主力部队通过泥土布袋路攀登辽东城墙。

可就在一切准备妥当，正要一鼓作气拿下辽东城的时候，杨玄感在黎阳起兵叛变，声势浩大，并进攻东都洛阳。这一突然的变故，给了隋炀帝当头一击。

之前隋朝国内基本上是民变，还比较容易进行弹压，但现在已经转化成兵变了，而且起兵的还是杨玄感这种勋贵重臣。大惊之下，杨广半夜发布退兵密令，诸将领接到密旨连夜开拔，连营帐都来不及撤走，堆积如山的粮食、物资、器械和攻城工具更是全部放弃。由于事起突然，撤军行动就如同逃亡一样，各路大军各自分散行动，互无照应，战士们更是人心惶惶、不知所措，以致于连行军的队形都没法保持。

辽东城的守军发现隋兵无缘无故地紧急撤退，不知所以，深恐有诈的他们一时之间也不敢出城查探，直到第二天中午，才渐渐出城四处查看。两天之后，在确定隋军是真正撤退之后，才派遣数千人进行追击，大溃隋军殿后的部队。

之后，杨玄感兵败身死，杨广不是尽力安抚余众，反而扩大打击面，大肆追查党羽，牵连被杀者达到三万人，就连吃过杨玄感救济粮的饥民都一一坑杀。这直接导致民怨沸腾，君臣猜忌，民变和兵变在全国大规模地爆发。但是已经陷入狂热的杨广，不顾天下动荡，执意再次亲征高句丽。

大业十年（公元614年）二月，杨广再次征诏天下兵马，展开了他连续三年的亲征高句丽行动。

此时的文武大臣似乎也已经摸清了杨广的脾气，之前的两次亲征还有人劝谏，当然都没什么好果子吃，不是被杀就是被贬，所以这一次没有一个人站出来反对。杨广第三次来到涿郡，但这次亲征不仅远没有前两次风光，而且征调的士兵纷纷半途逃亡。

杨广的车驾前出到怀远镇（今辽宁锦州市），命令来护儿为先锋攻击高句丽的毕奢城（今辽宁海城市），城破，来护儿挥师继续前进。经过连续的三次征讨，高句丽这边也是民穷财尽、疲惫不堪，高句丽王高元担心不能抵挡隋军的第三次攻击，于是派出使者乞降。

杨广似乎非常满意面子上的光彩，他接受了高元这种无多少实际意义的投降，下令班师还朝。之后，由于杨广征召高元入朝，高元不肯来，杨广便想展开第四次亲征；但此时天下已崩乱，杨广有心无力，只能作罢。

连续三年，连续三次举全国之力亲征高句丽，杨广最后收获的仅仅是对方口头投降；留给他自己的，留给曾经强盛无比的大隋王朝的却是最终覆灭的惨痛结局。

# 第三十章　唐太宗三征高句丽

公元618年，随着隋炀帝杨广江都被弑，隋朝覆灭，唐朝兴起，高句丽王高元也在这一年死去，他的异母弟弟高建武继位高句丽王。

唐高祖武德年间，唐朝的主要任务是完成统一大业，而且唐朝与高句丽之间还隔着东突厥、契丹、奚等国家，双方并不接壤，所以也不存在武力冲突。当时的高句丽王高建武对唐朝采取的也是侍奉策略，经常遣使入朝，双方之间的关系总体上是稳定的。

武德五年（公元622年），李渊赐书高建武，命令高句丽将杨广东征时流落在高句丽及被俘的军民交回唐朝，高建武奉诏，先后将数万人遣返。武德七年（公元624年），高建武遣使来唐请求颁历，李渊册封高建武为辽东郡王、高句丽王。武德九年（公元626年），同处朝鲜半岛的高句丽、新罗和百济因为长期之间存在领土争端，互相攻伐不断，李渊派遣使者前往高句丽进行调解，高建武上表谢罪。

时间来到唐太宗贞观年间，此时的唐朝国势日盛，灭东突厥，平高昌，克薛延陀，破吐谷浑，李世民被四夷尊奉为“天可汗”。在东北方向更是设置营州都督府，收服契丹和奚，其境已延伸至辽东地区。高建武更加臣服于唐朝，遣使进献高句丽封域图，并派遣太子入朝长安。

按理说，高建武朝贡不绝，侍唐甚恭，李世民是不会轻言兴兵讨伐的。但是贞观十六年（公元642年），高句丽国内发生了大动乱。

高句丽的权臣泉盖苏文专擅朝纲，凶残无道，高建武与诸大臣密谋诛杀泉盖苏文，岂料事起不密，被泉盖苏文知晓。泉盖苏文先下手为强，以召集兵马进行校阅为名，邀请诸大臣前来观礼。大臣们应邀前来，泉盖苏文命令士兵当场将诸大臣杀光，死者达一百余人。

随即，泉盖苏文提兵杀入王宫，手刃高建武，为了泄愤，还将高建武砍为数断，抛弃在臭水沟中。泉盖苏文立高建武的侄子高藏为高句丽王，自己则自称“莫离支”（类似唐朝的兵部尚书兼吏部尚书），总揽高句丽朝政，高藏只不过是他手中的一个傀儡。

高建武被泉盖苏文所弑，消息传到唐朝，大臣纷纷请求讨伐高句丽。唐太宗思虑再三，认为乘着别国国内丧乱，兴兵讨伐，就算取胜也是胜之不武，而且要进攻高句丽，必须水、陆两军齐进，但是此时水军基地山东东莱正遭受自然灾害，民生凋敝，无力支撑如此重大的军事行动。

当然，这里面还有一个重要的因素，李世民是一定会考虑进去的，那就是隋炀帝杨广亲征高句丽，最终导致隋朝盛世而亡的殷鉴不远，经常“以史为鉴”的李世民一定会吸取这个教训。最终，李世民不但放弃了征讨，而且派遣使者前往高句丽进行吊祭，并册封高藏为上柱国、辽东郡王、高句丽王。

但是，“树欲静而风不止”，高句丽在泉盖苏文的主政之下，对内暴虐臣民，对外则联合百济侵略大唐的属国新罗。新罗派遣使者到长安向李世民求援，李世民于是派遣司农丞相里玄奖前往高句丽进行斡旋调停。

泉盖苏文没有接受调停，他对相里玄奖说：“高句丽和新罗积仇已久，之前杨广攻打高句丽的时候，新罗趁火打劫占领了高句丽五百里土地，除非新罗把占据的土地还给高句丽，否则我们是不会罢兵的。”

相里玄奘则针锋相对地说道：“过去的事还有提的必要吗?！如果像你这么说，辽东原本都是我们的郡县，现在被高句丽占据了，是不是你们也要归还啊！我劝你还是尽早罢兵，和新罗和平共处，否则，明年一定发兵征讨你们。”

泉盖苏文不肯听从，继续进攻新罗，抢回了五百里土地后仍然不退兵。“勿谓言之不预”，李世民这次终于下定了征讨高句丽的决心。

## 一 辽东争夺战

李世民没有像杨广一样，征召天下兵马，举全国之力讨伐高句丽。他首先下诏营州都督张俭，命令其率领营州、幽州二都督府兵马以及契丹、奚、靺鞨等部众攻击辽东城，以试探高句丽的虚实。同时命令将作大监阎立德在今江西省一带建造船舰四百艘用以载运军粮，命令太仆卿萧锐转运河南等地粮仓的粮草屯至山东近海海上。

贞观十九年（公元645年），在细致周全地完成征讨前的各项准备工作，特别是民心民意的准备工作之后，李世民以“讨伐泉盖苏文”的名义，水陆并进，御驾亲征高句丽。

水军方面，李世民任命刑部尚书张亮为平壤道行军大总管，率领江淮、岭南、硖州（今湖北宜昌）水兵四万，长安、洛阳募征的勇士三千以及战舰五百艘，自山东莱州泛海进攻高句丽。

陆军方面，任命太子詹事、左卫率李勣（都是太子宫的职事，此时李勣的工作重心已转为辅佐太子李治）为辽东道行军大总管，江夏王李道宗为副大总管，率领步骑兵六万，由幽州出发直取辽东。

李世民亲率御营随陆军出征。这是李世民继位皇帝后，近二十年来第一次统兵亲征，足以看出他对征服高句丽的重视，以及对恢复汉时故有疆域的渴望。

李世民这次亲征高句丽可以分为三个阶段：第一阶段是快速推进

阶段，以“辽东城之战”为代表，唐军进展顺利，突破辽水，挺进辽东；第二阶段是大获全胜阶段，以“驻骅山之战”为代表，唐军歼灭、俘虏十五万高句丽、靺鞨联军；第三阶段是失利退军阶段，以“安市城之战”为代表，唐军进攻受阻，李世民无奈退军返回。

**辽东城之战**

李勣率军从柳城（今辽宁省朝阳市）出发，一路上虚张声势、大张旗鼓，声称要从怀远镇抢渡辽水，进攻辽东城。高句丽果然中计，将大军南移驻防，造成辽水北部防务空虚。李勣看准时机，率军突然北趋，从通定强渡辽水，进入辽东地区。高句丽军大惧，也来不及展开布防，辽东各城只好各自拒城自守。

唐军没有像之前的隋军一样，对辽东城展开疯狂围攻。李勣兵分两路，绕过辽东城对辽东腹地展开了突袭。

李道宗率军进攻新城（今辽宁新宾满族自治县），直趋鸭绿江畔，新城守军畏惧，没有人敢出城迎战。营州都督张俭则率领契丹、奚等士兵进攻建安城（今辽宁营口），击溃了高句丽军。之后，李勣和李道宗合军进攻盖牟城（今辽宁抚顺市），拔其城，并在此地设置盖州。

击溃了营口守军，拿下了抚顺，辽东城则完全处在唐军的南北夹击之下，且粮草匮乏、孤立无援。

水军总管张亮从东莱泛海，他没有孤军深入，直取平壤，而是选择在辽东沿海的卑沙城（今辽宁海城南）登陆，向李勣的陆军靠拢，并攻拔卑沙城，控制鸭绿江。

唐军开始进攻军事重镇辽东城。李勣率军进至辽东城下，高句丽派遣马步军四万前来救援，由于敌众我寡，众多将领都认为应该坚守不战，以等待李世民的车驾和后援大军。江夏王李道宗则深不以为然，他认为哪有将领将敌军留给皇帝自己解决的道理，而且高句丽仰仗人多必有轻我之心，可一战胜之。

李勣赞同李道宗，于是，李道宗亲自带领四千骑兵迎击高句丽的四万援军。众寡悬殊则更显英雄本色。果毅都尉马文举高叫："不遇劲敌，何以显壮士！"纵马直冲敌阵，当者披靡；但是行军总管张君乂却惧战退走，致使唐兵接战不利。

如果此刻唐军不能阻挡住高句丽援军的冲击，令之与辽东城的守军联军一处，则整个辽东战场将陷入被动，很可能重蹈杨广的覆辙。关键时刻，李道宗亲赴前线，收拢唐军溃散士卒，并登高观望高句丽阵营，当他发现高句丽阵营散乱的时候，抓住机会率领骁骑冲入敌阵，左突右杀，高句丽兵莫可阻挡。李勣也乘机引兵前来助战，高句丽援军大溃而走。

此时，李世民车驾渡过了辽水。为了坚定唐军拿下辽东城的决心，李世民将辽水上的渡桥撤掉，并且厚赐作战有功的李道宗，提拔马文举为中郎将，将临阵退缩的张君乂斩首示众。

随后，李世民亲率数百骑来到辽东城下，和众将士一起背负泥土，填平沟堑，修筑作战工事。在李世民的亲自指挥下，唐军将辽东城团团围困，昼夜不停地展开进攻，双方在辽东城下展开激烈地肉搏，喊杀声震天。

高句丽守军依仗城墙高大，负隅顽抗，唐军将士也是不肯放弃，发动了一波又一波潮水般的攻势，双方凭着战斗意志都在咬牙坚持，就这样僵持了旬月有余，眼看辽东城又要成为中原军队跨不过去的坎了。

一日，李世民正在巡营，突然南风大作，李世民敏锐地抓住时机，派遣锐卒攀冲竿而上，登上辽东城的西南楼，并放火烧城。火借风势，风助火威，大火和浓烟蔓延至全城，整个辽东城一片混乱。随后，唐军将士乘势四面登城，高句丽守军大溃。

就这样，杨广心心念念，三次亲征都未能拿下的辽东城，被李世民给攻克了，李世民在此地设置辽州，驻军守卫。

之后，李世民马不停蹄、兵不卸甲，命令李勣进攻白岩城（今辽宁省岫岩满族自治县），并亲临白岩城的西北指挥作战。高句丽派遣数万兵马增援白岩城。为了阻挡高句丽的援军，契苾何力率领八百劲骑前往迎击。但由于敌众我寡，契苾何力深陷敌阵当中，并被一名高句丽将领用槊击中腰部。情况万分危急，幸亏薛万备单骑闯阵，解救契苾何力于万军当中。

被救后的契苾何力反而锐气更盛，将伤口简单包扎一下，率领骑兵再次反身冲阵，将高句丽援兵彻底击退。

说起来也挺有意思的，在征讨吐谷浑的时候，契苾何力奋勇闯阵，救出身陷重围的薛万均和薛万彻，而这次征讨高句丽，薛万备单骑闯阵，替他的两位哥哥救出身陷重围的契苾何力，也算是投桃报李了。

高句丽的援军被击退后，白岩城主孙代音举城请降。李勣等将领都认为不应该接受请降，因为此时白岩城旦夕就可攻破，应该继续攻城，这样破城后所获人口、物资都可以用来犒赏将士们，以奖励他们奋不顾身、舍命征战的功劳。

李世民没有同意，他宁愿动用府库物资奖赏有功将士，也要保全请降的白岩城军民。李世民接受了白岩城的请降，在其地设置岩州，任命孙代音为岩州刺史，仍然管理白岩城。

**驻骅山之战**

攻克了辽东城，收降了白岩城后，唐军快速进军，准备进攻安市城。目的很明确，一步步肃清辽东地区高句丽的有生力量，为挺进鸭绿江、挺进朝鲜半岛打下坚实的基础。高句丽当然不会坐以待毙，派遣高延寿、高惠真率领高句丽、靺鞨的十五万联军前来解救安市城。

探知消息后，李世民对手下将领们说："高延寿要解救安市城，无外乎上、中、下三策。上策是依据高山之险，结营为阵，与安市城守军相呼应，和我军对垒，同时派遣靺鞨兵劫掠我军后勤，如果这样的话，我军将陷入困境；中策是放弃安市城，接应城中守军出城，乘夜撤退；下策就是不自量力，与我军展开决战。而我认为高延寿一定会采取下策。"

情况也正如李世民所预料的一样，高延寿没有采纳谋士"坚壁清野、拒守以待、兵连安市、断敌粮道"的计策，而是引大军直进，欲一举击溃唐军。唐军诱敌深入，李世民派遣左卫大将军阿史那社尔率领数千突厥精骑前去挑战，且战且退，高句丽军不知是计，穷追不舍。阿史那社尔一直将高延寿诱至距离安市城只有八里地的地方才依山结阵。

此时的高延寿还在为自己长驱直入，唐军无力抵抗而沾沾自喜，他哪里知道李世民早已布下天罗地网等待他了。

李世民命令李勣率领一万五千马步军埋伏在西岭，长孙无忌率领精兵一万一千人作为奇兵，悄悄从山北出峡谷，行至高延寿军阵的后面，准备断其归路。李世民自己则亲自率领步骑兵四千，"偃旗裹甲，钳马衔枚"潜于北山之上。一个巨大的包围圈正静悄悄地摆在高句丽军队面前。

这次李世民布置的口袋阵，其关键点在长孙无忌的奇兵，只有长孙无忌落位后，才能彻底堵死高句丽军的归路，打一个漂亮的围歼战。

高延寿看到李勣布阵于西岭，率军猛攻，李世民潜伏在北山不为所动，他在等待长孙无忌就位的信号。终于，高句丽军后背尘土飞扬、鼓角齐鸣，唐军旗帜在风中猎猎招展。

就等这一刻了，李世民一声号令，唐军四面出击，高句丽军看到已陷入唐军重重围困之中，归路也被长孙无忌截断，登时军心大乱，溃不成军，唐军大获全胜，斩首二万余级。高延寿等高句丽将领收拢溃众，仍然想依山自守，但在唐军的团团围困下，终于无法支撑，高延寿、高惠真率领余部向李世民投降。

消息传到平壤后，高句丽举国骇惧，李世民为了纪念这次战斗的胜利，将他驻扎的山头命名为驻骅山，此战就是历史上著名的“驻骅山之战”。

**安市城之战**

战斗进行到现在，可以说一切进展顺利，唐军拿下了白岩城、盖牟城，以及极具战略意义的辽东城，并在驻骅山一役大获全胜，这样看来，拿下整个辽东，甚至一鼓作气降服高句丽都只是时间问题。但是，哪曾想到，在接下来进攻安市城的时候，唐军却被阻滞在这里，无法取得胜利。

安市城，位于今辽宁营口大石桥市，紧邻张亮水军驻扎的卑沙城（辽宁海城市），如果能够顺利拿下安市城，唐军水陆两军将实现胜利会师，之后合兵一处挺进鸭绿江。渡过鸭绿江后，则高句丽都城平壤将完全暴露在唐军的进攻之下。

但是，安市城是高句丽的军事重镇，城防险峻、兵马精良，安市城城主更是勇武绝伦——泉盖苏文乱政的时候，都拿安市城主没办法，所以这是一块难啃的硬骨头。

对于如何处理这块硬骨头，如何展开下一步的行军作战，唐军内部产生了不同意见。一种是李世民的意见，他认为安市城很难快速拿下，可以先攻击位于安市城南边的兵弱粮少的建安城，一旦拿下建安城，再南北夹攻安市城，则破城指日可待。一种是新近投降的高延寿的意见，他也认为安市城不容易拿下，但他的策略是放弃安市城，进攻乌骨城（今辽宁丹东），进而渡过鸭绿江，直取平壤。

李世民的意见被前线作战总指挥李勣以“舍近求远，粮道易被阻断”给否决了，高延寿的意见则被长孙无忌以“天子亲征，不可身犯险境”给拒绝了。而李勣、长孙无忌这些前线将领都认为应该先拿下安市城。

李世民听从了前线将领的意见，决定先拿下安市城。不过细细思索一番，李勣和长孙无忌的担忧虽然都很有道理，但如果换成是以前的李世民，以前那个克霍邑、弃河东、奔虎牢的秦王李世民，不知他又会做出何种选择。

明确了先取安市城这个作战目标之后，李世民亲率大军展开进攻。这个时候，唐军兵锋正锐，辽东地区很多的城市都望风投降，《资治通鉴》上形容是：“军士单行野宿如中国焉！”意思就是唐军士兵在高句丽国土上行走就像在自己国家一样。

但是安市城除外。唐军进至安市城南，城中军民不但顽强抵抗，还在城墙上冲着李世民的御营鼓噪、挑衅。于是，李勣奏请破城后将城中男子全部坑杀。消息传出，安市城全民皆兵，更加下定了坚守的决心。

艰苦的“安市城之战”开始了，唐军使用了各种攻城方式。唐军掘开河堤，水淹城墙，安市城守军就筑高、加固城墙抵御洪水；唐军冲车、炮石齐攻城楼，安市城守军就随时用木栅栏堵住缺口；唐军在城外筑土山压迫城墙，造成城墙崩塌，安市城守军就从缺口涌出，夺取土山，并修堑壕拒守。

在猛烈进攻了六十多天后，安市城岿然不动，唐军不但毫无进展，而且还损兵折将，就连江夏王李道宗也在战斗中受了伤。战斗受挫，大将受伤，士气受损，加之旷日持久的征战，粮草损耗殆尽，这个仗打不下去了。更要命的是，此时辽东地区已进入深秋季节，气温在逐渐转凉。

在中国的东北地区，冬季会早早来临，到时候天寒地冻、大雪蔽野，人们连户外活动都难以展开，更别提行军作战了。而且唐军也没料到会陷入长期的拉锯战，他们甚至都没准备厚军衣。

看到这种不利状况，李世民权衡之后，下诏班师。

在撤兵前，李世民在安市城下举行盛大的阅兵仪式。安市城主也确实是个厉害的角色，他登上城楼拜辞李世民。李世民也是相当有风度，他赐给安市城主一百匹绢以表彰他忠君为国以及固守城池的功劳。随后，命李勣、李道宗率领步骑兵四万殿后，李世民则带领大军南返。

虽然李世民这一次亲征高句丽最终失利，但唐军仍然取得了相当大的战果。唐朝新设置辽州、盖州、岩州三州，疆域也越过辽水拓展至辽东腹地。

## 二　再战辽东

唐军退兵后，高句丽王高藏和泉盖苏文派遣使者到长安谢罪，李世民没有接受，这表示李世民仍然会继续征讨高句丽。

一年之后，也就是贞观二十一年（公元647年），李世民彻底击溃薛延陀汗国，收降铁勒诸部，在漠北地区设置燕然都护府，并修建“参天可汗道”。东北地区的契丹和奚等部落也内附于唐朝，高句丽面对的军事压力越来越大。

为了应对来自唐朝的军事压力，高句丽在辽东地区兴筑一个个依山而建、城墙高大、地势险峻、易守难攻的山城，并依托这些山城建立了一整套完备的军事防御系统。在今中国辽宁、吉林两省境内，就依托长白山等山脉建有各类山城一百七十余座，且多以一座较大山城

（比如辽东城）为中心，周边设置若干个小山城，它们相互呼应、互为犄角。在第一次征讨的时候，唐军就在安市城这座山城脚下栽了大跟头。

李世民任命左武卫大将军牛进达为青丘道行军大总管、右武候将军李海岸为行军副总管，率领数万水军，由山东莱州泛海攻击高句丽。同时，任命太子詹事李勣为辽东道行军大总管、右武卫将军孙贰朗等为副总管，率领营州都督府及契丹、奚等诸部兵马渡过辽水，进攻辽东地区。第二次征讨开始了。

水陆两路大军齐头并进，都取得了不错的战果。李勣领军由营州出发，渡过辽水，攻破南苏（今辽宁萨尔浒山上的一处山城）等数城。牛进达、李海岸由海路进入辽东，经历大小百余战，先后攻破石城、积利城等高句丽山城。

高藏连忙派遣他的儿子入朝谢罪，李世民看到两路大军都取得了战斗的胜利，达到了预期的作战效果，于是接受了高藏的请罪，命令两路大军班师返朝，结束了第二次征辽。

贞观二十二年（公元648年），李世民命令右武卫大将军薛万彻为青丘道行军大总管，率领楼船、战舰及三万人马从莱州泛海攻击高句丽，唐军在取得作战胜利后退兵返回。

随后，李世民计议征发三十万大军，展开第三次征讨，想一举降服高句丽，以实现他“不将高句丽这个烫手的山芋传给后世子孙”的战略目标。

李世民着手在剑南道进行各项战争准备，命令地方官员督造战舰，储备各类粮草物资，建造兵器和攻城器械，之后将物资通过巫峡，顺着长江东下运抵江淮地区，然后再经由大运河或海运全部集中到东莱。

但这个时候，李世民的身体已经越来越差，很难再经受得起舟车劳顿，房玄龄和充容徐惠苦苦劝谏，但李世民似乎并未改变主意，仍然进行着战争准备。之后，发生了三件事，使得这第三次征讨行动最终取消。

第一件事是李世民为了让太子李治能够树立恩威于李勣，顺利实现接班，将身居宰相之位的李勣外放叠州（今甘肃迭部县）都督。第二件事是房玄龄和李靖先后逝世。

这两件事的发生使得唐朝的两员“战神”和最重要的文臣相继离去，朝堂为之一空。特别是李靖和房玄龄的逝世，对唐太宗李世民的打击是相当大，他失去了朝夕相处的好战友。

第三件事，也是最重要的一件事，贞观二十三年（公元649年），唐太宗李世民驾崩，这最终导致第三次征讨未能实施。高句丽的问题只能留待继位的唐高宗李治解决了。

# 第三十一章　唐高宗了却千年的恩怨

唐太宗李世民逝世后，唐高宗李治继位。面对唐朝新君嗣立，泉盖苏文更加跋扈，野心也更加膨胀。他不断地出兵四处扰掠，攻击契丹、奚等唐朝藩属，联合百济、靺鞨侵略大唐属国新罗，侵吞新罗大片疆土。

唐朝和高句丽之间也是直接战火不断，左骁卫大将军苏定方、右领军中郎将薛仁贵、营州都督程名振先后数次进攻辽东，虽然取得了横山、赤烽等大捷，但仍然无法突破高句丽的山城防御体系。这使得唐军进一步认识到，强攻高句丽将会困难重重，很难达到最终征服的目的。

唐军转变了进攻方向，它将目光投向了朝鲜半岛的西南部，投向了高句丽的附属国百济。

## 一　百济战场

唐朝正欲谋伐百济，没想到百济却在这个当头自己送上门来了。唐高宗显庆五年（公元660年），百济仗着高句丽为后盾，入侵唐朝属国新罗。

李治任命左武卫大将军苏定方为神丘道行军大总管，率领水陆大军十万，并引新罗为援兵讨伐百济。整个百济战争历时约三年，分为三个阶段，经历了三大战役。第一大战役是居拔城之战，擒获百济王扶余义慈，百济国覆灭；第二大战役是真岘城之战，百济复国；第三大战役是白江口之战，击败日本援军，彻底征服百济。

**居拔城之战**

苏定方率领大军从成山（今山东威海）渡海，直趋熊津江口（即今朝鲜半岛南部的锦江入海口），想溯熊津江而上，一举攻破百济都城——居拔城（今韩国首尔）。

在击溃熊津江口的百济守军后，唐军水陆大军并进，进逼居拔城。行至距离居拔城二十余里的地方，百济倾举国之兵前来迎战，正面遭遇的双方展开了大决战。

苏定方率军大破百济军队，斩杀数万人，并乘势追袭，进围居拔城。百济王扶余义慈及太子扶余隆仓皇逃奔北部边境。扶余义慈的次子扶余泰率众据守居拔城，并乘机自立为百济王。

同在居拔城的扶余义慈的嫡长孙扶余文思对左右人说："现在国王和太子都还在，王叔扶余泰就自立为王了，这样看来即使唐兵退去，我父子俩也会被扶余泰杀掉的。"情急之下，扶余文思率领左右翻城而出，向唐军投降。城内的军民看见王太孙都选择投降，也纷纷出城投降。

苏定方命令军士登城而上，树起唐军大旗，扶余泰一看情势已经如此，只能大开城门请降。没过多久，百济王扶余义慈、太子扶余隆以及百济诸城皆投降，百济遂被平定。苏定方押解扶余义慈和扶余隆，率领大军返回长安献捷。

此一战，唐朝获得百济国全部的三十七郡二百城七十六万户。李治在此地设置熊津、马韩、东明、金涟、德安五都督府，将百济纳入大唐的管辖。

随后，李治命令郎将刘仁愿镇守百济府城熊津城，同时任命左卫中郎将王文度为熊津都督，负责安抚百济民众。但是王文度在渡海的时候病亡，李治于是任命刘仁轨接替王文度。

**真岘城之战**

百济虽然亡国了，但各地的反抗力量并未消失。百济僧人道琛和旧将福信就纠集百济余众据守周留城（今韩国全罗南道扶安），并迎接远在日本的王子扶余丰回国，立为百济国王。随后，道琛等开始围攻刘仁愿驻守的熊津城。

刘仁愿被围后，刘仁轨受命联合新罗军一同赴援熊津城。百济军队在熊津江口设立两道栅栏，企图阻止刘仁轨赴援熊津城。刘仁轨军与新罗军纵兵攻杀，大破道琛，百济士兵被杀死、溺亡的有数万人。道琛只得撤围，退保任存城（忠清南道礼山郡），刘仁轨顺利进入熊津城和刘仁愿汇合。

刘仁轨虽然大破百济军，和刘仁愿合军一处，但由于部队人数少，军粮缺乏，只能据守府城，休整兵马。而新罗援兵后被福信击溃，败返新罗。失去外部援助的刘仁轨和刘仁愿，相当于困守孤城于敌国内部，情势万分危险。就连唐高宗李治都十分担心他们，诏命刘仁轨和刘仁愿，切莫独守孤城，要么前赴新罗暂驻，要么泛海返回。

面对这种凶险之境，相信绝大多数人都会放弃驻守孤城，但大唐的将领却不在这绝大多数人当中。我们一起来看看刘仁轨是怎么说的。

> 且今以一城之地居敌中央，苟或动足，即为擒虏，纵入新罗，亦为羁客，脱不如意，悔不可追。况福信凶悖残虐，君臣猜离，行相屠戮；正宜坚守观变，乘便取之，不可动也。

不用转化成白话文都能看得懂，就是坚守不退，不但不退，还要乘便取之。将领如此坚定，那属下士卒表现如何呢！三个字，“众从之”。每当看到这儿，脑海里就会闪现出两个字“豪迈”！那接下来就来看看刘仁轨、刘仁愿是如何在被动的局面下“乘便取之”的。

百济军十分轻视这支孤悬海外、困守孤城，且外无援兵、粮草不济的唐朝部队。百济王扶余丰和福信遣使轻慢地询问刘仁轨和刘仁愿，问他们什么时候西归，百济国好锣鼓喧天、旌旗招展地相送。

百济君臣虽然嘴上强硬，但是百济军队的作战能力实在让人不敢恭维。刘仁轨和刘仁愿趁着百济军队骄傲自大、不设防备，出其不意地出城攻击。百济军大溃，唐军纵兵追击，连克数城，杀获百济军马甚众。

百济军只得无奈撤围，退守熊津城以东的真岘城。

真岘城的战略地位十分重要，是新罗援军赴援熊津城的必经之地，且依山而建，地势险峻，易守难攻，福信在此地驻守了大量的精锐士兵。

为了打通熊津城与新罗的联系，刘仁轨星夜直扑真岘城，借助暗夜的掩护，趁着百济军松懈，攀城而上，在黎明之前展开突击。很快，刘仁轨就占领了真岘城，唐军与新罗军的联系被重新建立了起来。如果用围棋术语来讲，真岘城之战相当于刘仁轨、刘仁愿生生将棋盘上即将被“打吃”的死子（熊津城）给重新“做活”了。

随后，刘仁愿奏请李治诏发山东省之兵渡海进攻百济。而这个时候百济统治者内部也产生了动荡。由于福信专权，百济王扶余丰袭杀了福信。面对唐朝的攻势、内部的动荡，穷途末路的扶余丰向日本请求援兵。

### 白江口之战

龙朔三年（公元663年），发生了大唐和日本之间著名的白江口之战，而这也是中国和日本千年交往历史上的第一仗。

这里先简单介绍一下中日交往史。中国和日本之间是何时开始交往的历史上未有定论，秦始皇曾派遣徐福东渡日本，至今，徐福的坟墓和祠碑仍存于日本。东汉初年，日本遣使朝贡，光武帝刘秀赐“汉委奴国王”印。魏晋南北朝时期，虽然中原离乱，但日本仍然遣使不断；也有中原人士为躲避战乱逃奔日本，这在很大程度上促进了日本社会的发展。

时间来到隋朝，在隋代不长的时间内，日本先后五次遣使来朝，当时推古天皇在位，由深受儒家思想影响的圣德太子摄政。进入唐朝后，日本更是全盘照搬唐朝的政治、经济、文化制度，施行“大化改新”。

唐高宗李治诏命右威卫将军孙仁师为熊津道行军总管，率领水军渡海援助刘仁轨和刘仁愿，两军会合后，唐军实力大增，士气大振，于是决定直取扶余丰的老巢周留城。孙仁师和刘仁愿率领陆军，并联合新罗援军由陆路展开攻击。刘仁轨则率领水军，由白江口（即今之锦江）沿水路进兵，准备在周留城下和陆军会合，以便对周留城展开联合攻击。

当刘仁轨率领水军进入白江口时，日本援助百济的舰队也刚好出现在白江口的海面上，双方迎头相遇，一场大海战全面爆发。

先来看看两军的军力对比。日本共有各类战船一千余艘，总兵力约四万两千人，而唐军只有战船一百七十艘，总兵力也不过一万三千人。从军力对比上来看，日本的军队几乎对唐军形成碾压之势。

但是，战争绝对不是作战人员和武器装备数量的简单叠加，决定战争胜负的往往是指挥员的能力、兵员的战斗素养，武器装备的先进与否以及战法的优劣等无形因素，而唐军在这些方面占据优势。

首先，唐军指挥员刘仁轨身经百战，作战意志坚决。其次，唐军士兵长年在外征战，破突厥、攻西域、征契丹、降铁勒，拥有丰富的战场经验。最后，唐军的战船虽然少，但均是楼船、艨艟等巨舰。楼船高达三层楼，堪称当时的“海上航母”；艨艟则包覆牛皮，设计精良，船体坚固，可用以冲撞敌船，而且速度快，转向灵活，非常适合在狭窄的海面进行作战。

反观日本，刚刚推行“大化改新”没多久，尚未建立起一套先进的军事制度，将领的作战素养低下，士兵的作战能力也未经过大规模的实战检验，甲胄等武器装备也是粗制滥造，战船虽然数量庞大，但笨重缓慢，不适合当时的海战环境。

两军相遇后，刘仁轨利用唐军战船速度快、机动灵活的特点，指挥船队快速变换阵形，分为左右两队，将日本战船团团围住。

在狭窄的海面上，日本战船拥挤一处，无法回旋，相互之间碰撞受损，一片大乱。刘仁轨命令弓箭手站在楼船上凭高放箭，让日本士兵领教了什么是“万箭齐发，箭如雨下”，而日军劣质的甲胄也难以防护住唐军的强弓，一时之间伤亡惨重。

刘仁轨又命令士兵改放火箭，很快，日军舰队变成一片火海，烈焰冲天，被焚毁的战船约四百余艘。之后，刘仁轨纵兵攻击，唐军四战四捷，日军几乎全军尽墨。这一仗之后，日本势力彻底退出了百济，而且在此后的一千余年间，不敢再染指朝鲜半岛。

白江口一战后，百济王扶余丰逃奔高句丽，王子扶余忠胜、扶余忠志等率众投降，于是百济国尽灭，只有别帅迟受信仍然据守任存城，不肯投降。没过多久，投降唐朝的百济大将黑齿常之攻破任存城，迟受信也投奔高句丽，百济全境遂平定。

刘仁轨领命镇守、抚慰百济，很快就稳定了百济形势，并将百济治理得井井有条，深得百济民心。之后，刘仁轨开始修屯田，储粮秣，做征讨高句丽的打算。

刘仁愿返回长安后，不但不居功自傲，反而在朝见李治的时候将全部战功都归功于刘仁轨，体现了高尚的品格。当时的宰相上官仪（上官婉儿的祖父）认为，刘仁轨尽忠竭力，刘仁愿胸襟宽广，“皆可谓君子矣”。

## 二　了却千年的恩怨

当刘仁轨、刘仁愿在百济战场上奋勇厮杀的同时，另一边的高句丽战场同样如火如荼。

唐高宗龙朔元年（公元661年），李治任命苏定方为平壤道行军总管、契苾何力为辽东道行军总管、任雅相为浿江道行军总管，统率唐军及契丹、奚等诸部联军三十五万，水陆并进攻伐高句丽。陆军由契苾何力率领，水军则由苏定方率领。

先来看看契苾何力的陆军进展情况。由于之前李世民夺取了众多的辽东州郡，并在辽东地区打下了良好的民意基础，契苾何力在辽东进展迅速，很快肃清了辽东地区的高句丽守军，直插鸭绿江畔。泉盖苏文派遣他的儿子泉男生率领数万精兵严防死守鸭绿江。

进入隆冬季节后，天气转寒，鸭绿江被坚冰覆盖，契苾何力乘势踏冰跨过鸭绿江，引兵突袭。高句丽守军大溃，被追袭数十里，斩首三万余级，其他部众则尽皆投降，只有泉男生一人逃返平壤。

契苾何力本想一鼓作气，直取平壤城，但这个时候漠北的回纥等铁勒诸部叛变，身为铁勒契苾部落酋长的契苾何力被李治诏回，赴漠北抚慰铁勒诸部，所以契苾何力的这一支陆军只能从高句丽的战场撤回。

再来看看苏定方的水军部队。前期进展同样迅速，唐军泛海而渡，在浿江口（今朝鲜大同江）大败高句丽守军，之后连战连捷，兵围高句丽都城——平壤城。

但是平壤城墙高大、防守严密，唐军陷入了旷日持久的苦战当中。浿江道行军总管任雅相战死疆场，左骁卫将军庞孝泰和他的十三个儿子也都在此役中阵亡，这足以看出平壤的战斗有多么激烈，场面有多么惨烈。

双方一直僵持到第二年，即龙朔二年（公元662年）初。经过长时间的战斗，唐军已兵困马乏，后勤难继；更严重的是，在唐朝的西部边疆突起战火，吐谷浑叛臣引领吐蕃大举进攻唐朝属国吐谷浑，吐谷浑曷钵可汗与弘化公主率领数千帐弃国奔走凉州，并请求徙居唐朝境内。

为了避免双线作战，唐军只能撤围平壤，苏定方则被任命为安集大使，将兵西援吐谷浑。

刘仁轨、刘仁愿就是在唐军撤离高句丽战场这种极端困难的情况下坚守百济，并通过“真岘城之战”和“白江口之战”击溃百济复国势力，击败日本援军，彻底平定百济的，这为今后南北夹击高句丽打下了坚实的基础。

数年后，高句丽国内出现了大动乱，泉盖苏文逝世，他的长子泉男生继任为莫离支，仍然职掌国政。但是没过多久，泉男生的弟弟泉男建和泉男产趁着泉男生出巡的时候，夺取了他的权力，泉男建自命为莫离支，并发兵攻打泉男生。

泉男生派遣他的儿子泉献诚赴唐朝求援，唐高宗李治抓住这难得的战机，决定对高句丽展开全面攻击，一场历时三年的大战役正式拉开了帷幕——是时候完成李世民未竟的事业，征服高句丽，了却双方这跨越千年的恩怨了。

乾封元年（公元666年），唐高宗李治任命右骁卫大将军契苾何力为辽东道安抚大使，右金吾卫将军庞同善、营州都督高侃为行军总管，左武卫将军薛仁贵、左监门将军李谨行殿后，发兵攻击高句丽，援助泉男生。唐军大破高句丽兵，与泉男生会合。泉男生于是投降唐朝，并被任命为辽东大都督兼平壤道安抚大使，封玄菟郡公。

乾封二年（公元667年），李勣担任辽东道行军大总管兼安抚大使，郝处俊为副大使，契苾何力、刘仁轨、庞同善并为辽东道行军副大总管，统率高侃、薛仁贵等诸将领和水陆大军大举征伐高句丽。

唐军首先围攻新城。新城是高句丽西境的军事重镇，是兵力集结地和后勤保障基地，一旦攻破新城，就能够有效地突破高句丽的山城防护体系，威胁其他的军事要塞。

李勣率军对新城展开了强攻，在唐军强大的攻势面前，新城守军意志动摇了，他们绑缚城主开门出降。李勣派遣契苾何力留守新城，自己引兵进击，连下高句丽一十六城。高侃领军进至金山（今辽宁省丹东市金山镇），与高句丽守军展开大战，初战失利败退，高句丽军乘胜北追，多亏薛仁贵引兵从侧面横击，出其不意大破高句丽军。此役斩首五万余级，并攻拔南苏、木底、苍岩等三城。

总章元年（公元668年），薛仁贵在攻破金山后继续展开攻击，欲率领三千将士闪击扶余城（历史上，关于扶余城的地址有多种记载，最主要的是位于今吉林农安县和今辽宁开原市两种说法）。其他将领都认为兵马太少，难以攻破扶余城，纷纷劝止薛仁贵。薛仁贵不为所动，率军攻击，大破高句丽守军，斩杀数万人。扶余城被攻破，扶余川中大小四十余城也望风请降。

泉男建派遣五万精兵企图救援扶余城，但被李勣击溃。之后，李勣攻克大行城（在今辽宁丹东一带），在鸭绿江畔大会诸军，雄赳赳跨过鸭绿江。

高句丽发兵拒战，但哪里能够抵挡得住唐军的攻势，李勣等诸将领奋勇进击，追袭二百余里，攻拔辰夷城（位于今朝鲜大同江岸边，是都城平壤的最后一道防线），其他诸城守军见此情形皆弃城而逃。

攻克辰夷城后，平壤近在眼前。契苾何力首先引兵进至平壤城下，李勣等诸军也相继到达，将平壤城团团围困。

这个时候的平壤城已经成为一座孤城，在坚守了数月后，高句丽王高藏派遣泉男产带领文武大臣共九十八人，手持白幡出城请降；但是泉男建仍然紧闭城门，拒守不出。负隅顽抗是不明智的，几日后，平壤守将大开城门，唐军攻入平壤城，泉男建自杀未遂，被唐军擒获。

高句丽终于被平定，杨广、李世民的战略梦想和未竟的事业终于在李治的手上完成了。

李治将高句丽五部一百七十六城六十九万余户，分为九个都督府四十二州一百余县，并在平壤设置安东都护府统辖这九个都督府。任命薛仁贵检校安东都护，领兵两万镇守、统驭这新收入大唐王朝的故土。

## 第十二篇

# 高原争雄

征服高句丽，置府安东后，我们再次将目光从大唐的东部转回到西部，转到吐蕃的身上。

关于吐蕃的起源，历史上有两种说法。

一种说法是，《新唐书》援引《后汉书》等史籍记载，认为“吐蕃本西羌属，盖百有五十种，散处河、湟、江、岷间”。即吐蕃属于西羌，为西羌一百五十个部落之一的“发羌”的后裔。早在公元一世纪的时候，即居住在析支水（位于今青海省）以西，因为其地距离中原遥远，故互相之间不通往来。由于“发”与“蕃”字的发音相近，发羌的后世子孙便自称“吐蕃”。

另一种说法是，吐蕃源起于西晋末年南凉国王鲜卑人秃发利鹿孤。利鹿孤有两个儿子，一个名叫樊尼，一个名叫傉檀。傉檀继位后南凉被西秦所灭，樊尼率领残部降于北凉的沮渠蒙逊，被任命为临松太守。北凉灭亡后，樊尼率领所部西越黄河，跨过积石山（位于今甘肃省临夏回族自治州境内），进入诸羌境地，并逐渐发展壮大成为诸羌部落的首领，随后迁徙至西藏建立王国，以姓氏“秃发”为国号，因为发音与“吐蕃”相近，后讹为“吐蕃”。

吐蕃王自称赞普，“其俗谓强雄曰赞，丈夫曰普，故号君长曰赞普”，也即是雄强伟岸大丈夫之意。

今天我们提起吐蕃，想到的一定是松赞干布（《新唐书》和《资治通鉴》里称为弃宗弄赞）和文成公主。

松赞干布是吐蕃第33任赞普。松赞干布之前的吐蕃还没有文字，它的历史，特别是早期历史多是口口相传的民间神话传说，不甚可信；直到松赞干布继位为赞普，创造文字，颁行法令，设置官署，统一西藏，迁都逻些（今西藏拉萨），正式建立吐蕃王国，西藏的信史时代才真正来临，而松赞干布则被认为是实际的吐蕃开国者。

这一点从中国的史料记载中也能够看得出来。在唐朝以前，各类资料文献中极少有关于吐蕃的记载，而关于双方之间的交往更是一片空白。

直到唐太宗贞观年间，关于吐蕃，关于唐蕃之间交往的记载才横空出世，才开始大量涌现在历史文献资料当中，而松赞干布正是在贞观七年（公元633年）左右，迁都逻些，正式建立吐蕃王国。

所以，当吐蕃从遥远的藏地高原突然出现在大唐面前的时候，所有史官遍查史料，都查不到它具有什么样的历史和风俗习惯，更别谈如何深入地了解它、对待它了，但没想到吐蕃却成为唐王朝立国以后遭逢的最大劲敌。

所以，大唐和吐蕃之间的战争姑且称为“遭遇之战”。

# 第三十二章　藏王松赞干布

松赞干布统一吐蕃大小各部落，降服羊同（古象雄王国），在西藏建立了吐蕃王朝，之后大举进行行政、经济和军事等社会制度改革，大力开疆拓土，使得吐蕃王朝逐渐强盛。而此时的唐王朝也正处于“贞观之治”的鼎盛时期，社会繁荣，武力强大，物阜民丰，万邦来朝。

松赞干布时期的吐蕃对大唐是极为景仰的，经常派遣使节出使大唐，学习唐王朝的制度、文化和律法等方方面面，在这一过程当中还闹过不小的笑话。

当吐蕃的使臣来到长安的时候，此时的天朝上国大唐，还以为吐蕃和其他一些不知名的小邦一样，仅仅是个仰慕大唐文明，不远万里前来进贡的蕞尔小国，偏远蛮夷，所以接待人员对待他们的态度并不热情。

殊不知，这个时期的吐蕃已经是雄居藏地高原、疆域辽阔、军事实力雄厚的强大王朝，而松赞干布也被称为西藏历史上的一代天骄。

虽然在唐太宗贞观时期，吐蕃和大唐有着一段相当长的蜜月期，但毕竟是两个强大的王朝，双方的磕磕碰碰在所难免，甚至一时之间还兵戎相见，大打出手。而双方这次的战争起因，说起来也挺好笑，既不为领土也不为人口，为的是一桩婚事。

## 一　文成公主入藏

随着大唐和吐蕃的交流逐渐加深，唐太宗李世民也逐渐了解到吐蕃赞普松赞干布是一位有勇有谋的雄强之主，而吐蕃也是个胜地千里、胜兵数十万的强大王国，就连吐谷浑汗国都经常受其侵扰，损兵失地，不能抵御。由于吐蕃的强势扩张，有一段时间，唐朝不得不停止征伐吐谷浑，转而支援它对抗吐蕃。

贞观八年（公元634年），李世民派遣使者出使、抚慰吐蕃。松赞干布听闻突厥、吐谷浑等国都迎娶了唐朝公主——那个时候，能够娶到天朝上国大唐的公主，能够讨到天可汗李世民的宗室女做老婆，是这些王国的天大荣幸。

于是，松赞干布派遣使者跟随唐使返回长安，并备上大大的厚礼，请求与唐朝通婚，说白了就是想从唐朝讨个公主做老婆。

但是李世民没有答应，其实不是李世民不答应，而是根本没有唐朝女孩想嫁过去，更别说公主和宗室女了。吐蕃虽说是一个强大的王国，但奈何地处偏远，习俗大异，加之高原苦寒，怎么比得上长安的繁华锦簇，嫁过去那跟流放也没啥区别。

按理说婚嫁之事，应该是你有情我有意，不能剃头挑子一头热。既然大唐姑娘不愿意，吐蕃你就表示一下风度，婚姻不成仁义在嘛！或者回去以后大力开展“美丽新逻些”建设，用切实行动和实际效果打动大唐的公主们。但是，吐蕃没有这么做，对于没能娶到大唐公主，他们把气全部撒在吐谷浑身上。这又是怎么一回事呢？

吐蕃使者回国后对松赞干布说：“我刚到长安的时候，唐朝接待我的礼节相当隆重，也答应了和亲的要求，但哪曾想到正好碰上吐谷浑国王入朝，他在其中挑拨离间、恶意中伤，使得唐朝不但悔婚，而且十分不尊重我们吐蕃，对我们使节的态度变得十分怠慢。”

其实，使者这一席话反而让人觉得在里面挑拨离间的是他自己，因为他这段话疑点众多。

吐蕃使者来到长安，吐谷浑使者就紧跟而来，而且是吐谷浑国王亲至，这未免太过于巧合了吧！何况这段时间，吐谷浑可汗伏允和唐朝的关系很差，不太可能亲赴长安朝见。另外，大唐难道会因为吐谷浑的几句话，就在和亲这件大事上，这件牵涉政治联姻的重大外交事件上出尔反尔吗？那样的话也未免太过于儿戏了吧！所以不排除是吐蕃使者因为没能完成和亲这个政治任务，为了推脱责任，而嫁祸于与吐蕃有矛盾的吐谷浑。

不管怎么说吧，松赞干布也许是听信了使者之言，对吐谷浑产生了怨恨，常言道“宁拆十座庙，不毁一桩婚”；也许是揣着明白装糊涂，你大唐不是不同意我娶公主嘛，我就打你的“女婿”吐谷浑。

松赞干布发大军攻击吐谷浑，吐谷浑自然是不能抵敌，向青海湖以北逃窜，来不及逃走和转移的人口、畜牲被掳掠一空。

按理说吐谷浑你也揍了，气你也出了，这事应该翻篇了，但是松赞干布似乎不讨到唐朝老婆就绝不罢休。他不但不翻篇，反而升级了战事，这次直接将进攻的目标对准了大唐。

贞观十二年（公元638年），也就是四年之后，松赞干布毫不避忌地高举“迎娶公主”的大旗，发兵二十万进攻松州（今四川阿坝松潘县）——这哪里是和亲啊，简直就是抢亲了。

松州守军大败，松州告急。李世民任命吏部尚书侯君集为当弥道行军大总管、右领军大将军执失思力为白兰道行军总管、左武卫将军牛进达为阔水道行军总管、左领军将军刘简为洮河道行军总管，率领马步军五万赴援松州，进击吐蕃。

牛进达作为先锋，率先进至松州城下，双方展开大战。吐蕃军溃败，被斩首千余级，而这个时候侯君集的大部队还尚未赶到。

看到唐军如此强大，松赞干布害怕了。之前，他的八位大臣通过自缢的方式劝谏他，让他不要进攻强盛的大唐，松赞干布没有听，现在松赞干布后悔了，他连忙引军退却，上表陈述出兵的理由并再次申请赐婚。

估计李世民看到这个表奏，也要翻一千个大白眼：不就是想讨个老婆吗?！用得着这么执着地喊打喊杀、要生要死的嘛！朕准了。之后，就是大家耳熟能详的故事“文成公主入藏”。

贞观十五年（公元641年），松赞干布派遣他的宰相禄东赞赴长安迎娶文成公主。这里面的两个人物，文成公主和禄东赞将成为今后吐蕃和大唐交往史上具有重要影响力的人物。

文成公主，史书上只记载她为唐朝宗室女，关于她的姓名、父母等资料，史书上都没有记载。后世学者根据文成公主入藏是由江夏王李道宗持节送亲，并且松赞干布在亲迎公主谒见李道宗的时候行子婿之礼猜测，文成公主是江夏王李道宗的女儿。李道宗是唐高祖李渊的堂侄，也是唐朝初年著名的军事将领，在李唐宗室中与李孝恭齐名。

禄东赞，吐蕃宰相，也是吐蕃国内除赞普松赞干布之外最具实权的人物。此人“性明达严重，行兵有法，吐蕃所以强大，威服氐、羌，皆其谋也”。在出使唐朝迎亲文成公主的时候，禄东赞因机智敏辩，很得李世民赏识，李世民封其为右卫大将军。爱才的唐太宗还试图将琅琊公主的外孙女段氏嫁给禄东赞，想让他长期留在长安，为唐朝效力，但被禄东赞婉拒。

正月十五日，是唐太宗李世民挑选的良辰吉日，他诏令江夏王李道宗持节护送文成公主入藏。文成公主在李道宗和禄东赞的陪伴下，起程前往吐蕃。松赞干布亲自率领群臣到河源附近的柏海（今青海玛多县境内）迎接文成公主。之后一行人浩浩荡荡抵达拉萨。

文成公主入藏给西藏的发展带来了巨大的贡献。随同文成公主一同入藏的除了大量的能工巧匠和文人学士，还有360余卷有关营造、技工、医疗、桑种等经典著作，这极大地促进了吐蕃社会生产力和社会制度的发展。

松赞干布对文成公主的到来也是大喜过望，大修宫室供其居住，著名的布达拉宫就是松赞干布为迎接文成公主的到来而专门修建的。文成公主不喜欢吐蕃人赭面（用红色颜料涂面）的习俗，松赞干布就下令禁止吐蕃人赭面。

仰慕大唐的松赞干布还亲自穿丝绸衣服，改变仪卫制度，并派遣吐蕃贵族子弟到长安入国学，学习中原文化。唐朝人陈陶在《陇西行》里曾用“自从贵主和亲后，一半胡风似汉家”，来形容当时的吐蕃汉风之盛。

唐太宗李世民时期，特别是文成公主入藏后，唐蕃关系经历了一段最融洽“舅甥之盟”时光，吐蕃基本上承认唐朝的宗主国地位，不但侍唐甚恭，而且经常应诏遣兵随同唐朝一起出征。这里面最著名的历史事件就是王玄策借兵吐蕃和泥婆罗（今尼泊尔）攻灭中天竺。

## 二　王玄策“一人灭一国”

王玄策，河南洛阳人，历史上没有关于他生卒年的记载，曾任融州黄水县令，但最大的历史功绩是作为外交官先后三次出使天竺（今印度）。

贞观二十二年（公元648年），身为右卫率长史的王玄策作为正使，率领副使蒋师仁和三十人的使节团成员出使天竺。当时的天竺分为四个国家，称为四天竺，以中天竺国王尸罗逸多最为兵多将广，四天竺都臣服于他。

王玄策一行三十人来到天竺，四天竺国都奉表，并派遣使节携带财物跟随王玄策一起出使大唐朝贡。

但就在这个时候，中天竺国王尸罗逸多突然死亡，朝中大乱，他的大臣阿罗那顺乘机篡位，并发动军队攻击王玄策及其使团，劫掠各国进贡唐朝的财物。王玄策身边只有三十名骑兵，但仍然与中天竺军队展开力战，最终失败被擒。

按照正常的故事发展，应该是唐朝收到消息后，鉴于路途遥远、道路险阻，需跨越险峻的青藏高原，横穿吐蕃和泥婆罗等国，故此对中天竺展开大规模用兵是不现实的，只能发出外交照会，让阿罗那顺交还使团，上表谢罪。而且，按照当时唐朝的国际威望，阿罗那顺也不敢不答应。

以今天人们的眼光来看，这是处理此次外交争端的最好的解决方式，王玄策只需在中天竺坐等大唐派员来交涉就行了！但是，这可是七世纪的大唐啊！是处在贞观之治鼎盛时期的泱泱王朝啊！它的将领，哪怕只是一介外交官，他的思想和行为都能体现出这盛世雄风。

王玄策没有坐等大唐派员来营救，他做出了一个惊人的举动，从中天竺逃离，跑到了吐蕃。接下来的他，做出了一个更加惊人的举动，在没有获得唐朝授权的情况下，王玄策发檄文征召吐蕃兵一千二百人、泥婆罗骑兵七千人，他和副使蒋师仁一起，带领这不满万人的多国联军，对中天竺展开了进攻。

联军进攻中天竺，在茶镈和罗城（今印度东北恒河南岸巴特那）与阿罗那顺展开激战，经过三天的作战，攻破茶镈和罗城，击溃中天竺军，斩首三千余级。

阿罗那顺逃走后收拢散兵再次与联军展开交战，仍然战败，被蒋师仁擒获。残余的部队跟随阿罗那顺的妻子和王子依仗乾陀卫江为天堑进行抵抗，但这样的抵抗是徒劳的，蒋师仁再次击溃他们。此一役整个天竺为之震动，五百八十座城邑望风投降。

随后，王玄策将俘获的阿罗那顺及其王妃、王子等中天竺人口一万二千人、牛马三万余头押至长安。

王玄策没有动用唐朝的一兵一卒，就实现“一人灭一国”的壮举，在现今看来是多么的让人血脉偾张，香港著名影星成龙的电影《功夫瑜伽》就用了大段篇幅来叙述这段历史。

但是在唐朝，王玄策远不如李靖、李勣等赫赫威名的战将出名，他领导的这场攻灭中天竺，生擒其王的战役也并未在大唐战史上留下什么深刻印象，甚至很多唐朝人都不知道发生过这么一场战争。这与唐朝不重视天竺，并未将天竺看作主要对手，甚至都没将其称为对手有很大关系。

但历史不容忘记，也不应该忘记，在我们的历史长河中，有这样一位不太起眼的外交官，他背靠盛唐，英勇无畏，完成了很多人无法想象的壮举。

# 第三十三章　旷日持久的正面战场

文成公主入藏后，松赞干布对大唐尊恭有加，而且这种敬仰之情一直贯穿于松赞干布整个执政时期，哪怕唐太宗李世民逝世，都未曾改变。

贞观二十三年（公元649年），李世民驾崩，唐高宗李治继位，松赞干布致书长孙无忌："天子初即位，臣下有不忠者，当勒兵赴国讨除之。"松赞干布一心想的是如何帮助新继位的李治稳定国内形势。李治也投桃报李，册封松赞干部为驸马都尉、西海郡王，并下令雕刻松赞干布石像，将之与其他功勋卓著的王公将相的石像一道列于唐太宗墓陵旁边，以示对他的最高奖赏。

但是，唐高宗永徽元年（公元650年），也就是唐太宗李世民逝世后仅仅一年，松赞干布也跟着去世了，唐蕃之间的蜜月关系也随之成为过去式。

由于松赞干布的儿子在他之前就死去了，吐蕃国人于是立松赞干布的孙子为赞普。新赞普年纪幼小，国事遂取决于宰相禄东赞，吐蕃也在禄东赞的带领下益发强大起来。之后，唐蕃关系每况愈下，最后兵戎相见，双方在西起今新疆、青海、河西，东至陇右、四川、云南的广大正面战场，展开了一场旷日持久的拉锯战。

这里面，主要战场有三大处：吐谷浑战场、安西战场和川陇河（川东、陇右、河西）战场。吐谷浑、安西是两大侧翼战场，是双方争夺的重点，而川陇河则是双方长期拉锯的焦点和主战场。

## 一　吐谷浑战场

纵观吐蕃的对外扩张历史，特别是松赞干布统一青藏高原以后，给人直观的感受就是“吃饭，睡觉，打吐谷浑”，松赞干布就曾经因为没娶到唐朝公主，而怒锤了一顿吐谷浑。当然这都是一种玩笑说法，最主要的原因还是吐谷浑所处的地理位置。

前面我们在介绍吐谷浑的时候已经做了说明，吐谷浑汗国据有现青海省的东部、新疆的东南部，位于吐蕃、西域、大唐三者的结合部，战略位置极其重要，囊括现今的三江源地区，水草丰美，是天然优质的牧场。一旦吐蕃占据了吐谷浑，就可以大踏步跨出贫瘠的藏地高原，进入物华天宝的青海东部地区，进而直接威胁大唐和西域联结的咽喉要道——河西走廊，甚至可以居高临下俯瞰陇右和川东地区，给大唐统治的核心地区带来极大的战略压力。

这搁谁眼里，吐谷浑都是一块必须抢夺的肥肉。深谋远虑的吐蕃宰相禄东赞一直在等待一个机会吞并吐谷浑，而且很快他也等到了这个机会。

公元七世纪六十年代，大唐发动了持续多年的征讨高句丽和百济之战，北部回纥等铁勒诸部也发生了叛变，大唐的主要兵力都投入到这两个作战方向上，对吐谷浑的支援力度大为减弱。而恰在这个时候，吐谷浑国内也产生了内乱，它的大臣素和贵畏罪潜逃至吐蕃，并将吐谷浑国内的虚实、兵力的部署等关键信息透露给吐蕃。

禄东赞抓住这个有利时机，发大军进攻吐谷浑。失去唐军的支援，吐谷浑难以抵御，吐谷浑可汗诺曷钵与弘化公主率领数千帐弃国逃至凉州。

占了这么大便宜的禄东赞还恶人先告状，派遣使者进入长安数落吐谷浑的罪过。李治虽然对吐蕃的行为大为愤怒，但奈何东部和北部战线压力巨大，无法再展开三线作战，只能是遣使赴吐蕃予以谴责，并派出少量部队驻屯凉州，支援吐谷浑，防备吐蕃的再次进攻，也即是事实上承认了吐蕃对吐谷浑的侵略。

直到咸亨元年（公元670年），在彻底解决完高句丽之后，唐朝才组织对吐蕃的大反击。但是，没曾想在大非川（青海湖之东）一役，唐军不但遭遇大败，还失去了吐谷浑之地。

李治任命右卫大将军薛仁贵为逻娑道行军大总管、左卫将军郭待封为副总管，率领大军讨伐吐蕃；同时，护送吐谷浑可汗诺曷钵及其军民还归故土。

“三箭定天山”的薛仁贵我们不用介绍了，这里说说副总管郭待封。郭待封是将门之后，父亲就是征西突厥、灭焉耆，后在讨伐龟兹一役以身殉国的安西都护郭孝恪。但就是这个名将之子，因为官阶、出身问题和薛仁贵产生了龃龉（薛仁贵出身贫寒，而郭待封是将门之后，况且之前他两人的官阶是一样的，都是将军。而现在薛仁贵已贵为大将军，军衔已超过仍为将军的郭待封，所以郭待封内心甚是不忿，经常违抗薛仁贵的军令）。

唐军前期进展顺利，快速挺进至大非川，即将进攻乌海（今青海湖之南）。因为乌海地势险远，如果携带辎重随行，会拖慢行军速度，难以展开快速突袭。薛仁贵于是命令郭待封率领两万部队及辎重留守大非岭，并依据地势置栅设营，将之作为唐军的后方基地；自己则率领轻骑，乘吐蕃军不备，展开星夜突袭。

如果作战行动按照薛仁贵所部署的执行，唐军将会取得相当不错的作战效果；因为薛仁贵的骑兵很快在河口击溃吐蕃军，进屯乌海。哪曾想到，这个时候郭待封不遵命令，率领辎重部队徐徐前行，结果被吐蕃军包围在半路，郭待封部溃逃，所有军资器械损失殆尽。

失去后方支撑，孤军深入的薛仁贵无奈只得退据大非川，却又遭到吐蕃宰相论钦陵（禄东赞的儿子，这个时候禄东赞已死，论钦陵承袭了他的职位）率领四十余万部队围攻。唐军大败，死伤殆尽，只有薛仁贵、郭待封脱身得免。

大非川一役的失败使得吐谷浑全境被吐蕃占领，李治只得将吐谷浑可汗诺曷钵和他的部众安置在灵州，虽然之后大唐数次帮助吐谷浑复国，甚至用武力和吐蕃展开直接争夺，但是再也没能够完全收复这片吐谷浑故地了。

## 二　安西战场

安西指的是安西都护府，安西战场也是唐蕃相争期间侧翼的主战场，而且其战斗的激烈程度、时间跨度、反击次数远远超过吐谷浑战场。在安西战场上，双方反复地拉锯，激烈地争夺，唐朝经历了安西四镇全失，又失而复得，最终依靠历任安西都护的英勇以及安西之兵的顽强才牢牢控制了安西战场。

### 安西四镇的失而复得

强大起来的吐蕃，仅仅一个吐谷浑已经不能满足他们的胃口了，他们急切地渴求向安西扩张势力。同样是利用大唐的主要精力被牵扯在东部和北部战线的有利时机，吐蕃在大力进攻吐谷浑的同时，谋划入侵安西四镇。而恰好在这个时候，西突厥的阿史那都支和李遮匐反叛唐廷，依附吐蕃，并作为吐蕃进攻安西四镇的外援。

咸亨元年（公元670年），吐蕃大举进犯安西，先后攻陷安西十八个州县，安西都护府无法抵挡吐蕃军队的凌厉攻势，很快，龟兹、于阗、焉耆、疏勒先后失陷，安西四镇遂全部被吐蕃占据，这是唐朝设置安西都护府以来，第一次四镇全失。

安西四镇失陷后，唐高宗李治曾经组织数次反击，试图收复四镇，但一直到高宗逝世都没能成功。

时间来到武后年间，武则天任命韦待价为安息道行军大总管进攻安西。但是韦待价并无军事才能，领兵行军至寅识迦河（约在今新疆霍城西），被吐蕃军队击败，损失惨重，只能带着残部惶惶败返。武则天大怒，韦待价被除名流放，安西都护阎温古被问斩，以副都护唐休璟接任西州都督。

直到武周长寿元年（公元692年），此时距离安西四镇失陷已过去了整整二十二年，西州都督唐休璟任命王孝杰为武威军总管，会同左武卫大将军阿史那忠节共同进攻安西。经过近一年的鏖战，王孝杰大破吐蕃军队，复取安西四镇，武则天也重新在龟兹置安西都护府，并派兵驻守。

王孝杰是一位长期在外戍边征战的勇将，击破吐蕃、收复安西四镇是他最主要的历史功绩。不过，随后他再次征讨吐蕃却大败而回，后被贬为庶民。

后来，王孝杰被武则天重新起用，但在征讨契丹孙万荣的战役当中英勇战死。

**岂非有兼并之志乎**

对于奉行对外扩张政策的吐蕃来讲，丢失安西是不可忍受的，他们时刻都在琢磨如何夺回安西之地。足智多谋的吐蕃宰相论钦陵首先想到的是利用和亲的机会，采取外交手段，以最小的代价来达到目的。

但他失算了，大唐一个小小的参军使他的阴谋破产了。

武则天收复安西四镇后，派遣右武卫胄曹参军郭元振出使吐蕃。前面大家看得比较多的可能是右武卫大将军之类的官职，那右武卫胄曹参军是个什么职务呢？说白了就是一个管理兵器盔甲的后勤军官。

军事战场上血雨腥风，外交战场上同样是风高浪急，但就是这样一个管后勤的武官，代表大唐走入这艰险复杂的战场，并坚定地维护了大唐的核心利益。当然，郭元振后来成长为大唐名将，历任凉州都督、安西大都护，唐睿宗年间入朝辅政，被加封兵部尚书、同中书门下三品，成为一代名相。

郭元振跋山涉水来到逻些，一见面，论钦陵就生生丢给他一句话，让他申请罢撤安西四镇的唐朝守军，郭元振坚决予以拒绝，并质问论钦陵："四镇和吐蕃是两个完全不同的民族，你现在让我们罢撤安西之兵，莫不是有兼并安西的企图？"

被戳中要害的论钦陵只得讪讪地说："我们不是贪图安西之地，如果要抢土地，就近进攻甘凉之地就可以了，哪用不远万里进攻安西。"

双方交锋的第一回合，郭元振赢，但是论钦陵又展开了第二回合的进攻。郭元振返朝复命，论钦陵派遣使者跟随他一起入朝朝见武则天，并再次提出撤罢安西四镇守军的请求。

当时的朝堂上，众大臣意见不一，争论不休，武则天也是犹疑不决。郭元振上疏力陈吐蕃的野心和安西的重要性，并力谏武则天不可答应吐蕃的请求。

而且在这份奏章里，郭元振不单坚拒吐蕃，同时还提出了彻底打消吐蕃野心的方法。

> 今报之宜曰四镇、十姓之地，本无用于中国，所以遣兵戍之，欲以镇抚西域，分吐蕃之势，使不得并力东侵也。今若果无东侵之志，当归我吐谷浑诸部及青海故地，则五俟斤部亦当以归吐蕃。

郭元振的意思就是让吐蕃拿它所侵占的吐谷浑和青海之地来交换西突厥五俟斤部（即西突厥东部五箭）之地。

要看清楚啊！是交换西突厥五俟斤部之地，而不是安西之地。西突厥五俟斤部远在万里之外的天山以北。论钦陵当然不能吃这个亏，用吐谷浑和青海这样的战略要地换一个万里之遥，既无法派兵驻守也无法有效管理的地方，那不是傻子嘛！于是，论钦陵这次图谋安西四镇的举动再次悻悻作罢。

外交是战争的延续，郭元振在这个独特战场上取得的胜利同样值得我们铭记，他挫败了吐蕃再次染指安西的阴谋，为唐朝全面掌控安西打下坚实的基础。同时，从他身上也体现出位卑未敢忘忧国，官微职小也胸怀天下的大唐官员气度。

**不救则无以号令西域**

外交上的阴谋破产了，那就采取强攻。一番军事行动下来，吐蕃仍然没能讨到大便宜，安西都护府的诸将领牢牢地掌握住了安西战场的主动权。下面我就讲讲张孝嵩两次击退吐蕃的故事。

时间来到唐玄宗开元三年（公元715年），吐蕃勾结大食共同侵犯唐之西域。它们首先选定的目标是拔汗那国（汉朝时的大宛国，位于今乌兹别克斯坦境内的费尔干纳盆地）。

吐蕃和大食共同发兵攻打拔汗那王遏波之，并且扶立阿了达为新的拔汗那国国王，意图从拔汗那国开始蚕食大唐西域属国。

遏波之兵败后逃往龟兹向唐军求救。此时的张孝嵩正以监察御史的身份巡察安西都护府，唐玄宗李隆基还赋予他“便宜从事”的自由裁量权。张孝嵩接到军情报告后，立即对安西都护吕休璟说：“不救则无以号令西域。”

由于张孝嵩有专断处置的权利，吕休璟于是将部队指挥权交给张孝嵩。张孝嵩，一个“居庙堂之高”的监察御史，一个进士出身的一介文官，毅然率领数万安西兵马，由龟兹出发，长驱直入，挺进数千公里之遥的拔汗那国。

很快，唐军就攻入拔汗那国境内，连下数百城，围攻阿了达盘踞的连城。张孝嵩身先士卒，跃马擐甲，率部与城内守军展开激战。阿了达军队溃败，被俘斩千余人，只有阿了达带领数骑逃入山谷不知所踪。随后张孝嵩传檄诸国，一时威震西域。吐蕃和大食也被张孝嵩这一仗打得深为畏服，相继遣使上表请罪；就连准备借机袭取西域的后突厥默啜可汗闻讯后，也都迅速退兵漠北。

“不救则无以号令西域”，多么响亮的口号，可与西汉时期西域副都护陈汤的“明犯强汉者虽远必诛”一争高下了。

开元十年（公元722年），吐蕃再次进犯西域，这次他们将矛头对准了小勃律国。此时的张孝嵩已经升任北庭节度使，当他接到小勃律王没谨忙的求救信后，同样说了一句气势磅礴的话：“勃律，唐之西门，勃律亡则西域皆为吐蕃矣。”

于是，张孝嵩派遣疏勒镇副使张思礼，率领唐及西域诸国步骑兵四千人星夜赶赴小勃律，与没谨忙合击吐蕃，并大破吐蕃来犯之兵，斩首数万人。自此以后，吐蕃很长时间不敢再侵犯安西之地了。

写到这里，突然意识到，这次出现的主角不再是大唐赫赫威名的战将。王玄策、张孝嵩、郭元振，他们是外交官，是监察官，是后勤官，但就是这些在战场上不算起眼的官员，他们面对国家大义和外敌入侵，所表现出的奋不顾身、英勇无畏，所做出的个人贡献都毫不逊色于那些当世名将，甚至在历史功绩上有过之而无不及。

突然觉得，这就是大唐，这就是它的强盛所在，这就是他的雄风气度。

## 三　川陇河战场

在吐谷浑、安西两大侧翼战场，大唐和吐蕃展开激烈地交锋。但是这两大战场在双方的对抗史上，仍然只占了一小部分，双方真正的较量集中在川陇河地区，集中在四川西部、河西走廊和青海东部这三大正面作战方向上。

在这三大正面作战方向上，按照战斗的激烈程度、持续的力度和双方重视的程度来划分，由弱到强依次为四川西部方向、河西走廊方向、青海东部方向。

四川西部方向，双方的争斗主要集中在扶州、茂州和松州（今四川九寨沟县、汶川县和松潘县），吐蕃在这个战场的主要作战意图是，挤压大唐在巴蜀地区的战略空间，如果能够入图天府之国川蜀，吐蕃则将获取最大的收益，如果不能，则进一步向南发展扩大自己的势力范围。

在川西战场上，由于吐蕃占据地利，居高临下，大唐处于一个防守的地位；特别是在松州，吐蕃经常兴兵进攻，有时甚至是大举围城，但大都被松州守将击退。

河西走廊方向，双方争斗的焦点集中在凉州和瓜州。凉州位于河西走廊的最东端，临近唐朝统治的核心地带陇右和关中。瓜州（今甘肃酒泉瓜州县）位于河西走廊的西端，紧临安西都护府。

武周久视元年（公元700年），吐蕃将领麹莽布支进犯凉州。麹莽布支为了炫耀吐蕃军威，故意让军士们穿上颜色鲜亮的衣甲，在凉州守军面前耀武扬威。

此时的凉州都督是名将唐休璟，唐休璟一眼就看出来麹莽布支不谙军事，吐蕃军貌似强大，实则很容易被击破。实际情况也正如唐休璟所料。唐休璟亲自披甲冲阵，与吐蕃军在洪源谷展开大战，六战六捷，大破吐蕃军，坌莽布支狼狈逃奔。没过多久，唐休璟调离凉州，入朝拜相，郭元振接任凉州都督。

郭元振善于安抚和管理工作（毕竟是后勤官出身），他在凉州的南部边境硖口修筑和戎城（位于今甘肃古浪县），北部边境的沙漠中设置白亭军（今甘肃武威民勤县东北），牢牢控制了凉州的交通要道，将当时南北边境只有四百里的凉州向外拓展了一千五百里。同时又在凉州全面实行屯田政策，充分利用当地的水陆之利从事农业生产。之前凉州的粟麦每斛售价达数千钱，而采取屯田政策后，一匹细绢就可以换数十斛粮食。

郭元振在凉州任职五年，积存的军粮可供数十年之用，治下的凉州也是令行禁止，牛羊遍野，路不拾遗。为此，吐蕃深感畏服，之后就不太敢到凉州进行侵扰了。

对于唐休璟、郭元振重兵把守的凉州，吐蕃发现不太可能获得机会。于是他们调整了进攻方向，把矛头对准了河西走廊西端的出口瓜州。

开元十五年（公元727年），吐蕃大将悉诺逻进犯大斗谷（今甘肃和青海两省交界处的扁都口隘路，自古为河西走廊通青海湟中的捷径），焚掠甘州，之后立马西攻瓜州。

当时瓜州只有很少的部队驻守，吐蕃军队突然杀至城下的时候，未做任何准备的瓜州军民惶惧不已，相顾失色。面对斗志全无的士兵、岌岌可危的城防，负责镇守瓜州的刺史张守珪上演了一出大唐版的空城计。

张守珪在城头上摆上酒席，一边饮酒一边歌舞助兴，吐蕃军队在城下看到后，都不知道张守珪这唱的是哪一出，怀疑瓜州城内有大量伏兵。这回轮到吐蕃军队惶惧了，逡巡再三他们也不敢攻城，只得匆匆撤退。张守珪抓住战机，率领为数不多的士兵出城追击，竟然大获

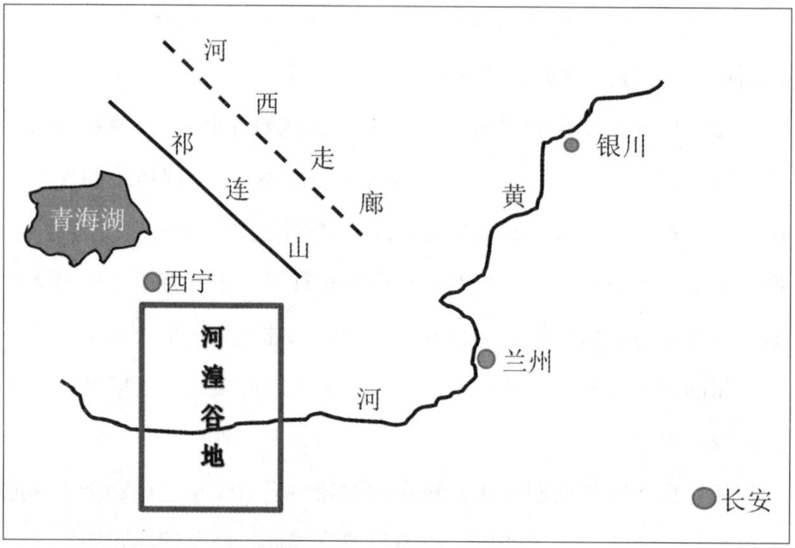

河湟谷地示意图

全胜。之后唐廷在瓜州设置瓜州都督府，提升了瓜州的战略地位，张守珪因战功被擢升为瓜州都督。

开元十六年（公元728年）、开元十七年（公元729年），连续两年，吐蕃屡次侵犯瓜州，但都被瓜州都督张守珪击溃。

总体来讲，川西和河西这两个作战方向并非大唐和吐蕃争夺的焦点和重点，而且大多数情况下是大唐牢牢占据了战场的主动权。在这两个方向的作战，双方的主要目的是进行策应，策应那个双方都认为是重中之中的核心战场——河湟谷地。

根据上图，我们可以直观地看到，在河西走廊的腰部位置，隔着祁连山脉，那里有一片富饶的草原谷地——河湟谷地，这片谷地位于青海湖以东，黄河与湟水交汇处的肥沃三角地带，水草丰美，沃野千里，是北方游牧区和中原农耕区的结合部。

总体来讲，这片区域是以今青海西宁为中心，包括乐都、湟源、化隆、尖扎、共和、黄南等青海东部的市县以及甘肃东南部的临夏、甘南等州县。

除了土地肥沃、物产丰饶之外，这片谷地的战略地位也极其重要——位于陇西、河西和川西的交接地带。东边紧临陇西地区，居高俯视甚至可以东望长安，南边则可直下巴蜀，北边隔着祁连山牢牢看守着河西走廊。

可以毫不夸张地讲，谁控制了河湟谷地，谁就掌握了绝对的战场主动权。如果是吐蕃控制了河湟，则吐蕃不但自身实力大增，而且大唐的川西、陇西、河西甚至是安西这“四西”之地，将直接暴露在吐蕃的攻击之下。如果是大唐控制了河湟，则可将吐蕃势力死死压制在藏地高原，让他无暇顾及其他战场。所以，双方对河湟战场的争夺是反反复复、旷日持久，十分惨烈。

**河源军**

在河湟这个核心主战场上，代表大唐登场的主战力量是河源军。河源军，唐高宗仪凤二年（公元677年）开始设置，有军士14000人、战马650匹，驻地在今西宁市东郊，辖区约为当今青海西宁市及湟中、湟源、大通、门源等县市。

刚开始，河源军隶属于鄯州都督府（位于今青海乐都），唐玄宗开元年间隶属陇右节度使，是陇右节度使下辖各军中兵马最多、战力最强的一个军。

河源军成军的时候，吐蕃已经侵占安西四镇，成为大唐最直接，也是最强大的威胁，所以河源军设置的唯一作战目标就是吐蕃。唐朝名将黑齿常之、娄师德、郭知运、哥舒翰等都曾经出任过河源军经略大使，战斗在对抗吐蕃的最前线。

仪凤三年（公元678年）年，鄯州都督李敬玄将兵十八万征讨吐蕃。但是李敬玄并非一个能够统兵作战的将帅之才，他根本不是吐蕃宰相论钦陵的对手。唐蕃双方在青海展开大战，由于李敬玄的怯懦，这一仗唐军大败亏输，左卫大将军刘审礼以及王孝杰都做了吐蕃的俘虏，只有李敬玄收集残兵狼狈逃归鄯州。刘审礼后来病死在吐蕃，王孝杰则由于机缘巧合——长得像吐蕃赞普的父亲，而得以返归大唐，十几年后他还领军击败吐蕃，收复了安西四镇。

这一仗虽然唐军大败，但是却成长起一员抗击吐蕃的大将——黑齿常之。

据史书记载，黑齿常之“长七尺余，骁毅有谋略，为百济达率兼风达郡将”。黑齿常之原来是百济的一员大将，刘仁轨、刘仁愿平定百济后，黑齿常之投降了唐朝。

李敬玄领军征讨吐蕃的时候，黑齿常之作为左领军员外将军随军一同出征。及至刘审礼、王孝杰被俘，李敬玄兵败，唐军无计可施，面临全面崩溃的时候，只有黑齿常之率领五百名敢死队乘夜突袭吐蕃大营，击溃了追兵。面对勇武骁毅的黑齿常之，吐蕃大将跋地设不得不引兵遁走。由于黑齿常之的勇猛，李敬玄才获得了喘息机会，才能够收集余众返归鄯州。黑齿常之也因此战之功被擢拜为左武卫将军、河源军副使。

之后，黑齿常之升任河源军经略大使，全面负责河源的守备工作。他不但屡次击退吐蕃的侵犯，而且，还增加了防御面积和防守强度，向外拓宽整个防线。后来由于防线大张，加之道路险远，为了保障运输和传递军情的顺畅，黑齿常之又在各个戍守点增设烽火台共七十余处。

除了拓宽防线，黑齿常之还展开大规模的屯田，新开垦农田五千多顷，每年收获粮食五百余万石，使得全军粮秣充足，战守有备。

在做好防御工作的同时，黑齿常之还积极对吐蕃展开反击。

开耀元年（公元681年），黑齿常之与吐蕃将领论赞婆（论钦陵的弟弟）在良非川（位于今青海湟源县）展开大战，论赞婆大败，黑齿常之俘获大量的牛马牲畜和粮草物资凯旋。关于黑齿常之抗击吐蕃的战绩，史书上有记载："常之在军七年，吐蕃深畏之，不敢犯边。"

不过，黑齿常之最后的结局不是很好。永昌元年（公元689年），由于酷吏周兴等的诬告，黑齿常之被武则天逮捕下狱，面对酷吏的严刑审讯，战场上英勇无畏、奋不顾身的一代名将竟然选择了上吊自杀。不过这也能够从一个侧面说明，武则天当政时，酷吏政治有多么的让人畏惧。

黑齿常之之后，娄师德接过河源军的军旗。

娄师德，武则天时期一代名相、名将，看到这儿也许大家会觉得出将入相的人物一定是威风凛凛、势若天神的。其实不然，历史上的娄师德是个忍让谦和、宁静淡泊之士，甚至还会让人觉得他有点窝囊。成语"唾面自干"的典故就出自娄师德和他弟弟的对话，而更加出名的典故则来自狄仁杰。

当时，娄师德一再在武则天面前推荐狄仁杰，但狄仁杰对此事一无所知，担任宰相后还因为瞧不起娄师德而一再排挤他，娄师德也不以为意。武则天知道此事后就故意问狄仁杰，娄师德是否懂得赏识人才，狄仁杰很干脆地回答，没听说过他赏识人才。武则天则笑着说出实情，你狄仁杰能够当宰相全靠娄师德推荐啊！并将娄师德推荐他的奏章一一拿出来给狄仁杰看。狄仁杰看后，十分惭愧，从此后对娄师德敬佩有加。

娄师德在李敬玄西征吐蕃的时候，作为监察御史随军出征。李敬玄战败，娄师德奉命收集流散部队，并担任大使出使吐蕃，与吐蕃将领论赞婆在赤岭（即今之青海省境内的日月山，初唐时名赤岭，位于湟源县西南）展开外交谈判。

史书记载此次外交会面，娄师德取得了相当不错的外交成果，

"师德宣导上意，谕以祸福，赞婆甚悦，为之数年不犯边"，娄师德也因此升任河源军司马兼知营田事，协助黑齿常之负责河源军的后勤和屯田工作。

娄师德和黑齿常之共同抗御吐蕃。永淳元年（公元682年），吐蕃入寇河源军，娄师德将兵在白水涧（在今青海省西宁大通回族土族自治县西北）阻击吐蕃，八战八捷。娄师德因功升任河源军经略副使，成为黑齿常之的副手。之后，黑齿常之调离河源军，娄师德继续留任抵御吐蕃，直到武周年间，被召回长安，拜相封爵。

黑齿常之和娄师德执掌河源军期间，除了抗御住吐蕃的攻势之外，最大的功绩是扭转了大唐对吐蕃战略上的颓势。这个时期，安西四镇已全部被吐蕃占据，大唐在西域的疆域被严重挤压，如果河源地区再失守，那势必等因于推倒了多米诺骨牌的第一张，那样的话，河西地区、陇西地区，甚至关中地区，都将面临失陷的危机。

**时战时和**

时间来到武周天册万岁元年（公元695年），王孝杰收复安西四镇后出任肃边道行军大总管，以娄师德为肃边道行军副总管，将兵出击吐蕃，结果被论钦陵、论赞婆大败于素罗汗山（今甘肃临洮东），损失惨重。王孝杰被削官为民，娄师德亦被贬为原州员外司马。

不过数年后，两人被重新启用，娄师德担任陇右诸军大使，仍然专职掌管怀抚吐蕃。

正当论钦陵和论赞婆在素罗汗山大败王孝杰和娄师德，准备进一步扩大战果之时，吐蕃国内出现严重动乱，这直接导致论钦陵自杀，论赞婆投降，国力大衰的吐蕃无力再进犯唐朝，只得请和。

由前文我们知道，吐蕃的强盛很大程度上是因为有宰相禄东赞。后来论钦陵继承了他父亲禄东赞的宰相之位，同时也继承了他父亲的

"明达严重，行兵有法"，加之吐蕃赞普器弩悉弄年纪尚幼，吐蕃的国事遂都掌握在论钦陵和他几位强悍的兄弟手中。

论钦陵在朝中秉政，他的兄弟们则手握重兵出镇四方。论赞婆就是论钦陵的兄弟之一，他镇守吐蕃东部，为患唐朝三十余年。

随着器弩悉弄逐渐长大，他开始不满论钦陵的专权，于是偷偷与其他大臣合谋诛杀论钦陵。

公元699年，器弩悉弄趁着论钦陵离开都城的时候，执杀了论钦陵的党羽二千余人，并派遣使者召论钦陵和他的兄弟们回朝。论钦陵和他的兄弟们当然不能领命，于是举兵反抗，结果论钦陵兵败自杀，论赞婆率领所部千余人投降唐朝。没过多久，论钦陵的儿子论弓仁也率领所统御的吐谷浑七千余帐投降了唐朝。

经此一乱，吐蕃朝堂震动，国力下降。吐蕃赞普器弩悉弄虽然消灭掉了论钦陵及其党羽，但并不能完全掌握朝政。公元703年，吐蕃南境诸部落反叛，器弩悉弄亲自率军讨伐，结果死在了征讨的途中，他的几个儿子相互之间展开继位权的争夺，最后弃隶蹜赞被吐蕃国人立为赞普。

频繁的内耗和动乱，使得吐蕃这一时期完全没能力与武周为敌，只能上表请和。不过这段时期武则天也年事已高，武周朝也进入了倒计时阶段，故此双方都没有轻起战端。武则天去世后，唐中宗李显继位，吐蕃遣使入朝进贡，并请求通婚，唐中宗李显同意了吐蕃通婚的请求。唐睿宗李旦景云元年（公元710年），唐朝派遣左骁卫大将军杨矩护送金城公主到吐蕃完婚。

似乎这段时期，大唐和吐蕃的关系又回到文成公主下嫁期间的"舅甥之盟"蜜月期，双方边境总体保持稳定。但是这种良好的关系并没能持续太久，由于杨矩的一次擅作主张，大唐和吐蕃之间战端再起。

唐玄宗李隆基开元二年（公元714年），杨矩由于护送金城公主到吐蕃完婚立下功劳，担任鄯州都督，成为执掌唐蕃边境的封疆大吏。

这一年，吐蕃前来进献盟书，结果杨矩为了讨好吐蕃（另一说法是接受了吐蕃大量的贿赂），竟然擅自将九曲之地（属于河湟地区，位于今青海省黄南藏族自治州）送给了吐蕃。吐蕃在得到这块富饶肥沃的土地后，胃口变得越来越大，开始兴兵抢夺更多的土地，杨矩因为此事悔惧自杀。

失去了九曲之地，对于刚刚剪除太平公主势力，稳固好帝位，正欲大展拳脚的李隆基来讲，不啻当头一击。作为开创“开元盛世”的一代明君，李隆基自然不会甘受其辱，他准备御驾亲征吐蕃。

在亲征之前，李隆基重新启用了在不久前进攻契丹遭遇大败而被削官为民的薛讷，让他将功补过，白衣从军，担负左羽林将军和陇右防御使的职责，进攻吐蕃。右骁卫将军郭知运担任副使，与太仆少卿王晙一起随军出征。唐玄宗时期，抗击吐蕃的第一战武街（位于今甘肃临洮县东）之战随之爆发。

王晙率领所部二千人作为先锋进击吐蕃，吐蕃大将坌达延领军十万驻扎在大来谷，依托险峻的山势筑营数十里。当看到前来挑战的唐军不过区区两千士兵，吐蕃将士打心眼里就瞧不起。当然了，一边是雄兵十万，依托雄关险隘，整装待命，以逸待劳；一边是数千士兵，千里奔袭，轻装而来，怎么看怎么是一场极度不对称的战争，怎么看这仗都不用打，王晙只有退兵待援的份儿。

在吐蕃士兵的轻视之下，王晙却做出了一个惊人的举动。他不但不退兵，反而挑选出七百名精锐勇士，让他们全部换上吐蕃士兵的衣服，乘着黑夜对吐蕃军营展开突袭。另外的一千多名士兵也没闲着，王晙让他们在后方五里的地方埋伏，当然不是静悄悄地准备伏击，而是在前军打响战斗的时候，他们在后方使劲地敲锣打鼓、大声喧哗。

入夜，战斗正式打响，七百名唐军勇士身着吐蕃军服猛冲敌营。当然，因为人数太少，唐军并不以歼敌为主要目的，而是四处袭扰，甚至大呼小叫。后方的士兵此时也遥相呼应，一时之间锣鼓喧天、号角齐鸣，整个山谷如同炸了锅一样。

吐蕃士兵本来就瞧不起唐军，所以根本没想到唐军会主动出击，而此刻看到自己的军营一片混乱，自己的士兵互相厮杀，黑夜里又难以辨认，都以为是唐朝大军已经杀到。惶恐之下，各部队互相攻击，死伤无数。看到吐蕃军一片大乱，士卒兵马乱哄哄地挤满了整个山谷，整个作战指挥系统完全失灵，王晙果断决定，改袭扰为全面歼敌，率领全部的两千士兵猛攻敌营。

薛讷此时率领大军正在武街，离大来谷二十余里，收到消息后也立即挥兵协同展开进攻。很快，薛讷与王晙大溃吐蕃军，合兵一处，并对溃败的吐蕃军队展开追击，一直追至洮水沿岸，双方又在长城堡再次展开大战。吐蕃军此时已成惊弓之鸟，完全抵挡不住唐军的进攻，再次大败，被俘斩首近两万人，损失牛马无数。不过这一仗，唐朝也损失了一员大将，丰安军使王海宾。

武街之战，是李隆基继位后对吐蕃发动的第一次大规模战役，这场战役的胜利对于大唐，对于新继位不久的李隆基来讲，意义相当重大。因为此时的吐蕃得到了九曲之地，野心大长，经常入寇为祸唐境，而且战火已经跃出青海，燃入甘肃地界。武街战役的胜利可以说有效地扭转了唐军在正面战场上的劣势，扑灭了吐蕃的侵略野心。

之后，陇右节度使郭知运再次率军进攻吐蕃，并在九曲大败吐蕃军队。吐蕃赞普派遣大臣赴洮水向唐朝请和，双方的边境再次恢复平静。这一次，双方又维持了十余年的和平时期。

随着李隆基帝位的稳固，他励精图治，将唐朝带入了“开元盛世”，唐蕃双方的战事也由于唐玄宗的“上由是益事边功”而重启，这一次主动进攻的是唐军。

开元十六年（公元728年），河西节度使萧嵩和陇右节度使张忠亮联合发兵攻击吐蕃，双方在渴波谷（今青海湖南）展开大战，吐蕃军大败而走，张忠亮率军穷追，攻陷了大莫门城（今青海省龙羊峡）。随后，吐蕃军侵扰河西，萧嵩派遣右金吾将军杜宾客率领四千强弩兵迎击，在祁连城下，双方从早晨激战至夜晚，吐蕃军大溃而走，杜宾客乘胜追击，吐蕃兵将四散而逃，哭声遍野。

唐军继续将战线前推，逐步扩大战果。开元十七年（公元729年），朔方节度使、信安王李祎领军进攻石堡城（今青海省湟源县日月乡石城山）。

石堡城是吐蕃东境一处重要军事据点，吐蕃也在此处留有重兵把守，唐军如果能够夺取此地，就可以深入青海地境，牢牢控制住吐蕃东出的要道。但是，石堡城地处遥远，而且非常险峻，易守难攻，军队一旦深入却无法攻克，那将是有去无回；所以在展开军事进攻前的作战会议上，唐军诸多将领都反对进攻石堡城。

李祎没有听从众将领的意见，他选择出其不意展开突袭。唐军在李祎的带领下星夜兼程，突然出现在石堡城下，毫无准备的吐蕃守军完全无法抵敌，只能弃城而走。

李祎在攻陷石堡城后，没有因为其地遥远，深入吐蕃境内，就率军返回，而是分兵据守石堡城，并阻挡住了吐蕃军队的疯狂反扑。随后唐军以石堡城为支点，四处出击，开拓边境千余里。

此次出击，唐军取得了重大的军事胜利，吐蕃赞普派遣使臣入朝觐见，请求在赤岭展开互市，唐玄宗准许了吐蕃的请求。

开元二十一年（公元733年），金城公主在唐蕃间进行斡旋，双方在赤岭之上设立界碑。吐蕃向大唐展开朝贡，唐和吐蕃之间又一次进入和平时期。

## 哥舒夜带刀

北斗七星高，哥舒夜带刀。

至今窥牧马，不敢过临洮。

这首《哥舒歌》是唐代西北边民对名将哥舒翰的颂歌，歌里赞美的就是哥舒翰威震吐蕃，迫使吐蕃兵马不敢窥视唐朝边境的赫赫战功。

在介绍哥舒翰抗击吐蕃之前，先要引出另外一员大唐名将王忠嗣。王忠嗣是武街之战中以身殉国的丰安军使王海宾的儿子。李隆基因感念王海宾的忠勇，在王海宾战死后，将他年幼的儿子王忠嗣接入宫中抚养，并且收为义子，就连忠嗣这个名字也是李隆基所取，这足以看出李隆基有多么的喜爱王忠嗣。

而王忠嗣也不负圣望，一步步成长为一名勇毅果敢、战功卓越的边关名将。

开元十八年（公元730年），王忠嗣出任兵马使，跟随河西节度使萧嵩出征吐蕃，曾在郁标川战役中率领数百轻骑奇袭吐蕃大营，斩首千余级，吓得吐蕃赞普仓皇败逃。随后，王忠嗣东征契丹，于桑干河（永定河的上游，位于今河北西北部和山西北部）三战三捷，全歼契丹和奚的联军。之后，王忠嗣转换战场，率军北伐后突厥，大败后突厥的乌苏米施可汗和白眉可汗，并最终平定了后突厥汗国。

没过多久，王忠嗣又被调派到河源地区，与吐蕃在青海湖展开会战，大破吐蕃北线主力，俘斩数万吐蕃兵，吐蕃的两个王子也于军中阵亡。后来，王忠嗣又与吐蕃大战于青海、积石，每每都是大获全胜。王忠嗣也由于军功至伟，掌握河西、陇右、朔方、河东四镇节度使，成长为唐玄宗时期威震边关的名将，而哥舒翰就是王忠嗣手下的一员大将。

王忠嗣最后的结局不算太好，因为忤逆了李隆基攻击石堡城的圣意，同时又受到李林甫的诬告，被捕入狱。本来被判处极刑的王忠嗣，由于哥舒翰等众将领的求情，才保住性命，但仍被贬为汉阳太守，一年后抑郁而终。

了解了王忠嗣后，我们再来说说哥舒翰。哥舒翰是西突厥别部突骑施人，父亲是唐朝名将、安西副都护哥舒道元，母亲尉迟氏是于阗王的公主。哥舒翰家族累世居于安西龟兹，家境豪富。哥舒翰虽然文武双全、仗义重诺，但年轻的时候喜欢喝酒赌博，所以一直也没有混出什么大的出息。

一直到他四十岁的那年，哥舒道元去世，哥舒翰客居长安，因为没什么大出息，屡遭当地官员轻视。深受打击的哥舒翰开始发愤努力，他首先选择到河西节度使王倕中效力，打出了一些名声。之后，哥舒翰投效王忠嗣，而他的军事才能也全面展现出来，王忠嗣也能够识人用人，使得哥舒翰在抗击吐蕃的战场上如鱼得水，屡立奇功。

王忠嗣被捕入狱后，哥舒翰接替了王忠嗣的职位，被任命为陇右节度使。随后，哥舒翰把进攻的矛头对准了被吐蕃重新占据的石堡城。在进攻石堡城之前，哥舒翰先从肃清外围开始。

唐玄宗天宝七年（公元748年），哥舒翰在青海组建神威军，同时又在青海湖中的龙驹岛修建应龙城，两处军镇的设立就像两把大钳，将石堡城牢牢钳在其中。吐蕃军队当然也看出了哥舒翰的作战意图，他们屡次对两处军镇展开猛烈攻击，但都被哥舒翰击溃。损兵折将、士气大挫的吐蕃军队自此在青海湖附近失去影踪。

天宝八年（公元749年），哥舒翰率领陇右、河西，并增发朔方、河东等四镇之兵以及突厥阿布思联军，共计六万三千人，打响了石堡城攻坚战。

石堡城三面都是陡峭的悬崖峭壁，只有一条小山路通向城里，吐蕃军队据险而守，并在城中贮藏了足够多的滚石檑木，牢牢封锁了这条唯一通往城中的山道。

唐军猛攻数日，无法得手。哥舒翰看到战情吃紧，就召回主攻的先锋裨将高秀岩和张守瑜，想以贻误战机的罪名杀了两人以振军心。高秀岩和张守瑜在军中立下军令状，三日之内必攻克此城，如果到期不克，甘心伏法就戮。

在怀着必死之心的高秀岩和张守瑜的带领下，唐军迸发出强大的战斗力，他们不惜一切代价，发起一轮又一轮的冲锋，在付出伤亡数万人的代价之后，终于啃下了石堡城这块难啃的骨头。

之后，哥舒翰效法李祎，以石堡城为支点，四处拓地。哥舒翰派遣部队跨越唐蕃的边界线赤岭，在赤岭之西展开屯田。之后的数年，哥舒翰步步进逼，不断地给予吐蕃打击、重创，先后攻拔吐蕃的洪济（今青海贵德县西）和大漠门（今青海共和县东南）等城，整个九曲之地被哥舒翰悉数收复。

在哥舒翰的镇守和攻击之下，吐蕃军队别说是过临洮了，就算是青海之地，他们也不敢踏足了。而唐军也牢牢掌握和维持住了这样一种战场优势，直到“安史之乱”爆发，哥舒翰被征召赴镇潼关，抵御安禄山的叛军，这时无暇西顾的唐朝才逐渐丢失了河湟、九曲等战略要地，无奈将战场的主动权交给了吐蕃。

到这里，唐与吐蕃之间的故事就告一段落了，总体来讲，在唐玄宗朝以前，特别是“安史之乱”以前，唐在与吐蕃的战斗中是处于优势地位的，虽然它曾经丢失了安西四镇，也失去了属国吐谷浑汗国，但是在安西、河西、陇右等边关将领一次次浴血奋战、拼死搏杀下，大唐还是牢牢占据了主战场，特别是河湟这个战略要地的主动权，使得强大的吐蕃被禁锢在藏地高原，严重地挫败了他四处扩张的野心。

唐朝虽然取得了对吐蕃的战场优势，但是和其他作战方向比起来，比如东部的高句丽、北部的东突厥，唐朝并没有取得决定性的胜利，并没有像在其他地方一样，将其地纳入疆域范围。所以，如果从这方面来讲，唐朝对吐蕃的战争是不成功的，不过这并不是唐朝不想，而是他不能。有以下几方面的原因：

一、从战略层面来讲，吐蕃并不是唐朝的主要战略目标，唐朝关注的重点是北部的突厥和西北部的安西。

北部从秦汉开始就是中原王朝的关注重点，因为来自这里的强悍游牧民族经常突破长城要塞，对中原王朝的核心区域产生直接威胁，更有甚者动摇整个王朝根基，所以对于唐朝来讲北部是它关注的重中之重。安西之地则是“丝绸之路”的枢纽，是中原王朝勾通中亚、联通世界的最主要通路，同样不可忽视。

而吐蕃位于青藏高原，虽然用现代的眼光来看，天然具有居高临下的战略优势，可以俯瞰周边，但是这些优势主要体现在现代高科技作战条件，特别是空天一体化作战条件下。而在公元七世纪的唐朝，那时的作战条件和作战技术远远不能与现代相比，所以吐蕃的这种战略优势无法体现出来。在唐朝眼里，他的战略价值远远比不过北边的突厥和西北的安西之地。

而且，唐朝作战形式是陆军冷兵器，机动方式也只是马匹，对于处在万里之外、环境恶劣、易守难攻的吐蕃，大唐只能表示心有余而力不足。所以大唐对吐蕃也并不是以全力进攻为主导，而是更加偏重防守，战略的主要目的是为了解除吐蕃对河西、安西、陇西和川西的威胁。

二、从战术层面来讲，藏地高原不适合冷兵器时代的大规模集团作战。这个地区海拔高，地理环境恶劣，平均海拔都在四千米以上，且多是崇山峻岭、高原草甸，这对于进攻的一方来说是极大的制约。

大军在这种战场环境下，指挥系统难以保持畅通，后勤军需物资难以保证供应，各级将领和各支作战部队也难以实现协同作战，而且一旦战斗失利，能够顺利退却的可能性微乎其微，面临全军覆没的危险。

进一步来说，唐朝即使完全征服吐蕃，那也是建立在花费极大作战力量、损耗无数国家资源的基础上，很可能会掏尽国库，对国民经济造成致命影响；更别说设置州郡，实施行政管理后，对万里之外的地方进行兵员和物资补给，那将更加是个填不满的无底黑洞。

如果不能完全征服吐蕃并实施有效的驻军管理，等到唐军离开之后，恢复国力的吐蕃将会展开更加凶狠的报复，那时一切又回到了起点。

三、从人的层面来讲，战争归根结底决定性因素是人。前面列举的各种原因，说明一点，对于隋唐时期才进入中原王朝视野，之前没打过任何交道的吐蕃，唐朝的主要决策者对其的作战意志是远不如对老对手突厥、高句丽、安西坚决。

但反观这个时期的吐蕃，是藏地历史上最强盛的一个统一王朝，它的强盛除了雄兵百万、幅员辽阔之外，更来自它拥有强大的领导者，特别是开国赞普松赞干布，被誉为高原的一代天骄，为吐蕃的强盛打下了坚实的基础。而他之后，吐蕃又出现了禄东赞、论钦陵等英明的执政者，他们拥有开疆拓土的雄心和坚定的作战意志。

## 第十三篇

# 剑指中亚

中亚地处欧亚大陆中心，在世界历史上，这块土地经常成为各大势力争夺的焦点，而其上的主人也是你方唱罢我登场。波斯帝国、亚历山大帝国、贵霜帝国、大食帝国、蒙古帝国等，这些在历史上赫赫有名的帝国都曾统治过这片区域。

唐朝时期，随着大唐国力的不断强盛，唐朝势力也不断西扩，而且很快越过安西，跨过葱岭，将大唐王朝的影响力拓展至中亚地区。几乎就在同一时期，在亚洲大陆的西端，阿拉伯半岛上的大食帝国也开始了疯狂地扩张，逐步建立起横跨亚非欧的庞大帝国，助长了大食向东方侵略的野心。

之后，随着萨珊波斯被大食击溃，呼罗珊地区（今伊朗东北部地区）成为大食的领地，这个强大的、信奉伊斯兰教的帝国将铁蹄踏入了中亚。

大唐与大食两强相遇，一场龙争虎斗也正式上演。由于大唐与大食是两种截然不同的文明，而且这两种文明在世界历史上都占据了举足轻重的地位，所以，大唐与大食围绕着中亚展开的战争且称之为“文明之战”。

# 第三十四章　羁縻中亚

唐朝时期，在中亚这片广袤、富饶的土地上，散布着昭武九姓胡、吐火罗、大小勃律、罽宾等大大小小数十个国家。它们东边隔着葱岭和天山山脉，与唐朝的安西四镇为邻；西边则紧靠里海和波斯高原，与大食帝国比邻而居。

唐朝时期，整个中亚大致可以分为六大地区，分别是楚河盆地地区、费尔干纳盆地地区、河中地区、克什米尔地区、吐火罗地区和葱岭地区。

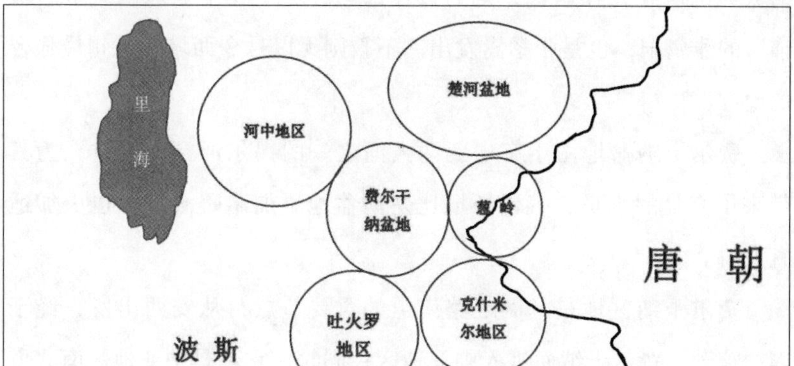


唐与中亚六大地区示意图

## 一 中亚地区的战略态势

在中亚六大地区当中，分布着众多的国家，这些国家风俗习惯各异，也有着截然不同的国家战略。

楚河盆地地区：位于今吉尔吉斯斯坦和哈萨克斯坦境内，巴尔喀什湖以南地区，东边就是新疆的伊犁河谷，在汉代，称此地为乌孙。

这块物华天宝之地，有着大片的平原，可农耕可游牧，又有包括楚河在内的七条河流流经此地，故此也称七河流域。充足的水源使得楚河盆地气候适宜，物阜民丰。唐朝安西四镇之一的碎叶城就设在此地，碎叶是诗仙李白的出生地，还曾经一度是安西都护府治所所在地。优越的自然地理环境使得此地成为丝绸之路北道的重要节点，也是大唐经略中亚的重点。

楚河盆地在唐朝初期一直都是西突厥的领土，西突厥汗国灭亡后，这里属于西突厥的突骑施部，臣属于大唐。

费尔干纳盆地：主要位于现今乌兹别克斯坦境内，在汉代，其地为大宛国所在；在唐代，则为拔汗那国，一个在中亚地区“事唐最谨”的藩属国，也是张孝嵩发出“不救则无以号令西域”这句最强音的地方。

费尔干纳盆地由于有中亚两大河之一的锡尔河穿流而过，为其带来了充足的水量，气候环境比楚河盆地更加温暖湿润，也更加适宜农耕。

费尔干纳盆地是丝绸之路南道的重要节点，从安西出发，经于阗、疏勒、费尔干纳而进入中亚地区；同时，它也是中亚地区南北方向的交通枢纽，向南穿过吐火罗可直通印度洋。

河中地区：即今天阿姆河与锡尔河之间的两河流域，以草原和荒漠为主，但由于两河的滋养，中间散落着大量的绿洲城邦，而最有名的就是昭武九姓胡，包括康、史、安、曹、石、米、何、火寻（又称花剌子模）和戊地国。

这里的主体民族是粟特人，他们极善经商，又处于丝绸之路枢纽地带，因此河中地区商业十分繁盛，在一定程度上垄断了唐朝的对外贸易。

克什米尔地区：即今之查谟和克什米尔地区，位于南亚次大陆的北部，是青藏高原西部与南亚北部交界的过渡地带，东面与中国交界，西面是巴基斯坦，南面是印度，北面与阿富汗接壤。地形主要是高原和山地。

唐朝时期，大小勃律国位于这片群山之地，卡住了吐蕃王朝进出吐火罗和河中地区的出口。如果大小勃律臣服唐朝，吐蕃挺进中亚的大门就被完全封死；如果大小勃律倒向吐蕃，吐蕃则可以很方便地进入中亚。

吐火罗地区：位于今阿富汗和巴基斯坦，主要的地区国家是吐火罗、嚈哒、罽宾等，其地也是一处交通要道，是大食帝国进入费尔干纳和北印度的必经之地。

葱岭地区：即今帕米尔高原，地跨中国新疆西南部、塔吉克斯坦东南部、阿富汗东北部，是昆仑山、喀喇昆仑山、兴都库什山和天山交会的巨大山结。

帕米尔高原山体高大，平均海拔四千五百米以上，主要山峰均在海拔六千米以上，这里既是丝绸之路的经由之地，同时也由于海拔高、山峦连绵起伏、自然地理环境恶劣，成为唐朝安西地区的天然屏障。从历史上来看，来自西方的入侵力量就算抵达中亚，也无力跨越葱岭，当然中原王朝要跨过葱岭用兵中亚，也是一件十分困难的事情。

## 二　波斯都督府

唐朝从立国之初就开始经营中亚，早在唐高祖武德年间，费尔干纳地区的东曹国就已经归附了唐朝。随后，唐太宗贞观年间和唐高宗初年，唐朝在中亚的势力进一步扩张，又分别在河中地区的康国和石国设置康居都督府和大宛都督府，在费尔干纳地区的拔汗那国设置循州都督府，以及南谧州、贵霜州等羁縻州。到了唐高宗龙朔年间，唐朝的国力则向西扩张至最大。

龙朔元年（公元661年），大唐在吐火罗、嚈哒、罽宾、波斯等十六个国家设置八个都督府，并在这片地区建立七十六个州一百一十个县以及一百二十六个军府。

经过唐高祖李渊、唐太宗李世民和唐高宗李治三代帝王数十年的经营，唐朝在中亚地区控制的行政区如下：

鸟飞州都督府：主要在今阿富汗的瓦罕走廊。

至拔州都督府：今塔吉克斯坦的达尔瓦兹地区。

天马都督府：今塔吉克斯坦的卡非尼河盆地，下辖三个州。

悦班州都督府：治所在今乌兹别克斯坦的迭脑。

高附州都督府：在今阿富汗、塔吉克斯坦交界一带，下辖二个州。

王庭州都督府：位于今塔吉克斯坦西南。

姑墨州都督府：治所在今乌兹别克斯坦的苏尔汉河口。

月氏都督府：治所在今阿富汗的昆都士。

大汗都督府：下辖15个州。

旅獒州都督府：在今土库曼斯坦与阿富汗之间的安德胡伊一带。

奇沙州都督府：治所在今阿富汗西北的希巴干。

昆墟州都督府：今土库曼斯坦东南木耳加河一带。

修鲜都督府：治所在今阿富汗喀布尔，下辖十个州。

写凤都督府：治所在今阿富汗巴米扬，下辖五个州。

条支都督府：位于今阿富汗南部，巴基斯坦中北部，下辖九个州。

波斯都督府：治所在波斯疾陵城，即今伊朗扎博勒。

这里重点介绍一下波斯都督府。唐高宗永徽五年（公元654年），大食帝国发兵攻击波斯，波斯战败，波斯王伊嗣侯被杀身死。伊嗣侯的儿子卑路斯于是东奔吐火罗，并向唐朝求援，但是高宗李治以“远不可师”为理由拒绝了。随着大食帝国的退军，吐火罗派兵护送卑路斯还归波斯，并拥立他为新的波斯王。

龙朔元年（公元661年），大食再次入侵波斯，这次唐高宗李治决定军援波斯，并在波斯疾陵城设置波斯都督府，任命卑路斯为波斯都督；龙朔二年（公元662年），唐朝又册封卑路斯为波斯王。但是，最终波斯还是被大食所灭，卑路斯和他的儿子泥涅师滞留长安。

卑路斯死后，裴行俭于调露元年（公元679年）护送泥涅师西返波斯复国，但未能达成所愿。泥涅师客居吐火罗二十年，最后东归大唐，病死于长安。

波斯都督府的设置，是中国历史上第一次将国家势力西拓至今伊朗高原和里海沿岸。

当然，在唐朝不断西拓的同时，虎视眈眈的大食帝国也盯上了中亚这块土地。龙朔三年（公元663年），大食击破波斯、拂菻，南侵婆罗门，触角已经深入中亚之境。而夹在大食和大唐两大帝国之间，夹缝中求生存的中亚各国不得不谨小慎微，在这场龙争虎斗中委曲求全。

# 第三十五章　龙争虎斗

唐朝时期，如果我们将目光跳出东亚，放眼整个世界，会发现在欧亚大陆的东西两端，分别矗立着两个世界性大国，他们是雄踞亚洲东端的大唐王朝和横跨亚非欧的大食帝国。

这两个世界性大国有着各自不同类型的文明——中华文明和穆斯林文明，所以这场龙争虎斗也代表了两类文明之间的碰撞。下面我们就一起来看看，在这场文明的碰撞下，双方都有什么样的表现，看看夹在其中的中亚诸国该如何选择。

## 一　大食帝国

大食帝国也就是阿拉伯帝国，是阿拉伯半岛上的阿拉伯人在公元七世纪建立起来的伊斯兰国家。唐代以来，中国历朝的史书，比如《旧唐书》《新唐书》《宋史》《辽史》等都将其称为大食。

大食帝国主要经历了三个时期，分别是帝国初创期、倭马亚王朝时期（白衣大食）和阿拔斯王朝（黑衣大食）时期。

帝国初创期。公元610年（即隋炀帝大业六年），先知穆罕默德开始在麦加传播伊斯兰教义。随着教义的不断传播，信教的徒众逐渐增多，伊斯兰教也随之壮大。这引起了麦加当地统治集团倭马亚家族的关注。为了自身的统治利益，倭马亚等贵族开始对穆罕默德进行迫害。

公元622年（即唐高祖武德五年），穆罕默德被逼无奈出走雅特里布城，并将雅特里布改名为麦地那，意即为“先知之城”。

穆罕默德以麦地那为根据地，进一步宣扬伊斯兰教义，并开始建立自己的武装力量。之后，在与麦加的倭马亚家族进行的军事对抗中，穆罕默德逐渐占据上风，数次击溃倭马亚家族的进攻，同时不断展开反击。最终，在公元630年（唐太宗贞观四年），穆罕默德率穆斯林大军兵临麦加城下，与倭马亚家族缔结《侯德比耶和约》，兵不血刃降服了麦加城。

自此，阿拉伯半岛上的各部落民众开始以伊斯兰教为核心建立起一个统一的阿拉伯伊斯兰国家——大食。

公元632年（唐太宗贞观六年），先知穆罕默德逝世，大食帝国进入四大哈里发（意为真主使者的继承人）时期，分别是第一任哈里发阿布·伯克尔，第二任哈里发奥马尔一世，第三任哈里发奥斯曼和第四任哈里发阿里。

四大哈里发时期，也称神权共和时期，大食帝国的继承人是以协商和选举方式产生的，而这一时期也是大食帝国快速扩张的第一阶段。在西线，阿拉伯帝国先后占领叙利亚、巴勒斯坦和埃及，并连续击败东罗马帝国；在东线，不断攻破萨珊波斯的防线，占领了伊拉克和伊朗的大部分地区。

倭马亚王朝时期。公元661年（唐高宗龙朔元年），倭马亚家族的叙利亚总督穆阿维亚继承哈里发之位，并以大马士革为首都，建立了倭马亚王朝，由于国内的穆斯林穿着白衣，因此又称之为白衣大食。

穆阿维亚将帝国继承的方式从选举和协商改为世袭，成为实际的帝国君主。

倭马亚王朝时期，是大食帝国对外军事扩张的第二个高峰期。东线，大食军队入侵中亚，占领了河中、吐火罗等广大地区，与唐朝的中亚驻军形成对峙；北线，大食三次发兵，围攻东罗马帝国首都君士坦丁堡；西线，大食帝国的进攻尤为猛烈，占领了突尼斯、阿尔及利亚、摩洛哥等北非地区，并于公元711年（唐睿宗景云二年）跨过直布罗陀海峡，攻入西欧的伊比利亚半岛（今西班牙地区），消灭了西哥特王国后，翻越比利牛斯山脉，进攻法兰克王国（今法国）。

这一时期，大食帝国的疆域西临大西洋，东至印度河，成为横跨亚、非、欧三大洲的庞大军事帝国。

阿拔斯王朝时期。公元750年（唐玄宗天宝九年），阿拔斯推翻倭马亚王朝的统治，建立阿拔斯王朝。因阿拔斯王朝旗帜多为黑色，故又称之为黑衣大食。

## 二　山地战之神

大食不断向中亚地区扩张，唐朝当然不会坐视不管。但是唐朝要抵御大食、经略中亚，并对中亚地区进行有效管理，就必须跨越天山、葱岭、克什米尔等高原天堑。这里山脉纵横、群岭环绕、雪峰林立，自然环境十分恶劣，也是除青藏高原之外海拔最高的地方，就算以现代的眼光来看，这片广袤险峻的群山之地都是人类不可逾越的死亡地带。

但就是面对这样极端恶劣的自然条件，大唐也没有畏惧，大唐的将军们也敢于亮剑；而在这其中，有一人格外耀眼，他就是被中亚诸国称为“山地作战之神”的高仙芝。

高仙芝是高句丽人。公元668年，他的父亲高舍鸡在唐朝攻灭高句丽的时候内迁至中原地区，并从军河西、安西等地，由于他英勇善战，累迁至诸卫将军。高仙芝就出身于这样的边将之家，受家庭环境影响，高仙芝从小就弓马娴熟、武艺高强，二十余岁，就被授补为游击将军。数年后，高仙芝就与他的父亲班秩相同了。

虽然高仙芝早早展露了军事才华，但在安西四镇节度使田仁琬、盖嘉运手下任职的时候，并没有获得重用，以至于他的父亲高舍鸡都“犹以其儒缓忧之”。是金子总会发光。夫蒙灵察接任安西节度使后，发现了高仙芝的才干，并一再予以提拔重用。开元末年，高仙芝官至安西副都护、四镇都知兵马使。

唐朝经过“开元盛世”之后，国力达到鼎盛。在强大的国力支持下，唐玄宗开始兴边事，这种背景下，拥有极大军事指挥权的安西诸将们在军功的驱使下，开始将目光投向葱岭，并越过葱岭，投向更加遥远的中亚。

唐朝时期，葱岭上主要有两个国家，即大、小勃律。大勃律位于今克什米尔中部一带，小勃律则位于克什米尔西北部，即今巴基斯坦吉尔吉特一带。

大、小勃律一直以来都是唐朝的藩属国，但由于地处安西、吐蕃和中亚三者的结合部，特别是小勃律，战略地位更加突出，是强盛的吐蕃王国进出中亚、通往安西四镇的交通要道；因此，吐蕃对小勃律的态度也是志在必得。开元十年（722年），吐蕃大举进犯小勃律，但被北庭节度使张孝嵩联合小勃律王没谨忙共同击退。

遭遇挫败的吐蕃并没有放弃，它开始转用招抚策略，对小勃律极尽拉拢之能事。随着小勃律王苏失利迎娶吐蕃公主为妻，小勃律国最终脱离唐朝，归附于吐蕃。拉拢了小勃律之后，吐蕃进一步向中亚地区拓展，逐步控制了中亚各国，导致“西北二十余国皆臣吐蕃”并中断了他们对唐朝的朝贡。

小勃律的倒戈，对于“喜事边功”的唐玄宗是个重大的打击。盛怒之下，李隆基先后派遣三任安西节度使田仁琬、盖嘉运、夫蒙灵察带兵讨伐小勃律，但因为地势险要，加之吐蕃进行援助，尽皆无功而返。

天宝六年（公元747年），唐玄宗再次下诏，任命时任安西四镇节度副使的高仙芝为行营节度使，率领马步军一万人，征讨小勃律。这个时期的唐朝，国力正处鼎盛，因此即使是步军，亦配备有战马，所以整支部队其实就是骑兵作战军团。

这一点对唐军非常重要，因为要跨越万里之遥且自然环境恶劣的葱岭地区，没有快速有效的兵力投递和辎重保障，是难以完成作战任务的。

四月，大军出龟兹一路西行，先后经拨换城（今新疆阿克苏）、握瑟德（今新疆巴楚）、疏勒，踏入葱岭地区，之后就开始了异常艰苦的高原行军。

虽然唐军的行军路线尽量选择的是山谷隘口，但在平均海拔四五千米的帕米尔高原上，这些低地谷隘的海拔也在三四千米以上，这个高度不是普通人能够承受的，士兵们出现呼吸困难、体力下降等现象是再正常不过的了。

再加上恶劣的天气和山体滑坡等自然灾害，以及长时间高强度的行军，这足以说明高仙芝和唐军的作战意志和作战能力有多么的突出。

经过近两个月的强行军，唐军于六月份抵达葱岭守捉（今新疆塔什库尔干塔吉克自治县），然后继续沿兴都库什山北麓西行，经播密水（今阿富汗瓦汉附近），最后驻屯在特勒满川（唐时五识匿国，今瓦罕河一带）进行休整。

此时的唐军由于有疏勒守捉使赵崇玭、拨换守捉使贾崇瓘给予兵员补充，以及护蜜国、五识匿国等军队的加入，总兵力大约在两万人左右。

在特勒满川稍事休整后，唐军开始会攻连云堡。连云堡位于今阿富汗东北部喷赤河南源附近，是进军小勃律的战略要塞，此时的连云堡掌握在吐蕃军队手中。

唐军兵分三路，一路由疏勒守捉使赵崇玭率领三千骑兵从北谷道进发；一路由拨换守捉使贾崇瓘统领，自赤佛道南下；高仙芝则与监军边令诚率领主力由护蜜国南下。三路兵马齐头并进，于七月份在连云堡下胜利会师。

连云堡地势险要，南面依山，北临婆勒川，居高临下，堡中驻扎有吐蕃的精锐部队。在堡的南面，吐蕃军队凭借山势树立栅栏，修建军营，并派遣九千士兵镇守，与连云堡遥相呼应，互为犄角。堡的北面，由于婆勒川河水暴涨，更是成为唐军进攻路线上的天堑。对于长途跋涉的唐军来说，乘敌不备、出其不意地渡过婆勒川发动突袭是决定这次战役成败的关键。因为一旦吐蕃军队预有准备，凭借天险给予唐军强力阻击，那此次战役很可能从短期闪击战打成长期消耗战，这对于不远万里前来的唐军是极其不利的。

此时唐军面对的最大困难就是暴涨的河水，大军很难顺利渡过婆勒川，但抱了破釜沉舟之决心的高仙芝仍然下达了次日清晨抢渡婆勒川的命令。

高仙芝宰杀三牲祭祀河神，命令士兵每人自备三天干粮，于次日清晨河水退却的时候展开渡河。将士们都不太相信，认为高仙芝肯定是疯了，河水哪能说退就退呢！但高仙芝成竹在胸、笑而不语。

次日清晨，唐军来到川前，果然婆勒川河水在早晨变得低缓，兴奋不已的唐军迅速渡河，很快就人不湿旗、马不湿鞯渡过婆勒川，在对岸排列成阵。见此情景，高仙芝自信地对监军边令诚说："我最担心的是吐蕃军击我们于半渡，但如今我军已完成渡河并列成军阵，此战必胜。"面对突至的唐军，吐蕃守军完全没有防备，惊骇之中只能凭堡拒战。不过吐蕃守军凭着依山而建的连云堡，居高临下使用滚石檑木攻击，对唐军造成极大的伤亡。

看到战况胶着，高仙芝任命骁将李嗣业为陌刀将，并下达了中午之前一定要拿下连云堡的死命令。李嗣业亲持令旗，率领陌刀手冒死登城，在中午时分叩开堡门，大败吐蕃守军。

拿下连云堡这个战略要塞后，进军小勃律的大门也就顺利打开。唐军准备一鼓作气，直捣小勃律的都城阿弩越城；但是监军边令诚认为孤军深入敌境，恐生不测，因此逡巡不敢前进。高仙芝于是让边令诚率领老弱士卒三千人，留守连云堡，自己则亲率大军星夜疾行。

三日后，唐军到达坦驹岭。坦驹岭位于今克什米尔西北境巴勒提特之北、兴都库什山米尔峰以东，全长四十里，岭口海拔超过四千米，是兴都库什山著名的险峻山口之一，岭下就是小勃律的都城阿弩越城。

唐军要翻越坦驹岭，只有一条途径，沿冰川登临而上，冰川的尽头就是坦驹岭口。这条冰川的长度在十公里以上，川上冰裂如网，冰丘纵横，稍有不慎，就会坠入冰渊，甚至掉进冰川裂缝中尸骨无存。

真不知道在当时的人力条件下，唐军是如何完成这看似不可能完成的任务的。面对如此险恶的行军作战环境，大部分唐军已经胆怯了。为了鼓舞士气，高仙芝对属下声称，小勃律王已经投降了，不久就会派出使者前来递交降书。同时，高仙芝偷偷安排二十名亲信随从，让他们换上小勃律人的服装，化妆成使者于前方佯装赶来迎接唐军。

唐军将士听说小勃律国已经投降了，士气大增，都想赶紧奔赴阿弩越城进行休整，于是不畏艰险开始攀登冰川，但一路上并没有看到小勃律的使者前来。狐疑之中，部分唐军开始打退堂鼓，护蜜国、五识匿国等外族援兵也拒绝前进。

正在此紧要关头，那些化妆的使者及时赶到，并大声宣称，小勃律国已经全军投降，而且小勃律王已经下令拆毁了娑夷水上的藤桥。这样一来，吐蕃连通小勃律的唯一通道也被切断，即使吐蕃军队前来救援也只能望水兴叹。

唐军士兵听闻后，心中狐疑顿消，很快就跨越了坦驹岭，兵临阿弩越城下。

面对犹如神兵天降的大唐远征军，阿弩越城守军屈服了，他们派人前来请降，准备迎接唐军入城。但此时的阿弩越城仍然掌握在吐蕃公主以及少数忠于吐蕃的大酋长手中，高仙芝担心大军强行入城，这些忠于吐蕃的王公酋长们就会四散而逃，一旦将吐蕃援军引至，则此次军事行动很可能会前功尽弃。

高仙芝与众将商议后，决定先稳住小勃律王和他的大臣们。高仙芝命令将军席元庆率领一千名骑兵先行入城，入城后对小勃律王谎称是借道讨伐大勃律国。小勃律王和众酋领不知是计，因而不敢轻举妄动。随后，席元庆又按照高仙芝的既定之策，以重金利诱，将众酋领抓获，小勃律王及吐蕃公主则慌忙逃入城外山洞躲避。

高仙芝率领主力进城后，首先处死了那些忠于吐蕃的酋领，清除掉吐蕃残余势力，然后急令席元庆率军赶赴娑夷水，砍断通往吐蕃的藤桥。

藤桥位于阿弩越城外六十里，席元庆领军急进，终于在日落时分赶到娑夷水。唐军刚刚将藤桥砍断，吐蕃的援军就赶至娑夷水对岸，但为时已晚，只能隔水兴叹，束手无策。小勃律王和吐蕃公主看到外援无望，只能接受高仙芝的招降。

八月，在留下三千士兵驻守小勃律国之后，高仙芝押解小勃律王和吐蕃公主还军连云堡，会合边令诚一起班师回朝。这一仗，高仙芝威名远播中亚，大食、拂菻等七十二国皆震慑降附。

## 三　文明的碰撞

唐玄宗天宝初期，大唐国力鼎盛，李隆基也“喜事边功”，鼓励对外扩张，因此，唐朝的边关诸将们，特别是那些手握重兵的节度使、都护们，具有极大的军事自主权，可以根据个人的判断自行展开军事行动。

高仙芝在远征小勃律之后，大受李隆基嘉奖，取代夫蒙灵察成为安西四镇节度使，这使得高仙芝更加能够自如地对中亚地区展开用兵。

天宝九年（公元750年），高仙芝应吐火罗诸国之邀，攻破了亲吐蕃的朅师国（在今巴基斯坦北部奇特拉尔），俘虏了朅师王勃特没，并另立勃特没之兄素迦为新的朅师王。同年，高仙芝再次举兵，进攻位于河中地区的石国。

此时的石国已经逐步倒向不断东进的大食，和唐朝在中亚地区忠实的藩属国拔汗那国产生了矛盾，高仙芝以此为借口亲率唐军远征石国。高仙芝假装与石国国王车鼻施约和，之后乘其不备，引兵突袭，擒获了车鼻施及其部众；随后，高仙芝悉杀其老弱，并纵兵劫掠。

这一次的征战，高仙芝在战役战术上虽然取得了大胜，但在战略上却犯下了错误：一是此时的石国已经基本属于大食的势力范围，攻灭石国相当于间接向大食宣战；二是攻灭石国后，高仙芝没有像以往一样，更换国王、安抚其众、收附民心，而是烧杀劫掠。石国王子乘乱逃走，向河中诸国控诉高仙芝及唐军的贪暴，这激起了河中诸国对大唐的仇视，他们纷纷开始向大食求援，反抗当地的唐朝驻军。

河中诸国的求援，对于野心膨胀的大食来讲，简直就是天赐良机。早在倭马亚时期，大食就垂涎于东方的富庶，应许手下两员大将穆罕默德·伊本·卡西木和屈底波·伊本·穆斯林，谁最先踏上唐朝的领土，谁就做唐朝的总督。

虽然此时的大食刚刚经历了统治阶层的更换，由倭马亚王朝过渡到阿拔斯王朝，但向东方扩张的野心却一点没有消退。他们打算利用这次时机将唐朝势力挤出中亚地区，甚至想越过葱岭，直接进攻唐朝的安西四镇。

高仙芝收到消息后，决定主动出击。高仙芝率领李嗣业、段秀实等将领，以及唐、藩联军约三万兵马（藩属国主要是葛罗禄和拔那汗国），由安西出发，深入中亚地区七百余里。大食在中亚地区的最高长官阿布·穆斯林（《新唐书》译为并波悉林）也派遣大将齐亚德·伊本·萨里向东进发。

天宝十年（公元751年），两军在怛罗斯相遇，大唐和大食两大文明终于在东西方交汇的十字路口产生了直接的碰撞。

怛罗斯，位于今哈萨克斯坦江布尔州的塔拉斯河畔。战斗打响的初期，由于双方是初次相遇，相互之间不熟悉，因此都没有展开主动进攻。在相持的前三天，双方主要用弓箭手进行试探性攻击，由于唐军弓箭手从武器装备、训练水平到协同作战能力都明显高于大食军队，因此给大食造成严重的伤亡。之后，双方的长矛步兵展开对战，结果也是唐军占得上风。

就在战势向好，唐军逐渐取得战场主动权的时候，一件意外的事情发生了。

第五天，双方的主力骑兵部队即将展开对战时，负责镇守唐军两翼的葛罗禄骑兵却突然叛变，从两翼对中央的主力唐军发动突袭。措手不及的高仙芝来不及调度应对，唐军很快在葛罗禄和大食骑兵的前后夹击下崩溃，兵马几乎损失殆尽。

高仙芝带领李嗣业、段秀实以及仅存的数千士卒慌忙向安西方向撤退，溃退的拔汗那部队人马辎重塞于道路中央，而大食追兵又衔尾而来，情况非常紧急。

李嗣业手持陌刀奋力前驱，连人带马一连砍杀数十名拔汗那士兵，这才清理出一条道路，使得高仙芝能够顺利通过。段秀实看到后，指责李嗣业避敌先走、弃军不顾，既不仁义又懦弱。李嗣业听闻后不但不生气，还和段秀实一起收拢逃散的士卒，抵御大食的追兵，最后带领散卒安全返回安西。

怛罗斯之战是两大文明历史上第一次，也是唯一一次的直接碰撞，但令人奇怪的是，这次战役在中外历史的记载上都很少见，即使有也不过寥寥几句，一笔带过整个战斗过程。而且就在这少得可怜的记载中，还有众多不一致之处。

一是战斗投入兵员记载的不一致。有关唐军投入的战斗兵员，中国史书，像司马光的《资治通鉴》以及《新唐书》《旧唐书》记载的是二至三万人；最高记载的是六万人，出自同为司马光编著的《资治通鉴考异》。而阿拉伯史书《肇始与历史》和《历史大全》则记载为十万人。各种资料之间的出入还是相当大的。

个人认为，此次的怛罗斯之战，主要体现的是安西节度使高仙芝个人的作战意图，唐军的参战部队应该以安西驻军为主力。

通过查阅资料，唐玄宗时期整个安西兵马的编制为二万四千人，高仙芝不可能全部带走，能够跟随他一起出征的最大战斗人数应该在二万人左右，加上沿途征调的葛罗禄、拔汗那等属国兵马，唐军投入的战斗兵员应该在三万人左右。除此之外，再算上后勤保障和交通运输，整个战役唐军投入的兵员应该在四万人左右。

有关大食投入的兵员，历史上没有记载，所以更加难以考证，但是中外史学家根据大食当时在中亚的军力部署，以及能够调动的呼罗珊、河中诸国等兵马，估算大食可以投入的兵力在二十万人左右。

个人认为，这个估算指的是大食最大能够投入的兵员，实际情况是，双方属于遭遇战，大食军队在初期的投入肯定不能达到这个最大数。初步估计，大食的兵力应该是唐军的两倍左右，在八到十万之间。

二是战斗结束后双方战损统计的不一致。中国史书关于怛罗斯之战大唐战损的记载基本相同，战后能够返回安西的兵马只有数千人，也就是四万人马几乎全军尽墨。而阿拉伯史书的记载，在基于唐朝出兵十万的基础上，唐军五万人被杀，二万人被俘，剩余三万人逃返。

分析上述这些数据，应该来讲关于唐军被俘人数，阿拉伯史书的记载会相对客观，而关于唐军逃返人数，中国史书的记载会更加准确。因为这些数据应该都是战后清点统计出来的，虽然会存在夸大战果和隐瞒战损的情况，但出入应该不会太大。所以综合来看，怛罗斯一战，唐军被俘人员应该在二万人左右，死亡人员一万余人，只有几千名将士得以幸免。

关于大食方面的战损情况，中外史书同样没有记载，我们只能进行推断。因为当时的唐朝处于国力鼎盛时期，士兵的作战能力、武器装备以及自信心都很强大，加之唐军的将领也大多骁勇善战，虽然面临极端被动局面，但绝境下迸发的战斗力对大食军队来讲也是有巨大杀伤力的。所以大食方面的战损应该也不低，死伤人数应该在二至三万人。

三是有关怛罗斯之战历史评价的不一致。怛罗斯之战是历史上大唐与大食的唯一一次直接交战，而交战的地点又是在东西方文明的交汇地，所以中外历史关于此次战役的评价也是莫衷一是。

一种评价认为，怛罗斯之战只不过是发生在大唐与大食之间一次小小的战斗，双方都不够重视，只不过是各自地方长官的个人作战意志的体现，都不能上升到国家层面，而且战后对双方的影响都不大。

大食虽然获胜，但无意也无力进攻唐朝的安西之地，唐朝安西之兵的战斗力在此战过后也迅速得以恢复。两年之后，接任安西节度使的封常清，领军再次对中亚地区用兵，大胜大勃律，迫使大勃律王臣服于唐朝。

另一种说法认为，怛罗斯之战在历史上具有深远的意义，影响改变了世界历史发展的进程。以唐朝为代表的东亚文明彻底退出了中亚舞台，伊斯兰教义得以在中亚地区广泛传播，该地区之前众多的佛教国家也最终被伊斯兰国家所取代。

应该来讲，这两种说法都不算准确。从战斗规模来讲，怛罗斯之战在整个大唐和大食各自的战争史上，确实只能算是较小规模的战役，对交战双方的影响也确实不大；而怛罗斯之战的失利，确实是唐朝势力从中亚地区退却，大食势力逐渐在该地区占据上风的开始。

但是，造成唐朝真正丢失中亚，中华文明彻底退出该地区的原因，不是怛罗斯之战，而是四年之后唐朝爆发的“安史之乱”。

# 第三十六章　对外扩张时期的总结

大唐，作为中国两千年封建王朝鼎盛时期的代表，他雄风盎然，有太多的魅力值得我们一探究竟。那些勇于亮剑，不断开疆拓土，将中华声威远播域外的大唐将军们，也值得我们这些后来人永远铭记。

## 一　大唐雄风

大唐为什么如此雄风盎然，为什么如此魅力无边，为什么在其鼎盛时期能够开拓出东抵大海，南据交州，西至波斯高原，北尽贝加尔湖，面积达1237万平方公里的广大疆域，并让万邦景仰、万民归心呢？我们仍然从战争的角度来一探究竟。

首先，从战略层面来看，大唐的军事制度大体上可以分为府兵制和募兵制。在唐高祖、唐太宗和唐高宗朝时期实行的是府兵制，唐玄宗以后则慢慢过渡到募兵制。

府兵制是一种兵农合一的军事制度，府兵平时和其他百姓一样在州县政府登记户籍，并从事耕种，但豁免缴纳租赋。冬季，府兵则集中在折冲府，由折冲都尉负责军事训练和战列阵法训练，唐朝中央政府负责监督考核。如遇外出征战，则由中央政府任命行军总管领军作战，各折冲府按照中央指令提供兵源。作战任务完成后，行军总管回京赴命，府兵则返回所在折冲府。

在府兵制时期，唐朝是通过沿边设置都护府、都督府和羁縻州的方式管理控制广大的疆域，顶峰时期设置了六大都护府。

**六大都护府略表**

| 名称 | 设立年份 | 驻地 | 备注 |
|---|---|---|---|
| 安西都护府 | 贞观十四年（公元640年） | 今新疆吐鲁番 | 公元658年，移镇龟兹（今新疆库车）。 |
| 安北都护府 | 贞观二十一年（公元647年） | 今蒙古国哈尔和林 | 初名“燕然都护府”，公元663年更名“瀚海都护府”，公元669年更名“安北都护府”。 |
| 单于都护府 | 永徽元年（公元650年） | 今内蒙古和林格尔 | 初名“瀚海都护府”，公元663年更名“云中都护府”，公元664年更名为“单于都护府”。 |
| 安东都护府 | 总章元年（公元668年） | 今朝鲜平壤 | 公元676年，移镇辽东城（今辽宁辽阳），公元714年，移镇营州（今辽宁朝阳）。 |
| 安南都护府 | 调露元年（公元679年） | 今越南河内 | |
| 北庭都护府 | 长安二年（公元702年） | 今新疆吉木萨尔 | |

沿边设置的六大都护府，就像六根擎天巨柱拱卫着大唐边疆，也使得唐朝能够快速、有力地对周边国家进行讨伐，并实施有效的地方管治。

唐玄宗时期，府兵制慢慢衰弱，募兵制开始兴起。

这主要是由于盛唐时期，唐朝控制的疆域越来越广，需要在边疆各地驻扎大量的兵员，以应对频繁的征伐和叛乱，而兵农结合的府兵制兵员大部分集中在唐朝中央政府手里，难以对边关地区的紧急军情做出快速有效的反应。

因此，在唐玄宗的后期，职业化的募兵制逐渐取代兵农合一的府兵制。为了因应募兵制，唐玄宗沿边设置十大节度使，掌管各地的兵马和军事行动，唐朝的兵员也慢慢从中央政府手中转移到地方节度使手中。

**十大节度使略表**

| 名称 | 驻地 | 主要作战方向 |
| --- | --- | --- |
| 安西节度使 | 今新疆库车 | 今新疆天山以南及葱岭以西中亚地区 |
| 北庭节度使 | 今新疆吉木萨尔 | 今新疆天山以北地区 |
| 河西节度使 | 今甘肃武威 | 防备吐蕃,保持河西走廊的畅通 |
| 朔方节度使 | 今宁夏灵武 | 防备回纥,镇抚今内蒙古、蒙古国及西伯利亚地区 |
| 河东节度使 | 今山西太原 | 和朔方节度使互为犄角,防备回纥 |
| 范阳节度使 | 今北京 | 今辽西和内蒙古东部地区 |
| 平卢节度使 | 今辽宁朝阳 | 今东北三省、朝鲜半岛及俄罗斯远东地区 |
| 陇右节度使 | 今青海乐都 | 防备吐蕃,拱卫关中地区 |
| 剑南节度使 | 今四川成都 | 防备吐蕃,镇抚今云南等西南地区 |
| 岭南五府经略使 | 今广东广州 | 今广东、广西及越南北部地区 |

其次，从战斗层面来分析，唐朝拥有一代代忠贞勇毅的将领和一批批训练精良的士兵。

从李靖、李勣，到苏定方、裴行俭，再到契苾何力、高仙芝，大唐名将的忠贞勇毅就像基因一样代代相传，这些将领们不但指挥卓越、作战勇敢，而且对大唐有种深深的认同，这种认同是刻在骨子里、植入信念当中的，而不管他是汉将还是胡将。

这种认同在右骁卫大将军契苾何力的身上有最直接、最明显的体现。契苾何力是铁勒诸部契苾部落的酋长，本身是一名胡人将领，在征讨吐谷浑的突伦川之战中，契苾何力力战救出身陷重围的薛万均，但战后却受到薛万均的诬陷。当盛怒之下的契苾何力听到李世民要解除薛万均的所有职务，并转封给他的时候，契苾何力拒绝了，他认为维护大唐胡汉将领的团结高于个人恩怨。

当铁勒诸部中的薛延陀部落逐渐兴盛，开始叛唐的时候，契苾部落选择投靠薛延陀，并将回部落省亲的契苾何力抓住送交薛延陀可汗。当面对薛延陀可汗的威逼利诱和各种劝降时，契苾何力拔出佩刀，冲着长安方向高声说道："大唐忠烈之士岂能受尔等污辱。"随后便将自己的左耳割下表示誓不叛唐。当时唐廷内部很多人都认为契苾何力必反，但是唐太宗李世民却从不相信。

唐朝的士兵同样也是战力强大、军纪严明，这与大唐历来重视士兵的日常训练和阵法演练有很大关系。

唐太宗李世民曾经召集士兵在显德殿前的空地上练习箭术。李世民不仅亲自讲授射箭的技巧，而且还对众将士的训练成果进行评定，凡射中靶心较多者，便会给予赏赐。虽然大臣们认为如此作法不合宜，恐危及皇帝的安全，但李世民一点都没放在心上，仍然亲身教习。他的信任也激发了将士们的练兵热情，很快便锻炼成射术娴熟、无往不胜的精锐将卒。

当然，大唐最大的魅力来自于君臣上下一心，以及一往无前的气概和自信。这种气概和自信体现在李世民的"以铜为镜，可以正衣冠；以史为镜，可以知兴替；以人为镜，可以明得失"，体现在张孝嵩的"不救则无以号令西域"，体现在郭元振的"岂非有兼并之志乎"，体现在王玄策的"一人灭一国"当中。

## 二 "凌烟阁"二十四战将

在大唐统一全国的战争中，我们通过大数据分析的方法，评选出了功劳最大的十大战将，这次仍然想通过此方法评选出大唐对外扩张时期功劳最大的战将，但显然十大战将是远远不够的。

因为统一战争时间跨度短，集中在唐高祖武德年间，实际不足十年时间；而大唐的对外扩张战争从唐太宗贞观年间开始，一直持续到唐玄宗天宝年间，历经六代帝王（唐太宗、唐高宗、武则天、唐中宗、唐睿宗和唐玄宗），时间跨度长达一百二十余年。在这百年风云中，名将涌现、英雄辈出，如果仍然只是选出十大战将，则众多名将将成为历史遗珠，甚为可惜。

故此，此次扩大选择面，评选出大唐对外扩张战争中功劳最大的二十大战将。仍然用大数据分析的方法，首先提炼出在对外扩张战争中出现次数较多的主要将领。

李勣：51次，契苾何力：49次，高仙芝：46次，苏定方：38次，薛仁贵：33次，刘仁轨：31次，李靖：28次，哥舒翰：27次，黑齿常之：27次，李道宗：26次，娄师德：26次，郭孝恪：25次，裴行俭：23次，阿史那社尔：22次，王忠嗣：20次，侯君集：19次，刘仁愿：19次，王玄策：17次，郭元振：15次，张孝嵩：14次，王孝杰：13次，执失思力：13次，程务挺：11次，薛万均：11次，长孙无忌：10次，薛讷：10次

根据出现的次数，排名前二十位的战将依次为：李勣、契苾何力、高仙芝、苏定方、薛仁贵、刘仁轨、李靖、哥舒翰、黑齿常之、李道宗、娄师德、郭孝恪、裴行俭、阿史那社尔、王忠嗣、侯君集、刘仁愿、王玄策、郭元振、张孝嵩。下面我们再结合每员战将的主要战功和战绩进行通盘考虑。

**二十员战将的主要战功和战绩一览表**

| 姓名 | 出现次数 | 战功与战绩 |
| --- | --- | --- |
| 李勣 | 51 | 平定东突厥，平定薛延陀（主将），平定高句丽（主将） |
| 契苾何力 | 49 | 征讨吐谷浑，征讨高句丽，招降铁勒诸部 |
| 高仙芝 | 46 | 平定小勃律（主将），平定竭师国（主将），平定石国（主将），进攻大食国 |

续表

| 姓名 | 出现次数 | 战功与战绩 |
|---|---|---|
| 苏定方 | 38 | 平定西突厥阿史那贺鲁(主将),平定百济(主将),征讨高句丽 |
| 薛仁贵 | 33 | 征讨铁勒,征讨高句丽,征讨吐蕃 |
| 刘仁轨 | 31 | 平定百济叛乱(主将),白江口击退日本援军 |
| 李靖 | 28 | 平定东突厥(主将),平定吐谷浑(主将) |
| 哥舒翰 | 27 | 抗击吐蕃 |
| 黑齿常之 | 27 | 抗击吐蕃 |
| 李道宗 | 26 | 征讨东突厥,征讨薛延陀,征讨吐谷浑,征讨高句丽 |
| 娄师德 | 26 | 抗击吐蕃 |
| 郭孝恪 | 25 | 征讨焉耆,征讨龟兹 |
| 裴行俭 | 23 | 平定西突厥反叛(主将),平定"东突厥"余部叛乱(主将) |
| 阿史那社尔 | 22 | 征讨薛延陀,平定焉耆(主将),平定龟兹(主将) |
| 王忠嗣 | 20 | 平定后突厥(主将),征讨契丹,抗击吐蕃 |
| 侯君集 | 19 | 平定高昌(主将),征讨吐谷浑 |
| 刘仁愿 | 19 | 击败百济叛乱,白江口击退日本援军 |
| 王玄策 | 17 | 平定中天竺(主将) |
| 郭元振 | 15 | 抗击吐蕃 |
| 张孝嵩 | 14 | 击败拔汗那国,救援小勃律国 |

为了量化各将领的战功和战绩，我们确定一个硬性指标，将大唐对外征伐的国家按照作战难度、时间跨度和最后取得的战果划分成两类。

第一类国家：东突厥、西突厥、后突厥、高句丽。东突厥是唐朝初年最强大的对手，而消灭东突厥是大唐对外征战取得的首次决定性胜利，对今后的征战具有深远的战略指导意义。

对西突厥、后突厥、高句丽的作战难度高，时间跨度长，也都取得过决定性胜利，具有重要的战略指导意义。

第二类国家：吐蕃、吐谷浑、薛延陀、铁勒、高昌等诸国。之所以将吐蕃和铁勒归为第二类，是因为虽然对这两个国家作战难度大，时间跨度也较长，但唐朝并未取得过决定性的胜利，对吐蕃基本上以和亲和抵御为主，对铁勒则以册封和招抚为主。

国家完成了分类，将领也据此进行相应的分级和排序。

第一级：平定过第一类国家的主将，按顺序排名为李勣、苏定方、李靖、裴行俭、王忠嗣。

第二级：参与过与第一类国家作战的非主将，以及平定过第二类国家的主将，按顺序排名为契苾何力、高仙芝、薛仁贵、刘仁轨、李道宗、阿史那社尔、侯君集、王玄策。

第三级：其他将领，按顺序排名为哥舒翰、黑齿常之、娄师德、郭孝恪、刘仁愿、郭元振、张孝嵩。

故此，大唐对外扩张战争二十大战将为：

李勣、苏定方、李靖、裴行俭、王忠嗣、契苾何力、高仙芝薛仁贵、刘仁轨、李道宗、阿史那社尔、侯君集、王玄策、哥舒翰、黑齿常之、娄师德、郭孝恪、刘仁愿、郭元振、张孝嵩

贞观十七年（公元643年），唐太宗李世民修建凌烟阁，并在阁内陈列二十四位功臣画像，这就是著名的“凌烟阁二十四功臣”。此次，我们将大唐统一战争及对外扩张战争结合起来，最终评选出本书的“凌烟阁二十四战将”。

统一战争我们选出了十大战将，对外扩张战争我们选出了二十大战将，除去李靖和李勣在两份名单中都重复出现后，一共是二十八员战将，再除去成为皇帝的李世民和被其诛杀的李建成以及反叛的罗艺和暴亡杜伏威，“凌烟阁二十四战将”如下：

李孝恭、李靖、李勣、屈突通、秦叔宝、任瑰、苏定方、裴行俭、王忠嗣、契苾何力、高仙芝、薛仁贵、刘仁轨、李道宗、阿史那社尔、侯君集、王玄策、哥舒翰、黑齿常之、娄师德、郭孝恪、刘仁愿、郭元振、张孝嵩。

塞外悲风切，交河冰已结。瀚海百重波，阴山千里雪。
迥戍危烽火，层峦引高节。悠悠卷旆旌，饮马出长城。
寒沙连骑迹，朔吹断边声。胡尘清玉塞，羌笛韵金钲。
绝漠干戈戢，车徒振原隰。都尉反龙堆，将军旋马邑。
扬麾氛雾静，纪石功名立。荒裔一戎衣，灵台凯歌入。

——李世民《饮马长城窟行》

“瀚海百重波，阴山千里雪，悠悠卷旆旌，饮马出长城。”多么壮阔的一幅画卷，这就是睥睨天下、横扫八荒的盛唐展现出来的飒飒雄风。

突然的，有两句诗词涌入我的脑海，一句是唐朝诗人李白《将进酒》中的“钟鼓馔玉不足贵，但愿长醉不复醒”，另外一句是南宋词人辛弃疾《破阵子·为陈同甫赋壮词以寄之》中的“醉里挑灯看剑，梦回吹角连营”。真的好想醉眼横斜，挑灯赏剑，梦回那气吞万里如虎的金戈铁马岁月，真的好想沉醉在涵括宇内，威服四夷的大唐雄风中不复再醒。